基于团队内部治理视角的创业绩效提升机制研究

韦慧民　潘清泉　著

中国财经出版传媒集团

经济科学出版社
Economic Science Press

图书在版编目（CIP）数据

基于团队内部治理视角的创业绩效提升机制研究/韦慧民，
潘清泉著．—北京：经济科学出版社，2018. 12
　ISBN 978 - 7 - 5141 - 9883 - 6

　Ⅰ. ①基…　Ⅱ. ①韦…②潘…　Ⅲ. ①企业内部管理 - 关系 -
企业绩效 - 研究　Ⅳ. ①F272. 5

　中国版本图书馆 CIP 数据核字（2018）第 247967 号

责任编辑：周国强
责任校对：靳玉环
责任印制：邱　天

基于团队内部治理视角的创业绩效提升机制研究

韦慧民　潘清泉　著

经济科学出版社出版、发行　新华书店经销

社址：北京市海淀区阜成路甲 28 号　邮编：100142

编辑部电话：010 - 88191217　发行部电话：010 - 88191522

网址：www. esp. com. cn

电子邮件：esp@ esp. com. cn

天猫网店：经济科学出版社旗舰店

网址：http：//jjkxcbs. tmall. com

固安华明印业有限公司印装

710 × 1000　16 开　19. 25 印张　340000 字

2018 年 12 月第 1 版　2018 年 12 月第 1 次印刷

ISBN 978 - 7 - 5141 - 9883 - 6　定价：88. 00 元

（图书出现印装问题，本社负责调换。电话：010 - 88191510）

（版权所有　侵权必究　打击盗版　举报热线：010 - 88191661

QQ：2242791300　营销中心电话：010 - 88191537

电子邮箱：dbts@ esp. com. cn）

本专著获得国家自然科学基金项目"社交网站使用及其对领导—成员交换关系的双刃剑效应研究：基于边界管理与身份建构视角"（71862004）的资助

序　言

李克强总理所提出的"大众创业，万众创新"的口号为社会大众所熟知，我国真正进入了"双创"时代。创业活动又是创新的一个主要推动力，为此创业活动得到了社会极大的关注。在创业时代的背景下，大众创业的潮流开始逐渐兴起。国家为了鼓励创业活动的发展提出了一系列政策，比如：鼓励地方设立创业基金，对小微企业和孵化机构等提供税收支持，对创业的办公用房给予优惠等，极大程度地鼓舞了创业活动的发展。不过，目前全球经济快速发展和环境存在极高的不确定性，创业面临着更高的风险，传统的个人创业已经逐渐被团队创业所取代。团队创业相对于个人创业，能够更好地聚集和整合多方面资源，发挥团队的力量，共同面对在创业过程中所出现的各种困难。尽管如此，很多以团队形式进行创业的企业依然很难在残酷的市场竞争中存活下来。钱德勒和汉克斯（Chandler & Hanks，1998）曾对 12 个创业团队案例进行了追踪和分析，其发现创业团队成功的概率十分小，在这 12 个团队中只有 2 个团队在 5 年后能够成功地存活下来。艾森哈特（Eisenhardt，2013）指出，中国背景下的创业者合作维持时间一般不会超过 3 年，其中有 60% 是由于创业问题而导致的合作关系破裂。为此，如何对创业团队进行有效的管理和引导，以支持创业活动的可持续发展即成为创业管理研究和实践的一个重要主题。

发展高质量的社会交换关系普遍被认为是对于个体工作和职业发展非常关键的（Gersick，Bartunek & Dutton，2000）。罗伯茨等（Roberts et al.，2005）认为，积极的关系资源，如与同事和领导间支持性的交换关系，对于个体在一个新的职业情境面对不确定性期间的适应与发展是非常关键的。创业团队在创业初期时面临着一种高不确定性，创业团队成员间的关系资源可能同样非常重要。反映高质量交换关系的高水平信任作为一种重要的关系资源如何影响创业团队更好地投入带着内生的新生劣势的创业活动非常值得关注。

信任是一种重要的社会资本（Yakovleva et al.，2010）。组织研究发现，信任对员工的态度和行为有着重要的影响作用。因此，一直以来信任都是组织研究的一个重要主题（Colquitt et al.，2011）。虽然组织研究中信任是一个非常突出的概念，但是信任在创业中的作用研究仍然是较少的（Welter & Smallbone，2006）。已有的一些研究关注于社会网络（social network）对企业创建和成长的重要性，即使涉及信任，也只是间接评价信任的作用（Welter et al.，2006）。网络包含信任，而其中信任被描述成"黏合剂和润滑剂"来支撑着网络（Anderson & Jack，2002）。成功的新生创业者更可能是那些能够建立信任网络的人（Aldrich，2000）。创业团队信任关系越来越被认为是提高团队效率的关键要素。一方面，创业团队有极大的潜力提升创业成功率。另一方面，创业团队也并非神话。创业团队成员如果抑制他们的想法，从而不能够有效协调他们各自的特长，最终将可能削弱成员的动机，导致社会惰化。为此，创业团队的信任关系的性质对于保证创业团队有效性和创业企业资源协调有着不容忽视的重要影响作用。基于此，本专著首先将聚焦于创业团队信任关系，探讨创业团队信任关系发展的影响因素及作用机制，期以为基于创业团队内部信任关系治理视角的创业绩效提升有所借鉴。

另外，新创企业的资源稀缺劣势使得企业生存发展可能严重受阻。而创业者的社会资本对于新创企业资源获取起着关键的决定作用。虽然社会资本研究成果较为丰富，但是在以团队创业形式突出的创业背景下创业团队成员社会资本以及团队整体社会资本如何共同影响新创企业发展仍然不明确。为此，有必要聚焦于创业团队社会资本，探讨其与新创企业之间的关系机制，以更好指导新创企业绩效管理实践。

再者，创业活动进程中，创业团队的情绪涌现状态以及团队互动过程，包括具体的冲突以及协作过程管理等，都可能是创业团队能否更好促进创业发展、取得创业成功的关键过程因素。如有研究发现，创业团队成员情绪可能是创业成功的催化剂，也可能是创业进一步发展的"毒瘤"。创业团队冲突是创业过程中无法完全避免的现实问题，但冲突本身并不会决定结果，而是冲突管理方式才起决定性作用。可见，创业团队内部管理是创业发展的关键，恰当的创业团队内部管理对于创业绩效的提升至关重要。

综上，本专著聚焦于创业团队内部治理问题，包括探讨创业团队成员信任关系发展与影响机制、团队社会资本及其绩效效应、团队成员情绪及其影响、团队冲突与管理，以及团队协作等内部涌现状态与过程变量，旨在通过加深对创业团队内部状态与过程的认识，为创业绩效提升提供更细致的创业团队内部治理指导与借鉴，以更好地实现"以创业促进发展，以创业促进就业"的初衷。

Contents

1 导 言

随着经济的日益全球化，我国大力推行鼓励创业的政策，力求顺应经济潮流的同时提升我国的经济实力。观察实践可以发现，近些年来团队创业已经逐渐取代个体创业，成为开展创业活动的主要形式。创业团队能够集思广益，将每个创业成员的优势整合起来，相辅相成，共同应对多变的创业环境，从而达到"众人拾柴火焰高"的效果。然而，创业活动具有高风险性和高不确定性，创业失败的先例比比皆是。"一招不慎满盘皆输"，细微环节的稍不注意都有可能对团队带来致命打击。古人云："天下无不散之筵席""合久必分"。创业团队也不能例外，因为创业团队时常会面临着失败解体的危机。要使创业团队经久不衰、取得成功，关键要保证高水平的团队绩效。团队绩效是反映创业团队成功与否的关键指标，高水平的团队绩效不仅体现了创业活动的有效性，也展现了团队内部成员高昂的士气。为此，学术界和实践界都在积极寻求提升创业团队绩效的方法和手段。

第一，创业团队成员信任关系作为团队的一种重要涌现状态是影响创业团队绩效的关键因素之一。当个体必须依靠他人共同完成任务的时候，双方之间的信任就变得非常关键（Colquitt et al.，2011）。在组织中，当员工能够信任同事时，他们就可以将注意力更多地关注到手头的工作上，而如果缺乏信任的话，则会更多地投入到监控和自我保护行为之中（Mayer & Gavin，2005）。偏离任务的认知和注意资源的分配会阻碍绩效表现，并且监控和自我保护行为的增加也会提高工作负担，成为一种压力源（Spector & Jex，1998）。为此，创业者在创建一个新生企业的过程中会努力寻找他们信任和熟悉的团队成员（Ruef et al.，2003）。信任和熟悉似乎是团队成员选择中最重要的因素（Brannon et al.，2013）。小米、新东方、阿里巴巴和谷歌等以创业形式发展起来的创业企业获得了巨大的成功有效地验证了信任在创业团队中所发挥的作用。当马云被问及阿里巴巴所取得成功的原因时曾经说："阿里巴巴能走到今天，团队当中适当的信任是必要的。"可见，信任在创业团队的组建中具有重要的作用。因而探讨创业团队形成问题时，从信任视角探讨具有重要意义。究竟影响创业团队成员信任的因素是什么？对该问题的研究有助于更好地理解创业团队的组建与发展。不过，虽然信任是创业团队获得成功的关键性因素。但是，创业团队成员信任的研究相对较少，更多关注的是成熟组织中个体信任及其中的团队成员信任。实际上，创业团队信任与一般团队信任可能有着很大的不同。陈忠卫等（2013）曾指出，创业团队在团队目的、权益分享和团队构成等方面与一般团队存在明显的区别。创业团队人际信任也有别于一般的团队（陈忠卫、张琦和华斌，2016）。创业情境中诱因、信息不对称、风险以及动态性等都与一般情境下有着很大的不同（Bammens & Collewaert，2014）。因此，组织中的信任关系研究可能未必能直接应用到创业背景下，创业团队内部信任的发展及其效应机制仍需要进一步地深入探讨。如创业情境中的信任研究更需要注意信任的变化，创业企业的初创阶段更多的是建立在情感基础之上，体现出非理性特征，即情感影响信任，使得风险较高；而在早期成长阶段则开始更多地建立在了解的基础之上，体现出理性特征，即认知信任的支持，风险有所降低。他们的研究强调，新创企业需要注意关系治理，通过把握两类信任的本质，使得信任的演化有利于新创企业的发展。

第二，创业团队社会资本作为创业重要资源获取的基础是影响创业绩效的又一重要因素。福山（1998）曾指出，信任作为一种社会资本对一个社会经济水平和经济结构乃至企业组织等都有重要作用。刘雪梅和赵修文（2013）认为，团队信任是当代社会企业的一种重要社会资本，其在企业的各种组织关系中处于中心地位，既是员工对团队所表现出的一种积极态度，也是团队合作的基础，同时还是构成组织核心竞争力的关键。不过，除了信任之外，创业团队的其他社会资本也同样具有重要影响，包括结构资本、认知资本和其他关系资本等。创业团队有必要关注社会资本的拓展，以更好地为新创企业服务。

第三，创业团队成员情绪是创业活动的重要过程状态，对于创业绩效提升的影响不可忽视。创业过程中成员的情绪状态可能直接影响团队互动进而影响创业企业绩效。此外，创业团队成员情绪还可能通过感染机制发展成整个团队的情绪氛围从而对创业团队产生更为深刻的影响。为此，创业团队需要关注成员的情绪状态，并采取恰当措施予以管理，避免不恰当情绪对创业活动产生的负面弥漫性影响；同时注重发挥积极情绪的绩效价值，通过积极情绪的激发促进成员更多地主动投入，以提高创业绩效。

第四，创业团队冲突作为团队过程不可避免的普遍现象，其管理方式和结果直接影响创业绩效。创业团队面临的一个重要挑战就是对于团队内随时可能出现的冲突的管理。创业团队冲突可能会加剧成员之间的矛盾与对立，从而负面影响创业绩效。对创业团队内的冲突进行有效管理，可以尽力避免其所可能带来的负面影响。创业团队冲突管理是团队成员对待冲突的重要态度体现，不同的冲突管理方式可能产生完全不同的结果。为此，创业团队内部治理需要进一步加强对创业团队内部冲突管理方式的关注与引导。

第五，创业团队能否促进创业绩效提升最关键之处在于团队协作过程的有效性。良好的创业团队互动可以促进团队内部有效沟通，发展积极成员关系，进而提高新创企业应对动态复杂环境的能力。可以说，创业团队的成功不仅是成员能力构成特征的结果，而且是成员在创业进程中互动过程的结果。创业团队协作过程可能影响诸如团队凝聚力、团队成员信任和团队成员情绪等团队涌现状态，从而进一步影响创业团队绩效。此外，产生的上述团队涌现状态又可能反过来影响后续的团队协作过程。可以说团队协作过程与团队涌现状态交互循环影响，并导致最终创业团队绩效的不同发展趋势。由此可见，创业团队需要关注团队协作过程，促进团队协作过程与团队涌现状态的良性循环发展，以更好地支持创业活动的顺利开展。

概言之，虽然团队创业较之个人创业有其不可比拟的优势，但是创业团队并非神话，组建的创业团队能否实现创业成功的一个重要因素就是团队内部治理质量。就信任关系治理而言，创业团队不应把信任当成是想当然的存在，而是把信任看成一种重要的、高度相关的、切实的资产。由于创业活动面临着高风险和高不确定性，创业背景下的信任重要性更为凸显。同时，创业团队又是决定创业活动成功与否的关键角色，为此，创业团队更需要努力主动发展信任。另外，创业团队的成功需要成员能够有效协调彼此的工作努力以及良好的成员关系发展。总之，从创业团队内部演化与治理视角探讨创业问题，有助于更深入阐释新创企业成长机理，挖掘不同新创企业成长差异的深层次原因。

2 创业团队成员自我控制资源及其对成员信任关系的影响

2.1 引言

自我控制（self-control）是指个体通过调节认知、情感和行为等方面，自我抑制有害的反应倾向并且自我激发有益的反应倾向（Francesca & Catrin，2011）。自我控制能力被认为是一种有意识的自律，是个人与他人相处以及实现目标的核心能力（Baumeister et al.，2007）。作为一种重要的内在能力，自我控制能力可以帮助人们抵制诱惑和阻挡冲动行为（DeWall et al.，2007），同时也会影响长期目标实现的可能性（Ayelet & Labroo，2007；Fujita & Han，2009）。但是，个体十分容易过度消耗自我控制资源导致自我衰竭，而自我衰竭又会给个体带来极大的负面影响。在创业过程中，创业团队成员不仅承担着巨大的创业压力，而且还面临着各式各样的人际关系，尤其是成员之间的关系问题。创业团队成员可能会由于应对创业任务和"人情世故"而消耗大量的自我控制资源，因此更容易引发自我衰竭，进而影响创业活动的有效开展。

实际上，创业团队成员之间可能处于一种合作与竞争并存的关系。其中，合作关系是主流，也是创业团队应该积极倡导的关系状态。由于创业活动的高度不确定性和高风险性，创业团队成员之间的合作协调更为重要（Ployhart et al.，2014）。这也是之所以采用团队形式创业的重要原因。人们常说"钟表的正常运转需要各个齿轮的协调，才能推进指针流畅的运行"。同理，复杂多变的创业活动常常并不能单靠个人能力，而是需要成员各司其职、相互信任实现更好的协作。但是，创业团队成员有时候又可能出于自身利益的考虑而产生彼此间的对立和矛盾，即成员间存在一定程度的竞争关系。不恰当的团队成员竞争行为可能引发成员间的信任关系危机。长此以往，团队"内斗"可能会愈演愈烈，不仅会破坏成员之间的人际关系，还会给创业企业带来极大的危害。所谓的创业"合久必分"，很大程度上是因为不恰当的竞争与对立而导致信任关系破坏而引发的。有鉴于此，本研究基于自我控制资源视角探讨创业团队成员信任关系的发展，一方面有助于创业团队信任关系治理理论的新发展，另一方面对创业团队关系治理实践也有所启迪。

2.2　创业团队成员自我控制及自我控制资源

2.2.1　创业团队成员自我控制与自我控制能力

鲍迈斯特等（Baumeister et al.，1994）认为，自我控制包括了四个主要方面，即控制人的思想、情绪、冲动和行为。自我控制分为状态性自我控制和特质性自我控制（trait self-control）（Tangney et al.，2004）。特质性自我控制表现为个体之间的差异，具有情境和时间上的相对稳定性（董蕊和倪士光，2017）。有证据表明，特质性自我控制调节了自我控制需求对自我控制行为的影响（Mark et al.，2005）。

研究表明，对冲动以及及时满足感的控制能力会存在显著的个体差异（Baumeister et al.，2006）。德沃夏克和西蒙斯（Dvorak & Simons，2009）把自我控制能力分为良好的自控能力和缺乏控制能力两种情况。缺乏自控能力的个体往往自发地行动，缺乏深思熟虑，并且会追求即时的行为线索和奖励（Wills et al.，2006）。相比之下，拥有良好的自控能力的个体往往更多地对他们的行为进行反思和审慎思考，可以在没有奖励的情况下，坚持自己的行为，并且追求深谋远虑和长期计划（Wills et al.，2006）。可以说，自我控制能力是影响长期目标实现的重要因素（Ayelet & Labroo，2007；Fujita & Han，2009）。良好的自我控制能力有利于对困难目标的坚持，这对于具有高度复杂性和动态性特征的创业活动而言尤为重要。

当人们的自我控制能力耗尽时，他们的执行能力也会受到不利影响（Schmeichel et al.，2003）。许多研究发现，处在低水平的自我控制状态下的个体，主观幸福感较低（Wrosch et al.，2003）、有更严重的倦怠倾向（Restubog et al.，2011；Schmidt et al.，2007）以及职场偏差行为（Prashant et al.，2008；Restubog et al.，2010）。创业团队成员面对着复杂多变的创业环境和创业任务，有可能会更多地耗尽自我控制能力，从而产生较多的负面结果。有鉴于此，创业团队更需要关注成员的自我控制能力的变化。

2.2.2 创业团队成员自我控制资源

每个人都有自我控制能力，但没有人可以做到每时每刻都能有效地控制自己。拥有良好自我控制能力的人，可能是因为他们有更多的可以利用的自我控制资源（self-control resources）（Mark et al.，2005）。自我控制资源在很大程度上决定了一个人的自控能力。当个体的自我控制资源减少时，其自我控制能力会显著下降（DeWall et al.，2007；Gailliot et al.，2006；Klotz & Neubaum，2015）。自我控制资源处于动态变化之中，并且体现出资源有限性。

首先，自我控制资源维持个体所有形式的调节，例如对冲动、欲望和情感的控制（Christian & Ellis，2011）。研究表明，人们在进行选择、决策、与他人互动（Richeson & Shelton，2003），以及在他人面前恰当地表露（Vohs et al.，2005）等都需要发挥自我控制资源的作用（Baumeister et al.，2006）。

其次，自我控制资源模型表明：人的思想、行为以及情感是有限的，并且像能源一样是可消耗的资源（Baumeister et al.，1994；Muraven et al.，1998；Muraven & Baumeister，2000）。大量的研究揭示，个体出现自我控制失败往往是自我控制资源消耗过多造成资源不足所致。当有限的自我控制资源使用较多，个体就会陷入一种自我耗竭（ego-depletion）的状态，在此期间通常不能成功地进一步自我控制，从而很容易导致自我控制的失败。这种因自我控制资源的短缺或不足导致的后续自控能力的降低以及自我控制失败的现象被称为"自我耗竭效应"（Baumeister et al.，1998）。自我耗竭会导致人们在后续需要自我控制的任务中，因缺乏自我控制资源而不能合理、有效地进行自我控制（Baumeister Vohs & Tice，2007）。创业团队成员因复杂多变的创业活动可能消耗较多的自我控制资源，从而影响其自我控制能力，进而导致不良结果的产生。为此，创业团队需要关注成员自我控制资源损耗可能引发的负面结果并予以及时干预。

2.3 自我控制资源与创业团队成员信任关系

人际交往与互动的过程会受到自我控制的影响（Baumeister et al.，2007）。自我控制是维持良好的人际功能的一个关键因素（Francesca & Catrin，2011）。在人际互动中，具有高水平自我控制的个体会更多地采用换位思考，更多地展示同情心和更少地表达愤怒、攻击，因而能够与他人建立更好、更理想的合作伙伴关系，并且能够通过各种方式维持成功建立的关系（Tangney et al.，2004）。拥有自我控制资源的个体将会有更强的自我控制能力，从而更利于建立和发展良好的人际关系，包括信任关系。

具体来说，创业团队成员个体的自我控制资源将会影响创业团队成员的信任关系发展，包括创业团队成员个体被其他成员信任的程度以及创业团队成员个体对其他团队成员的信任水平。

2.3.1 自我控制资源影响创业团队成员的被信任水平

自我控制资源影响个体的被信任水平，即个体能够得到他人信任的程度。因为人际交往的过程也受到自我控制的影响。个体使自身展现出他人所期望的状态需要消耗自我控制资源（Baumeister et al.，2007；Vohs et al.，2005）。

通过有效的自我控制，个体可以更恰当地依据自身情况来调整自我的思想、情感和行为（Francesca & Catrin，2011）。研究表明，自我控制能力较强的个体往往会表现冷静，并且会较少的烦躁情绪（Funder & Block，1989）。自我控制能力高的人在工作中会表现出较少的攻击性行为（Latham & Perlow，1996），并且不太可能实施适得其反或不正常的工作行为（Douglas & Martinko，2001；Prashant et al.，2008）。与自我控制能力较弱的人相比，自我控制能力较强的人更有能力去信守承诺（Johanna & Lara，2011）以及较低的报复心理（Francesca & Catrin，2011）。这些均有助于提高个体的可信任度，从而促进他人对其信任水平的提升。

自我耗竭会影响到他人对焦点个体自身信任度的感知。有研究表明，自我控制资源损耗会降低个体的自我调节的能力，并且会引起沟通的障碍（Dalton et al.，2010）。自我耗竭对个体的人际交往能力也会产生负面的影响，它会阻碍个体成员在交往中进行合理有效的自我表露（Vohs et al.，2005）。自我衰竭状态下的个体会表现出更多的攻击性行为（DeWall et al.，2007；Tangney et al.，2004）。弗兰克尔等（Frankel et al.，2009）指出，自我耗竭的个体在人际互动中会采取更多的攻击行为。克里斯汀和埃利斯（Christian & Ellis，2011）的研究发现，自我控制资源损耗较多，比如较长时间的睡眠不足等，会使人冲动行事，表现出不利于人际关系的行为。

因自我控制资源下降而处于自我衰竭状态的个体的自我控制能力会明显地下降，会导致更多的自私自利的冲动行为显现出来（詹鋆和任俊，2012）。并且个体的自我控制能力降低时，很难去抑制人际侵略性行为或潜在的破坏性冲动，同时自私自利或者不诚实行为发生的可能性也会增加（Gino et al.，2011；Mead et al.，2009）。有研究表明，当人们处在低水平自我控制状态下，他们更可能是自私的（Righetti et al.，2013），不愿意去帮助别人（Nathan et al.，2008），并且也不太可能展现出亲社会行为，比如和解、宽恕和非侵略式的冲突管理等（Daniel et al.，2011；Pronk et al.，2010）。另外，还有研究发现，自我控制资源的损耗会对个体的认知能力产生不利的影响（Julian & Dinges，2010），并且会引起更多的工作偏差行为（Christian & Ellis，2011）以及不道德行为（Barnes et al.，2011）。这些均可能导致他人对焦点个体信任水平的下降。

概括而言，在人际互动的过程中，那些自我控制能力较强的个体能够更容易获取他人的信任，而即时性的自我控制资源耗竭往往会降低个体的可信任度（王忠军等，2013）。吉诺等（Gino et al.，2011）的研究表明，自我控制资源耗竭会损害道德意识。在团队中，创业团队成员会由于低水平的自我控制资源，更可能对其他成员进行言语或行为攻击（Klotz & Neubaum，2016）。在这种状况下，很容易引起团队内部矛盾以及团队成员之间的关系问题。实际上，不道德的行为会对团队人际关系造成实质性的损害（Gino et al.，2011）。创业者低水平的自我控制资源会伴随着大量的不良行为，例如口头贬低他人等（Christian & Ellis，2011），会严重影响团队的信任关系。

弗朗西斯卡和凯特琳（Francesca & Catrin，2011）指出，信任可能发生在相互依赖的情况下，并且个人可以自由地选择是否依赖于另一个人，此过程涉及一定的风险。对他人自我控制能力强弱的知觉与对其信任度的高低有密切的关系。研究表明，创业者高水平的自我控制能力会克服其在创业过程中的恐惧和怀疑（Van Gelderen et al.，2015）。自我控制水平较高的人往往被感知到相对较低的风险,因此与自我控制能力较弱的人相比,他们更容易被其他人选为信任对象(Francesca & Catrin, 2011)。埃尔吉斯特和鲍迈斯特(Alquist & Baumeister, 2012)研究表明,自我控制有助于个人与他人友好相处,有利于维持良好的工作关系。为此,在创业团队内部,个体成员想要提高他人对自身的信任水平,可以通过向他人证实自己的高度自我控制能力得以实现。而自我控制资源会影响自我耗竭以及进一步的自我控制能力,所以创业团队成员要努力维持和拓展自我控制资源,避免自我耗竭,从而保持自身较高水平的自我控制能力,将有助于提高自身被其他成员信任的水平。

2.3.2 自我控制资源影响创业团队成员对他人的信任水平

自我控制资源也会影响到个体对他人的信任水平。自我控制是维持良好的人际功能的一个关键因素。在人际交往中,自我控制能力较高的个体能够与他人建立更好、更理想的合作伙伴关系,并且能够通过各种方式维持成功的关系(Tangney et al. , 2004)。而与他人主动建立起信任关系是其关注的一个重点。可以说,自我控制能力较高的个体往往具有更高的主动信任发展意愿,即更愿意主动启动和发展对于他人的信任。与自控能力较低的人相比,高自控能力的人能体验到更多的凝聚力和较少的关系冲突(Francesca & Catrin, 2011)。因为高自我控制能力的个体会更多地采用换位思考,展示更多的同情心和更少的愤怒、攻击。而自我耗竭使得个体更难以宽恕他人所表现出的冒犯行为(Finkel & Campbell, 2001; Stanton & Finkel, 2012)。可见,自我控制资源较为丰富的个体更有意愿和能力信任他人,也就更容易发展起与他人的信任关系。如谢尔登和费斯巴赫(Sheldon & Fishbach, 2011)认为,信任另一个人往往是一种自我控制行为,旨在促进长远利益。当人们预测到成功的障碍时,他们很可能会运用自我控制能力积极推进与他人的信任关系发展,并进一步加强双方之间的合作。

概括而言,创业团队成员如果具有较高的自我控制资源,将使其更有意愿也更有能力主动发展起对其他成员的信任水平,即使在没有关于其他成员可信度相关信息的情况下,也愿意并且能够有效地自我控制,展示出良好行为,推动对他人信任的发展。并且研究表明,个体会通过自身行为的线索判断他人的可信度,由于良性的行为投入更刺激了高自我控制资源个体从积极视角判断他人的倾向,从而促进对创业团队其他成员信任发展。

2.4 基于自我控制资源视角下的创业团队信任关系治理管理启示

创业团队成员互动交往过程中，维护和谐、高效的成员间关系需要消耗自我控制资源（Hagger et al.，2010）。在人际交往的过程中，若一方感知到对方正处于自我耗竭的状态，将不利于双方信任关系的建立（谭树华等，2012）。因为自我控制资源枯竭会降低培养良好人际关系的能力（Tyler，2008）。自我控制资源枯竭会导致自我控制失败，使个体难以抵制诱惑、冲动和习惯（Hagger et al.，2010），并且会更频繁地表现出愤怒、攻击行为，也更难以原谅他人的人际怠慢（Tangney et al.，2004），甚至使人变得被动乃至退出人际互动（Vohs et al.，2005）。

信任可以减少人际危机可能导致的资源消耗（许科、韩雨卿、于晓宇、王炜，2016）。张建新等（2000）的研究就认为，殊化信任（或称对象信任）在所有情景下对信任行为都有直接而显著的作用；泛化信任则只在与熟人和陌生人交往时才起作用；与目标人物的关系越疏远，他们做出信任行为时所需要的心理资源也越多。可见，虽然自我控制资源影响信任，反过来信任也会影响自我控制资源。

创业团队成员信任关系治理可以通过加强自我控制资源的保护与增加得以实现。一方面，创业团队成员信任关系治理可以通过成员个体自身自我控制能力的展现与提高来促进自身的被信任水平提升；另一方面，可以发挥主动信任作用，即通过成员自我控制能力引导个体的认知与行为，通过主动信任其他成员以启动和推进信任关系的良性发展。

1. 通过自身自我控制能力与可信行为的展现促进被信任水平的提高

埃文斯等（Evans et al.，2011）认为，自我控制是影响信任关系的重要因素。研究表明，在人际互动过程中，个体往往会依据自己对他人的自我控制能力以及自我损耗程度的感知来评估对方的可信任度，并在此基础上决定是否要与对方建立起一定的信任关系（Francesca & Catrin，2011）。

威廉姆斯（Williams，2007）提出，通过威胁控制（threat regulation）促进人际互动过程中信任的建立和维持。威胁控制作为人际情感管理的一个具体方面，有利于信任的培养。他提出了一个人际威胁控制模型，关注人际互动过程中对于他人有关威胁知觉的主动的理解和管理，促进信任的发展与维持。而其中的人际威胁控制即是主动的一种自我控制借以影响他人的过程。通过这一自我控制，努力降低他人的风险知觉，从而促进信任发展。

自我控制对个体的行为十分重要。自我控制有助于和谐互动，并且可使人们避免一时的冲动行为（Tangney et al.，2004）、抑制反社会行为（Evans et al.，2011）。有效的自我控制会带来许多积极的结果，比如优秀的工作表现、从容地问题处理等（Debono et al.，2011；Gailliot et al.，2006；Stucke & Baumeister，2006）。处在低水平自我控制资源状态下的个体会增加侵犯行为（DeWall et al.，2007；Stucke & Baumeister，2006）并且会减少助人行为（Nathan et al.，2008）。自我控制资源暂时枯竭状态下的个体似乎更容易分心，并且会减少用于工作的注意力（Englert & Bertrams，2015）。依此逻辑，创业团队成员为了促进自身的被信任水平，可以努力提高自我控制能力，通过自我控制资源的有效利用，在展示主动可信行为的过程中提高他人对自己的信任评价。

2. 主动启动对他人的信任以推进信任关系的快速发展

鲁索等（Rousseau et al.，1998）提出，信任是一种基于对对方的意图或行为的积极预期而接受脆弱性的意愿。基于了解的信任是根植于过去的绩效表现和信守承诺（Lewicki & Bunker，1995；McAllister et al.，2006）；基于善意的信任（goodwill-based trust）则是根植于情感投入和关心（McAllister，1995；McAllister et al.，2006）。不同类型的信任有不同的信任基础，通过相应的信任基础建立就可以促进相应类型信任的发展。

凯里尔特等（Gailliot et al.，2007）的研究表明，自我控制能力的提高，会让人们在互动中产生更少的负面体验。而处于枯竭状态的成员与那些自我控制资源尚未枯竭的成员相比，更有可能无法应付厌恶的想法。虽然，自我控制资源的降低是否会直接导致消极情绪尚未证实，但是可以明确地是自我控制资源的耗竭会降低个人调节消极情绪的能力（Finkel & Campbell，2001；Gailliot et al.，2006；Muraven et al.，1998）。据此，自我控制资源较丰富的创业团队成员也更少可能在团队互动过程中表现出负面情绪，而是可以更积极地评估人际互动，进而更有可能主动信任其他成员。

个体为了避免与他人发生冲突，就会消耗自我控制资源来控制自己的行为（Richeson & Shelton，2003）。显然拥有较多自我控制资源的个体，将有更高水平的自我控制能力，更能控制自己的不良行为，并且主动信任他人以推进信任关系更快地发展。基于此，创业团队成员可以通过自我控制资源的发展，提高主动信任启动能力，从而促进信任关系发展。

3. 通过维护自我控制资源实现更长期的创业团队信任关系良性发展

自我控制资源可能是动态变化的。在自我控制的过程中自我控制资源会逐渐地被消耗掉。自我控制资源严重消耗的状态下，个体甚至会出现暂时的自我控制资源衰竭，即自我衰竭（ego-depletion），它会导致个体自我控制的失败，而且自我衰竭效应对个体的影响会持续到自我控制资源恢复（Dikla & Prochaska，2009；Tice et al.，2007）。创业团队成员在创业进程中需要密切关注和努力维持较高水平的自我控制资源，以维持更长久的创业团队成员信任关系的良性发展。

综上，自我控制资源较少的成员，在他们的工作中会更多地陷入沮丧或者是困难的局面，并且会伴有消极的情绪，比如敌对情绪等（Christian & Ellis，2011）。创业团队中成员个体因自我控制资源损耗严重而带来的自我耗竭状态，可能产生对其他成员的言语或行为攻击，容易引发内部矛盾，导致信任危机。一方面导致个体成员难以承担信任风险，不愿意主动信任其他成员；另一方面不良的失控表现也难以获得其他成员的信任。鉴于此，创业团队成员需要关注自我控制资源和自我控制能力的维护，以实现良好创业团队互动和信任关系提升的目的。

2.5 本章小结

2.5.1 结语

创业行动的失败很大可能是因为创业人员的能力不足（Davidsson，2015）。其中一种常受到忽视的能力就是个体的自我控制能力。事实上，有效的自我控制会带来许多积极的结果，比如优秀的工作表现，良好的人际关系，从容地处理问题以及较少的社会问题困扰等（Debono et al.，2011；Gailliot et al.，2006；Stucke & Baumeister，2006）。而自我控制的失败会带来各种消极的影响，比如会阻碍目标的实现（Baumeister et al.，2007），破坏人际交往过程和结果等（Luchies et al.，2011）。当一个人的自我控制能力下降而导致自我控制失败时，还可能表现出更多的工作偏差行为（Christian & Ellis，2011）、欺骗行为（Mead et al.，2009）、非道德行为（Gino et al.，2011）等。由此可见，创业团队互动过程中成员的行为很大可能因自我控制资源和自我控制能力的不同而表现出极大的差异，并且进一步影响信任关系发展。与自控能力低的人相比，高自控能力的人更有可能放弃自身利益并采取对他人有利的行为，因此他们更容易获得他人的信任（Francesca & Catrin，2011）。此外，每个人都有相对稳定的自我控制能力，然而这种资源也是可以耗尽的（Gailliot et al.，2006）。创业团队成员需要以动态观看待和维持自身的自我控制资源及自我控制能力，借以促进成员间良好互动和良好信任关系的发展。

2.5.2 研究展望

第一，自我控制资源与不同维度创业团队成员信任的可能差异性关系研究。马赫塔等（Malhotra et al.，2011）依据鲁索等（Rousseau et al.，1998）以及迈耶尔等（Mayer et al.，1995）的信任定义，定义信任是一种基于对对方动机和行为的积极预期而愿意接受因对方行动而可能为自己带来的脆弱性。据此，他们认为可以区分两个信任判断的维度，也是体现出对于对方可信度归因的不同，即基于善意的信任（goodwill-based trust）和基于能力的信任（competence-based trust）两个维度。不同维度的信任需要的自我控制资源可能有所不同。未来研究可以对比探讨自我控制资源对不同维度创业团队成员信任的可能影响及其内在路径机制。

第二，创业团队成员自我控制资源的影响因素研究。由于团队成员自我控制资源对于成员个体及团队整体均具有重要影响作用。虽然团队成员自我控制资源可能存在显著差异已经获得了普遍的认同，但是导致创业团队成员自我控制资源差异性的主要影响因素有哪些？创业团队成员自我控制资源动态变化的主要驱动因素有哪些？对于这些问题的探讨一方面有助于加深对创业团队成员自我控制资源影响因素与发展的理论认识；另一方面也对创业团队成员自我控制资源管理实践有所启迪。

3 创业团队成员信任的主动发展及其策略研究

3.1 引言

随着时代的发展，企业家和商业研究者越来越关注团队创业（Cooney，2005）。目前，大多数的创业企业都是由创业团队所建立的（Chowdhury，2005）。在现代经济中，创业团队已经成为一个"无所不在的现象"，并且被视为创建新企业的主要催化剂（Lechler，2001）。一些学者认为，创业团队在新创企业中处于核心位置。大多数人选择组建团队进行创业，因为团队创业比个人创业有更多的优势（Foss et al.，2008）。在创业团队中，团队成员可以共同开展创业想法，并且能够扩展他们的社会关系（Harper，2008）。研究表明，与个体创建的企业相比，由创业团队创建的企业更有可能生存下来并实现更快的发展（Lechler，2001）。

信任长期以来被看作想当然的存在物，就如空气一般。但随着政府、组织、人际信任危机的频繁发生，信任终于得到了关注。但是在传统的眼光中，信任常被看作难以捉摸、不牢靠的。组织中存在的一种很普遍的现象就是，领导者常常抱怨下属不可信任，认为信任状态是一种客观存在，自己是无力改变的。事实上，信任不是一种静态的结果，而是可以主动发展的。领导者可以采取措施启动信任，促进信任的快速构建与提高。信任在一定程度上是可以主动管理和推进的（杨中芳、彭泗清，1999）。信任双方都可以采取主动措施来促进信任的启动与发展。克雷默（Kramer，1999）认为信任启动，即在他人可信度仍然不确定甚至是很低的时候，慷慨地提供对他人的信任可以促进回报的实质性的增加。从行为角度看，主动启动信任就是在对方可信度还没有得到证实之前，自己率先做出可信行为。个体的这种可信行为能够激发互动双方信任的产生与快速发展。

鉴于创业活动的高风险性，创业背景下的信任更有其独特价值。创业团队能否发挥积极影响作用促进创业企业的发展在很大程度上取决于团队成员的信任水平。基于此，创业团队需要更加重视和主动发展团队成员信任关系，以实现创业成功之目标。但是，创业团队成员信任主动发展的策略是什么，如何促进，还需要相关研究进一步探讨。在此，本研究首先明确创业团队成员信任的价值诉求以及成员信任发展的研究趋势转变，然后具体剖析创业团队成员主动信任的发展策略，并基于前述分析指出创业团队成员信任主动发展的管理启迪，期以促进创业团队成员主动信任理论研究的同时，对创业团队主动信任管理实践有所借鉴。

3.2 创业团队成员信任的价值诉求

团队内部的人际信任对于团队功能与效率有着重要意义（De Jong et al.，2010；Langfred，2004；Porter & Lilly，1996）。研究表明，信任可以提高团队成员交换关系（team-member exchange，TMX）。高质量的团队成员交换关系以及低水平的团队成员交换关系差异性均有利于提高团队成员的自我效能感以及团队成员的创造性（Liao et al.，2010）。

创业团队成员之间的关系质量（如团结、合作程度）往往是决定创业成功与否以及新创企业后续发展的关键因素。而信任水平即是反映团队成员之间关系质量的最重要指标之一。信任涌现的两个主要条件就是：风险和互依性（Rousseau et al.，1998）。为此，对于面临着更多不确定性和风险的创业团队而言，信任显得尤为重要。创业内在的高风险特征，使得创业团队信任成为新创企业成功的重要决定因素（Smith & Lohrke，2008）。

创业团队信任可以减少相互监控的时间（Dyer & Singh，1998）。在这一背景下，没有一定水平的信任，创业活动很可能就会失败。创业团队成员之间的信任水平较高，将有助于降低"控制"成本，使团队投入全部的精力于创业过程之中。创业团队成员之间的关系融洽和高水平信任有利于创业团队做出广泛理解和普遍接受的决定，并形成合力努力完成共同的目标和任务。

创业团队为了减少团队成员流失，特别是核心成员的流失，需要创业团队努力营造成员间高水平的信任。创业团队成员需要彼此能够深入交流，相互沟通和理解。在高度复杂性、不确定性和高风险背景下，这些特点显得弥足珍贵。不过,任荣伟(2003)发现,创业者在创业初期更多地关注关键资源、个人兴趣以及亲情等个人因素,基本没有太多地考虑团队内部关系问题。这些先天的缺失为创业团队日后的合作和持续发展留下了隐患,因此更需要关注。

总之,创业团队常常是在新颖背景下开始运转的,即缺乏熟悉性。新颖性可能削弱团队成员发展关系资本(relational capital)(如信任)的能力,而信任这种关系资本对于新创企业的成功是非常必要的(Blatt,2009)。高水平的信任关系有助于创业团队的稳定、提升团队绩效,取得创业成功。创业团队可以采取措施,包括共有关系图式(如关心彼此的需要)和契约规则(如使得期望明确和透明),发展包括信任在内的关系资本,抵制创业新颖性的挑战。

3.3 创业团队成员信任发展研究趋势:被动发展向主动发展转变

信任影响因素的研究得到了长期的关注,但其研究关注点正由被信任方内在的可信度维度转向外在行动动力特征(韦慧民和龙立荣,2008)。实际上,个体的外在行动特征对于信任发展具有重要影响作用。为此,个体不应再将信任看作是随着时间流逝而缓慢积累起来的被动发展过程,而是要积极主动地促进信任更快地发展。

关注主动信任发展是信任研究的一个重要发展趋势。威廉姆斯(Williams,2007)就强调,个体可以主动地采取行为获取信任,而不仅是被动地等待他人随着时间的流逝,在重复的互动过程中观察自己的可信度后再形成对自己的信任。信任对象通过把握信任产生的社会心理机制,采用一定的行为策略可以影响信任方对于自己的可信度和情感的认知与推断,从而使信任建立变得更为主动。赛瓦等(Serva et al.,2005)明确指出,信任可以通过行动—反应循环圈而改变。个体的可信行为提供了刺激,鼓励对方产生信任回报的反应。个体不能要求信任,只能给予信任。根据万迪昉等(2009)的观点,互惠指人们对觉察到的友善回报以友善,不友善回报以不友善。赛瓦等(Serva et al.,2005)在研究信任的互惠性时,指出当个体感觉到他人在对其信任的过程中承担了风险,表现出可信行为,他往往倾向于回报信任。反之,一个人不被信任,就可能回报不信任。这种互惠关系是构建信任的关键因素。当双方彼此信任,他们会将更多的时间和精力投入到互动活动之中，从而进一步推动信任的发展（Fukuyama，1995；Smith & Lohrke，2008），即所谓的信任产生信任。

可见，信任不仅不是被动等待他人知觉的结果，而是可以主动地采取可信行为予以启动和激发的结果。创业团队成员信任同样可以主动启动与发展。通过主动信任发展研究可以更好地把握信任发展的行动机制，激发主动信任更快更好地发展，以满足创业活动的信任需要，支持新创企业发展。

3.4 创业团队成员主动信任的发展策略

3.4.1 基于制度建设的信任基础创建

制度（institution）建设是信任推进的一个外部可控策略。制度提供了公平和一致性的保证以及法律或组织的保护。信任学者强调研究中需要对社会情景的敏感度，包括制度标准和安全进行关注（Zuker，1986）。如果个人相信必要的非个人机制能使一个人按预期获得理想的结果，就是所谓的制度信任（McKnight Cummings & Chervany，1998；Shapiro，1987）。制度信任一般由正式的社会组织来维持与发展。

卢曼（Luhmann，1979）区分了人际信任与制度信任：前者是建立在熟悉度及人与人之间的感情联系的基础上，后者则是用外在的，像法律一类的惩戒似或预防式的机制，来降低社会交往的复杂性。鲁索等（Rousseau et al.，1998）指出，除个体的认知信任和情感信任之外，还存在第三种信任，即制度信任，包括了广泛的制度支持推动认知信任和情感信任在组织背景中的发展。

人际信任文献中，基于控制的监控（control-based monitoring）被定义为减少环境中的不确定性的行为（McAllister，1995）。澎泗清（1999）调查发现，在经济合作关系中，人们除了采用关系运作方法之外，还会采用法制手段来增强信任，关系运作与法制手段可以共存。

克雷默（Kramer，1999）指出，通过组织宏观层次的实践信任制度化，信任可以在组织的微观层次（个体层次）内化。因此，基于制度和规则的信任是一种强有力的财富（Knez & Camerer，1994），可以促进组织成员间自发的协调与合作。杨中芳和彭泗清（1999）就明确强调，中国社会自古以来就是一个注重人际关系的社会，从人际关系中取得对他人的信任是中国文化的延伸。但是由于信息的全球化及世界的整体化，我们的人际关系性质及其重新组合为新时代的信任基础的可能性，确实可以因吸取外来制度化的交往方式而有所改变。

在明确的组织制度规范背景下，人们会按规范行事，而不会冒着被制裁的风险去做有损他人信任的行为。组织制度可能影响组织成员信任的形成及具体的信任类型构成。如有学者指出，外企规范制度下，可能产生高认知信任，但是低情感信任。基于制度或者规则的信任不是有意识算计的结果，而是根据有关恰当行为的规则系统的共享的理解。马兹和奥申（March & Oson，1989）指出在组织中的基于规则的信任不是通过明确的契约，而是通过规则的社会化。当双方对于规范系统的社会化以及坚持规范系统的信任很高时，相互的信任也可以达到很高（Fine & Holyfield，1996）。霍伊等（Hoy et al.，1999）对教师信任的分析表明，信任与组织规章制度的形成有关。组织一般采用规则和正式的组织机制来替代人际间的信任并重建组织中被破坏的信任。但是，这些正式的控制机制也可能会破坏信任，因为它们可能反映了对被管理者的不信任。过多的规章制度可能引起员工反过来的不信任和抱怨。

中国及地方的政府实体，正在创造和发展有效的制度机制，包括创业环境的相关制度制定与实施，均为创业团队的发展奠定了一定的规则示范。创业团队内部也同样可以借鉴这一方式，通过适度的制度规范确立，为创业团队明确规范，为创业团队发展奠定良好的制度化背景。蔡尔德等（Child et al.，2003）认为，主动信任发展战略包括公司应该尽力建设"微观"制度，以弥补基本社会制度不足的缺陷。如费林等（Ferrin et al.，2003）指出，薪酬结构制度是最可能的一种组织对于信任建立干预的有效制度措施。因为薪酬结构制度是组织内普遍存在的，是组织内激励员工和分配资源的一种关键而又灵活的方式。宋源（2009）在研究中指出，组织制度对组织中的成员具有保障作用，对于组织中的团队成员而言，组织制度能否激励员工、是否鼓励员工参与决策、是否能为员工营造创新氛围等，都将很大程度地影响团队信任。基于此，组织可以通过公平公正透明的薪酬制度建立为信任奠定良好的发展基础。创业团队也可以树立相关的薪酬分配以及股权分配制度，通过制度化明确收益分配，避免不必要的经济纠葛破坏信任关系。

总之，创业团队是一种高度自我管理的团队，即团队集体控制关键的任务相关的决策（Haas，2010）。有研究者提出，创业团队应该建立一定的规章制度，可以为团队成员奠定基于制度的信任基础。迈耶尔等（Mayer et al.，1995）就指出，信任导致关系中的冒险。知觉到的风险大小调节信任和风险承担之间的关系。斯特金和帕布洛（Sitkia & Pablo，1992）指出，风险知觉的影响因素包括：对该问题所在领域的熟悉性、组织的控制系统和社会影响。信任是承担风险的意愿，信任水平的高低影响着愿意承担的风险的大小。通过建立创业团队的规章制度，可以促进成员基于制度的信任发展，主要在于恰当的制度有助于提高个体承担风险的意愿。

不过，控制系统是影响关系中风险承担的一个机制。有些学者探讨了在对待风险时，信任与控制系统之间的关系（McEvily et al.，2003；Sitkin & George，2005），发现信任与控制系统之间的关系并不明确。频繁的监控雇员可能被解释成雇主对雇员的不信任，雇员可能以报复作为反应，当机会来临的时候，欺骗管理者（Kruglancki，1970）。威廉姆斯（Williams，2007）也指出，契约机制常常不能完全消除机会主义的风险，机会主义的威胁或者是预期又可能产生负面的情感、防御性行为、非合作行为和逃避行为，从而导致信任难以发展。迈耶尔（Mayer，1995）认为，对可信度的评价也会被环境因素影响。强烈的组织控制系统阻止信任的发展，因为被信任方的行动可能被解释成对控制的反应而不是可信度的表现。斯库尔曼等（Schoorman et al.，2007）就认为，在风险大于信任的情境下，控制系统可以缩小这种差距，降低风险知觉。但是也必须注意，如果组织内有一种很强的控制系统，有可能阻碍信任的发展。因为可信行为（trustworthy action）可能会被归因于对控制系统存在的反应而不是出于被信任方的仁慈或者正直（Strickland，1958；Schoorman et al.，2007），从而降低信任知觉。为此，创业团队一方面可以强调制度规范的背景影响作用，通过一定的制度建设创设良好的信任基础；另一方面要注意避免过于强调制度信任而忽视了必要的情感信任。在强调关系的中国文化背景下，基于情感依恋基础上的情感信任往往可以产生更为突出的重要作用，而制度信任则可以发挥其辅助规范影响，为创业团队信任发展奠定良好的规范性环境。

3.4.2 可信行为积极展现促进信任主动发展

早前的研究者们常常将信任发展看成是一个相对被动的过程，个体通过观察他人在不同时间不同情境下的行为或者直接使用第三方提供的信息对对方的可信度进行判断。很少注意到我们评价对方的可信度的时候，对方常常并不是被动地等待评价，而是可以投入到影响评价过程的主动行为之中。不过已有研究对于个体有意识主动建立和维持信任关系的策略认识较少。实际上，可信度，如正直、仁慈，是一种心理特征，不可直接观察，因而不可能直接影响他人的知觉或行为。但是可信行为，可以作为一种信息线索，反映个体的积极的可信度特征，从而促进信任主动发展。

在信任建立之前，由于对方"不思回报"的风险知觉可能较高，双方的关系发展较为缓慢。此时，个体的行为对于信任的发展有着重要的影响（Whitener Brodt Korsgaard & Werner，1998）。拉森（Larson，1992）、约翰逊等（Johnson et al.，1997）认为，当个体感觉到对方在对其信任的过程中承担了风险，并做出了可信行为时，通常也倾向于回报以信任。这种互惠关系被发现是构建信任的关键因素。风险承担（risk taking）包括：委托一项重要任务、信息分享、避免监控、没有自我保护、顺从被信任方等（Colquitt et al.，2007）。

麦卡利斯特（McAllister，1995）认为，熟悉性和亲密度影响信任的建立，而亲密度和熟悉性可以基于相互的情感表露而产生，了解越多，关系就越亲密，双方的信任水平就越高。因此，情感分享行为是快速发展双方情感关系的一种有效方法。俄雷利和罗伯茨（O'Reilly & Roberts，1976）、怀特纳等（Whitener et al.，1998）认为，沟通频率与可信度知觉显著正相关。研究结果表明，有越高的沟通频率，就有越多的可信度积极评价，即所谓的"知之深，爱之切"。蔡尔德等（Child et al.，2003）强调，如果熟悉是信任的一个基本因素，那么，熟悉观告诉我们信任的发展不只是信任方获得各种信息的被动结果，而是信任方通过采取适当的行动主动促进信任发展的结果。威廉姆斯（Williams，2007）也指出，个体可以通过自己的行为主动获取信任，而不是只能被动地等待互动方随着反复多次的互动形成对于自己的可信度知觉后才逐渐发展起对于自己的信任。

王飞雪和山岸俊男（1999）指出，鉴于关系在我国社会中的重要性，关系运作可能是中国人建立和强化信任的重要机制。关系运作不仅包括采用关系网或请客送礼等工具性色彩较浓的手段，而且还包括相互尊重以及情感分享等感情色彩较浓的方法。基于这一视角，个体可信行为也可以作为一种互动过程中的关系运作手段。蔡尔德（Child，2003）表明，主动建立人际交往和人际关系与信任正相关。杨宜音（2008）指出，关系可以通过交往建立，即"拉关系"，履行更为亲近的关系角色义务，表达更为亲近距离的关系亲情，可以发展起更"熟"更"铁"的关系。

在工作关系发展的过程中，个体通过诚实行为、开放沟通、帮助行为、信息分享和情感分享等可信行为可以促进信任的快速构建与发展。如弗利马纳（Frimana，2002）提出了建立长期合作关系中信任的影响因素，即共享的价值观、沟通。其中沟通又是最为关键的一个因素。巴特勒和坎特雷尔（Butler & Cantrell，1994）的研究表明，被信任方的沟通行为也会影响信任。吉尔伯特等（Gilbert et al.，1998）在组织信任的前因变量检验中，提出培育信任的四个基本要素：开放性沟通、更大程度的决策参与、分享重要的信息、感觉和感情的真实分享。达斯和腾（Das & Teng，1998）在建立联盟合作的信任研究中提出了信任的构建策略，主要包括风险承担、股权保留、沟通、公司间的适应。由于信任的核心要素是风险，因此风险承担是构建信任的重要因素。个体主动的可信行为即是主动风险承担的展现。

个体通过可信行为的主动风险承担主要是努力降低他人的风险知觉，降低他人可能感受到的威胁。具体来说，威胁控制对他人的影响过程包括以下三个环节，对于这三个环节的理解和控制可以更有针对性地实现降低他人风险知觉以促进信任主动发展的目的。

第一，视角转换（perspective taking），即从他人的角度想象他人可能的想法、动机或者感受（Davis，1996）。这是产生恰当地人际互动的关键（Blumer，1969）。这个过程有利于对风险的人际理解。通过这个过程理解他人可能体会到有哪些风险构成对他们的威胁，从而阻碍他人的信任的产生。视角转换不仅有助于理解什么是恰当的行为，而且可以激发对于对方更多的移情、更为恰当的行为倾向。

第二，威胁减少的行为（threat-reducing behavior），即一组有意识的人际行动，旨在最小化或者消除他人可能产生的受到威胁的知觉。这个过程有利于减少个体感觉受到威胁时常会表现出的防御性行为和负面情感反应。威胁减少的行为包括：①改变环境中可能对他人有负面影响的因素，如召开会议、增加沟通等方式使得自己的努力和贡献变得更透明。②引导对方改变注意力，不仅仅关注于环境中那些不利的因素，还要改变对环境意义的认知。如重构一种情境以影响他人对于环境的认知评价，重新评价环境具有较少可能的伤害，包括提供环境中的事实、关键因素或者提供合理的描述让他人接受，从而改变他人对于环境的理解，引导他人重新评价对于环境中的威胁因素，体会到的可能的伤害有所减小。③调整情绪反应。包括锻炼、循序渐进的放松活动等。个体情感表达的自我控制或者策略性使用也能够调整他人的情感反应。积极情感的表达，如表现出高兴、热情、平和等能够影响他人在一定程度上体会到同样的情感（Barsade，2002；Bartel & Saavedra，2000）。情感的策略性表达也是人际情感管理的一种策略。

第三，反思（reflection），即对于威胁减少行为的自我评价及自我校正的过程（Bandura，2001），即及时发现不充分、不恰当甚至是错误的威胁减少行为。在威胁控制和主动信任建立过程中，个体可以观察他人的情感反应和行动，以评价他人在威胁减少行为后的信任程度的变化。可以借助他人的行为线索，如他人信任行为的表现，作为反思的内容。通过反思可以调整行为，以在下一步采取更为恰当的行动。

以上威胁管理的三个过程是表达可信度的一种认知和情感投资，有利于形成双方真正的情感依恋，从而强化信任。首先可以促使他人减少与预期伤害相联系的负面情感体验；其次由于体会到被人理解而产生的积极情感体验增加；最后表现了个体的仁慈、可信的意图，并且证明了个体的社交能力（social competencies），这种能力对于未来的可信行为是必要的。或许是出于对回报的坚持而产生的效果，威胁控制可展现个体的可信度，一来威胁控制可表现个体的仁慈，即对他人利益的关心；二来威胁控制表达了个体的可靠性和可信意图，因为主动的威胁控制行为需要一定的成本，包括认知和情感投入。再者，威胁控制还能证明个体的社会能力与人际理解能力。由于仁慈、可靠性、社交能力与人际理解能力是可信度的重要内容，威胁控制可通过提高可信度知觉来促进信任的启动与发展。

不过，迈耶尔等（Mayer et al.，1995）指出，信任将导致在双方关系中承担风险，但是所承担风险的具体形式或者内容还取决于具体的情境。在一个具体情境下的利害关系（如可能的收益或损失）将会影响对其中涉及的风险的知觉。由此可见，可信行为最终究竟能否促进信任主动发展还取决于该可信行为的恰当性，即是否有助于降低焦点个体对当前情境下的风险知觉。实际上，评价在一个具体情境中的风险性的大小，需要考虑背景因素，如权衡可能发生的积极和消极结果的可能性（Bierman et al.，1969；Coleman，1990）。基于此，特别值得强调的是，不同的关系运作方式有不同的适用范围，如长期合作关系中情感性的关系运作方法较受重视，而一次性交往中则工具性的关系运作方法更受重视（澎泗清，1999）。组织成员之间需要建立和发展相对较长期的合作关系，加深情感的关系运作方式就显得更加重要。

总之，有关信任的学术研究还很少关注个体可以用于建立信任的有意识的人际行动（Williams，2007）。实际上，信任是一种可以主动管理的行为，个体可以通过积极的可信行为展现促进信任更快地发展。创业环境下，团队成员间的信任同样可以通过采取策略性的可信行为，努力降低成员的风险知觉，从而促进信任更快地建立起来并得到良性的发展。

研究指出，创业背景下，战略同质性的叙述性身份工作引发共享的身份感（同质性关系），带来互动关系中的信任。菲利普斯等（Phillips et al.，2013）通过观察研究进一步理解了创业者产生信任的过程。他们的研究发现了创业者加强战略同质性的叙述性身份工作（narrative identity work）是如何以及为什么能够引发高度信任关系的发展的，结果支持战略同质性的叙述性身份工作可以带来信任关系的发展。他们指出，叙述性身份工作最为重要的结果是导致了研究案例中的行动方与他的合伙人在双方互动关系水平（at the level of the dyad）层面产生了较高水平的信任。结果表明，战略同质性身份叙述建构了一种共享的身份感，创业者因此提供了一种基于同质性之上的坚固信任。在创业者的自我中心网络或者说关系组合中信任不单纯是意外的结果，而是可以通过创业者主动建设的，如借助于叙述性身份工作就可以创造高度同质性的关系。其实，麦克弗森等（McPherson et al.，2001）就指出，信任长期以来都被看成是同质性所带来的重要结果。并且，这种基于身份的信任（identity-based trust）是特别坚固的，因为共享的身份强调了同质性关系，这种同质性包括了每一个行动方的自我概念的某些方面。由于打破信任的联系可能会潜在地破坏行动方身份的基础，所以这种基于身份的信任是较为坚固的。互动双方在一定程度上会囿于违背该类信任的高成本代价而避免出现违背信任的行为。

实际上，威廉姆斯（Williams，2007）也指出，由于人们常常认为来自其他群体的成员比自己群体的成员更不可信。而通过表明自己高可信度的战略人际行动（strategic interpersonal actions）则可以减小不同群体身份对于信任发展可能导致的负面影响。如与不同群体的成员合作时，可以采取各种措施避免威胁到对方所关心的目标、期望、价值观和身份，从而表达出自己的善意、合作的意向和自己的高可信度。同时也要避免感觉受到威胁常采取的自我防御性行为、非合作的反应。

创业活动与利益有着不可忽视的紧密联系。为此，创业团队成员信任主动发展更需要关注成员利益。由利益的忽视引起的伤害会降低对于仁慈的知觉，并且产生负面的情感影响信任的发展（Dunn & Schweitzer，2005）；忽视他人的利益也会对该个体社交能力（social competence）的知觉产生负面影响。因此，对他人的利益的忽视可能削弱可信度的多个基础（Williams，2007）。

概括而言，个体可以通过可信行为的主动展现促进创业团队成员信任的快速发展。基于行动观视角的创业团队成员信任主动发展主要是从以下两个方面的内在机制管理得以实现。一方面，可信行为展现激发义务感和回报的信念。在基于行为特征的成员信任主动发展过程中，个体可以通过建立人际关系来构建相互的义务关系，从而形成信任。另一方面，威胁控制降低风险知觉以及展现积极关系定位的意图与能力（Williams，2007）。不过，中国背景下创业团队成员主动信任还需要特别关注中国社会的特殊文化传统。中国人的情境中心（situation-centered）和关系中心（relation-centered）的观念非常突出。中国社会中的人际互动是情境中心的，为了扮演好自己的角色，个体的行为表现需要依据在社会互动中的角色定位采取不同的标准和规则，如下属对于权威要恭敬。个体与不同角色和地位的人互动时，需要采用不同的行为标准（Bond，1991；Hwang，1987）。基于此逻辑，创业团队基于行动观视角下的主动信任发展需要综合考虑所展现的可信行为是否符合情境需要，包括文化情境、角色情境以及企业发展阶段情境等，从而实现可信行为的积极影响，避免"好心办坏事"的非预期误解或者曲解，导致对团队成员信任发展的无效甚至是负面作用。

3.5　创业团队成员信任主动发展的边界条件

3.5.1　不同类型创业团队的差异性影响

根据创业团队组建方式的不同，有不同的创业团队分类。如基于共同爱好和亲密关系基础上组建起的群体型创业团队，以及由一位领导者倡导然后依据创业需要选择恰当能力人组建起的核心创业团队。不同类型的创业团队由于前期的关系基础不同，可能导致后期主动信任发展的机制也有所差异。

在中国背景下，创业团队很少一开始就考虑成员间专长等方面的互补性，更多的是由于共同的兴趣、友谊以及对于发展机会的认同而组建的。尤其是群体性的创业团队，主要是因经验、友谊、共同的兴趣爱好等为基础而组建。这样的团队在我国相对更多。我国文化传统强调人情和关系。而群体型创业团队彼此之间人际关系可能更稳定，因为其基于社会交换关系而产生。核心主导型的创业团队，主要是一个人有了商业机会，就根据需要组建团队共同创业。这样的团队可能更多的是利益考虑，是经济交换关系。不过，有关这一点还需要实证检验。有可能前者的初始信任水平更高一些。不同类型的创业团队其后续的信任发展可能不同，其创业过程的冲突和结果可能也会不同。是否前一类型创业团队成员之间的风险知觉会更低、会较少产生令新创企业最为头疼的人际信任问题仍需进一步分析。

3.5.2 创业团队多样性的差异性影响

在复杂多变的商业竞争环境中，创业团队多样性可以部分弥补团队资源不足的劣势，发挥优势互补作用，但是创业团队构成多样性并不总是有利的，究竟如何对待多样性与同质性，对这一问题的理解有助于指导创业团队的组建与发展。

石磊（2008）就指出，有关创业团队构成多元化影响的争论呈现两极化。多元化创业团队可能有着更多的创业差异化资源，更有利弥补新创企业发展的新生劣势可能带来的问题。但是，创业团队的形成与发展过程也是团队成员自我归类的过程，团队多样性可能带来创业团队的分裂，如形成小圈子，负面影响团队成员信任的发展。再者，不同的多元化类型对于创业团队的影响也表现出不同的特点。如表层多样性和深层多样性的差异。其中表层多样性又如年龄、性别等人口学特征引发的初期创业团队自我归类带来的小圈子划分，阻碍整体团队信任发展。深层多样性又如能力、专长差异带来的认知模式的差异，一方面为团队带来多元化认知，有利于更深入进行战略决策；另一方面又可能导致认知冲突以及进一步的关系冲突，从而负面影响信任发展。总之，多样性差异的影响还需要进一步细化探究不同类型多样性的可能差异化作用，以更针对性理解和管理多样化创业团队背景下的成员信任问题。

3.5.3 不同类型信任的差异性影响

不同类型信任发展的影响因素可能存在着不对称性。因此，考虑信任发展的影响因素时，需要探讨不同类型信任的差异性影响。信任包括两个基础：认知与情感。据此信任产生有两个途径，即基于情感还是理性。为此，信任也常被划分为两种不同的维度。前者反映了社会关系方面，后者则体现经济方面（Larson，1992）。

情感信任随着个体对于关系中的情感投入而发展，导致了对于对方幸福的真正关注，如仁慈的表现（McAllister，1995）。情感信任是一种关系型信任，常常与亲密关系联系在一起。与之相对，当个体基于了解做出有意识的信任决策时，认知信任就出现了。认知信任是一种理性的、经济维度的信任，如能力的展现激发的信任。当认知信任是关系的基础的时候，个体会基于可信度的证据去选择信任水平。因此，当重复的互动使得双方相互更多地了解和理解的时候，认知信任往往就会增长（Hite，2005）。创业团队成员主动信任发展中，可以有意识地促进不同信任基础的发展，从而有针对性地主动促进特定类型信任水平的提升。

另外，特别值得关注的是，研究发现，在关系发展的某个阶段，认知信任和情感信任的突出性会有所变动，表现为可能在某一阶段，认知信任比情感信任更重要或者相反（Lewicki & Bunker，1996）。因此，创业团队成员信任主动发展的过程中，可以针对当前的需要，针对性地促进特定类型信任的发展。

最后，不同类型信任间也有一定的相互影响。如在与信任方的互动中表现出的可信性（reliability）和可靠性（dependability）导致了对被信任方意图的积极预期，从而产生认知信任。因为频繁、长期的互动而产生了基于人际相互关系和照顾之上的依恋，双方中的关系出现了情感的成分，在此基础上产生的信任常被称为情感信任（affective trust）（McAllister，1995）或者认同信任（identity-based trust）（Coleman，1990）。创业团队成员基于能力认可基础上产生了认知信任，之后又可能因为双方在创业活动中的长期密切互动产生了情感信任、认同信任。良好的前期认知信任有助于后期情感信任和认同信任的发展。

3.5.4 不同关系阶段的差异性影响

怀特纳等（Whitener et al.，1998）的研究将人际信任的概念置于一个关系的情境中，他们认为信任不仅是一方对另一方持有的态度，而是存在于双方的关系中。杨中芳和澎泗清（1999）指出，中国人的信任呈现出关系基础上的差序格局。中国人的人际信任更多依赖于情感因素。他们从人际关系的角度，提出一个以社会义务为基础的本土人际信任模式。

张建新等（2000）认为人际信任包括泛化信任与殊化信任（或者对象信任 target-based trust），两个是不同的概念。殊化信任或对象信任的概念与布鲁尔（Brewer）和俄贝尔（Orbell）等人提出的"分类信任"（category-based trust）概念有某些类似之处。依据殊化信任程度高低，可将人际交往对象分为三类人群："亲人""熟人""陌生人"。这个研究结果与台湾学者黄光国关于中国人人际关系的理论模型相对应。黄光国将中国人的人际交往关系区分为"情感交流""人情交流""市场交换"三种类型。而殊化信任中的"亲人信任""熟人信任""陌生人信任"恰恰揭示出中国人在三类人际交往中表现出的典型行为特征。

勒维克和邦克（Lewicki & Bunker，1995）将信任的转变点看作是关系中的框架改变（frame changes）所引起的，即在人际互动过程中主要的人际知觉范式中的基本转变。从基于认知的信任向基于了解的信任转变表明了从强调自我与他人的差异或对比（即敏感于风险和可能的信任违背）转变为强调自我与他人的共有（commonalities）（即同化，assimilation）。从基于了解的信任到基于认同的信任就是从简单的了解对方到在关系中强调同一性（common identities）和保持自己独特身份（差异性，distinctive identity）之间的平衡。

当关系开始时，信任者在几乎没有直接交互作用时，可能通过第三方，获得被信任者正直的信息。此时正直对于关系初期信任的形成是重要的。随着关系的发展，与被信任者的交互作用使信任者获得被信任者的仁慈的看法。所以仁慈对信任的相对影响力增加。因此，关系的发展可能改变可信度因素（能力、仁慈和正直）的相对重要性（Mayer et al.，1995）。信任的影响因素会随着关系发展的不同阶段而改变。不同的可信行为反映了不同的可信度，从而可能体现出在不同关系阶段中的不同程度的重要性。

威廉姆斯（Williams，2007）指出，人际关系的质量可能影响威胁控制，从而影响主动信任发展策略的效果。人际关系质量的一个主要标志就是情感依恋程度。情感依恋促进对方对于个体行为的积极归因，可能激发对方使用较少严格的标准去评价个体的可信度。情感依恋提高移情的倾向，促进建立信任的体贴、亲社会的行为（Batson，1991）。当然，情感依恋除了影响威胁控制之外，也可以直接影响信任（Dunn & Schweitzer，2005；Williams，2001）。

赛尔瓦等（Serva et al.，2005）研究发现，对于管理团队的信任，正直的重要性随着时间的推移从不显著到高度显著。仁慈随着时间的推移却变得不显著。能力一直都是较强的信任预测变量。这是基于成熟团队的研究发现，但创业团队是否有所不同？虽然不同可信度的重要性也同样会随着时间发展而变化，但初期创业团队常基于关系形成，是否能力在后期发展更重要？这些问题都需要进一步实证检验。

总之，中国商业社会是基于人际关系的，这是一个很好的出发点来理解中国商业市场中信任形成的社会机制。"关系"是由互惠和良好意愿以及人际关怀支持的共同责任的连接组成的（Chen，2001）。中国关系有其家庭维系的特定重点（Hwang，2000）。关系网络由三个圈子组成：家庭成员（内圈）、朋友（中圈）、陌生人（外圈）。根据樊景立等（Farh et al.，1998）、徐淑英和樊景立（Tsui & Farh，1997），这种关系网络是通过人与人发展，而不是商业与商业发展。中国文化中信任构建通过培养人际关系这一现象具有特殊性和长期性，需要引起学者们的普遍关注。基于此，创业团队成员主动信任发展过程中，采取的可信行为类型一方面需要强调情感依恋的激发，即促进关系亲密度的提升；另一方面只有恰当的可信行为才有助于信任的主动发展，而不同关系阶段中的恰当可信行为的具体内涵会有所不同，需要创业团队成员根据关系所处阶段采取相应的可信行为才能真正促进成员信任主动发展。

3.5.5 不同创业阶段的差异性影响

赛尔瓦等（Serva et al.，2005）研究结果表明，时间可能作为一种背景变量，一个团队对另一个团队行动的解释会受到行为发生的时间段的影响。勒维克等（Lewicki et al.，2006）指出，信任的类型和性质随着时间而有所改变。但是，已有的研究很少关注随着时间的推移人际关系中的信任增长或下降的动态机制。

马可一等（2004）通过分析创业背景和一般情境中信任概念的差异，以及创业背景下中西方信任概念的差异，根据创业过程思路和多层次多维度思路提出了中国创业背景中的信任构思。在企业家个体层面上包含特殊信任和普遍信任两个维度，在组织层面上包含基于声誉、特征、制度的信任三个维度。在创业的不同阶段，不同层面上的信任具体内涵和维度会表现出不同的内容。

基于上述分析，创业团队成员信任主动发展过程中更需要纳入时间维度的考虑。因为创业具有较高水平的动态性特征，随着创业阶段的变动，创业团队成员面临的关键任务与要求也会有所不同，而这又会刺激他人对其作为创业团队一员的评价的相应变化。如基于能力之上的创业团队成员信任可能更会随着创业进程中变动的能力要求而变化。如要想获得其他创业团队成员的认知信任，焦点团队成员需要展现出新阶段创业活动所需要能力。可见，不同创业阶段的情境变化导致了创业团队成员信任的驱动要素也会有所变动，而主动信任发展的策略也应随之做出相应的调整。

3.6 创业团队成员信任主动发展研究的管理启示

因为信任是可以主动管理的，而创业活动的高风险和高不确定性，使得创业团队成员主动信任发展具有更重要的价值。为此，创业者需要采取主动策略促进创业团队内部高水平的信任发展。为了进一步促进未来对创业团队成员信任主动发展理论研究，同时对创业团队成员信任主动管理实践有所借鉴，本研究在此构建了创业团队成员信任主动发展模型，如图3.1所示。

首先，情境对于信任主动启动与发展有着重要的影响作用。创业团队可以通过一定的制度建设创建良好的信任基础。恰当的制度建设降低了成员对于可能风险的知觉，有利于提高成员风险承担意愿。不过，在此还需要特别强调，制度建设只是一个辅助途径。如果过于强调制度建设而忽视了微观互动因素考虑，则可能带来的是外界强调的控制压力，反而阻碍创业团队成员信任发展。

其次，成员通过可信行为的积极展现，向其他成员表现其主动率先承担双方中互动风险的积极意愿，可以激发他人的信任回报。基于互惠的回报是双方信任得以良性循环发展的基础。不过，可信行为并非在所有情境

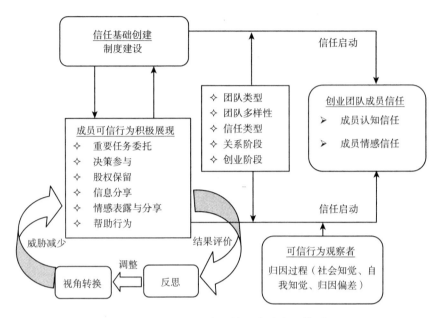

图 3.1　创业团队成员信任主动发展模型

下都可以启动信任发展。可信行为与信任启动之间正向关系的基础是在于可信行为能让他人知觉到的威胁有所减少。而知觉本身具有一定的主观性，因此当创业团队成员想要启动信任时，需要通过视角转换进行分析考虑对方可接受的可信行为，真正达到通过展现可信行为降低对方风险知觉的目的，并且对于可信行为呈现后的效果进行一定的反思，根据效果和反思动态性调整选择恰当的可信行为。因为可信行为启动信任是创业团队成员反复互动过程中均可以也应该反复发生的事件，所以视角转换—威胁减少—反思就是一个循环上升的发展过程。

　　最后，基于归因视角探讨创业团队成员信任主动发展过程与内在机制，可以更有效地从信任方、被信任方与情境因素综合视角理解主动信任发展，同时也可以更全面地理解和指导创业团队成员信任的主动发展。哈丁（Hardin，1992）就提出了应该构念信任为一个三部分的概念，包括信任方的特征、被信任方的特征、信任产生的具体背景。信任的三成分模型充分考虑了信任的算计和关系基础。信任的理性观，包括两个基础因素：第一是使得个体信任他人的信息；第二是被信任方重视信任、兑现信任的激励。理性观提供了对于个体应该如何作信任决策的解释，提供了相应的参照标准。但是这种观点不能完全解释所有的信任现象，因为大量的行为决策文献表明理性选择的假设是站不住脚的。柯斯卡德等（Korsgaard et al.，2002）指出，个体可以通过判断他人行为是由个体内部还是外部环境因素引起的，进而发展起对他人的相应的可信度信念。不过，凯利（Kelley，1973）就曾明确指出，个体常常基于有限信息作归因。个体能够作这些归因是因为他们能够使用他们的因果图式。有研究揭示，信任发展的因果图式分析表明薪酬可能经由个体对双方绩效的知觉影响人际信任的发展（Ferrin et al.，2003），如"高信任导致高绩效，因为我们是高绩效团队，所以我们必须信任彼此"。由此可见，信任发展可以被看作一个归因过程。将信任发展看作一个归因过程将使我们能够利用归因理论中的三个主要方面的理论加深对信任发展的理解。这三个方面是：社会知觉、自我知觉和归因偏差。归因理论对于理解信任发展过程的几个重要方面都是很有用的。归因理论描述了两个不同但又相关的过程：第一，社会知觉，即发展起对他人的内部特征的推论，可包括特征、倾向、信念、状态和态度以及行为的理由；第二，自我知觉，即理解自己的内部特征，包括自己的信念和态度。第三，归因偏差，可能影响信任发展的两个归因偏差是：一致性偏差（correspondence bias）（Gilbert & Jones，1986）、怀疑效应（suspicion effects）（Ferrinl，1996）。最近的归因研究指出，当个体怀疑对方行为的动机或者真诚性的时候，一致性偏差就会减小或者消除（Fein et al.，1996）。因为产生怀疑的个体会产生更为复杂的对他人行为的归因过程，即他们更可能考虑到影响行为的情境因素。

总之，基于归因理论视角下的信任发展有助于我们从一个综合的信任产生视角理解信任。社会知觉和自我知觉这两个过程与人际信任的两个基本因素相关。信任研究者常常定义信任为个体对他人特征的信念（Dirks & Ferrin，2002）。这个定义假设个体处理信息并推论他人（即社会知觉），也发展和报告对于自己信任他人水平的内部信念（即自我知觉）。在归因理论有助于理解信任发展研究中，研究者们有所讨论但研究相对较少的一个方面是：信任发展中的偏见（biases in trust development）（McKnight et al.，1998）。怀疑（Fein & Hilton，1994）可能有助于个体避免一致性偏差，怀疑也会负面影响对他人的评价，这种影响效果可能并不考虑个体的行为而产生。即怀疑可能导致个体不正确地归因他人的行为受内部因素而不是情境因素引起，并且怀疑也可能使得个体更负面地看待对方而不考虑对方的实际行为表现。

此外，玛兹（March，1994）指出，理性选择模型过分强调了决策者的认知能力、投入有意识算计的行为的程度，以及他们拥有稳定的价值观或者有序的偏好的程度。另外，从心理观看，理性观点过分强调了认知因素，没有关注情感和社会对于信任决策的影响力。从关系观角度，关系信任具有认知、动机和情感基础（Shapiro et al.，1992；Sheppard & Tuckinsky，1996），可以从社会认同理论（social identity theory）（Brewer，1981；Kramer et al.，1996）、群体价值观模型（the group-value model）（Tyler & Degoey，1996；Tyler & Lind，1992）分析信任的发展。这些模型更强调了产生信任行为的社会动机而不仅仅是工具性动机，具体包括考虑行动方自我展现的关心、身份相关的需要、动机对于信任相关认知和选择的影响作用。创业团队成员信任主动发展过程中，团队成员一方面从被信任方视角通过主动采取可信行为激发信任方对于自己信任的快速建立；另一方面从信任方视角关注在观察可信行为过程中由于归因不当可能引发的怀疑效应，导致不恰当的错误归因而阻碍信任的发展。

3.7　本章小结

3.7.1　结语

勒维克等（Lewicki et al.，2006）指出，有关信任研究中存在着两种不同的观点，即行为观（behavioral tradition）与心理观（psychological tradition）。第一，信任的行为观。信任的行为观是基于人际背景下行动方所表现出的可观察的选择行为。最早的相关观点可见多伊奇（Deutsch，1958）。在信任的行为观中，信任的本质就是合作或者不合作的选择。其采取向前看策略（fast-forward），关注行为，假设行为基于理性的思考（Flores & Solomon，1998）。第二，信任的心理观。心理观又分为单维度模型、两维度模型、变化模型。其中，单维度模型（unidimensional model），即信任与不信任是同一个维度的两极（Mayer et al.，199）；两维度模型（two-dimensional model），即信任与不信任是两个独立变化的不同的维度（Lewicki et al.，1998）；变化模型（transformational model），即信任随着时间的推移有不同的形式（Lewicki et al.，1996；Shapiro et al.，1992）。信任的心理观采取向后看（back up）策略，考虑行为背后的原因，包括内部的心理倾向和心理过程，特别是信念、预期和情感，信任的心理观特别强调认知和情感过程（Jones & George，1998；McAllister，1995）。创业团队成员信任的主动发展是对于行为观、心理观的综合采纳，即在自愿可信行为展现基础之上，考虑信任发展的认知和情感过程以及信任的可能动态发展特征，通过外在行为的展现与内在可能认知与情感体验的战略性管理，促进创业团队成员信任的更快更好发展。

中国文化背景中的信任构建，以往研究较好地归纳了以传统儒家思想为基础，从个体信任价值构建角度的信任建立，以及人际关系建立和中国现有信任制度薄弱等角度的信任讨论，而从群体互动、团队视角讨论信任构建的研究至今较少。实际上，在团队中，成员之间的信任可以降低他们彼此之间心理上的不确定感，增强成员的心理承诺，从而有利于提升团队内部知识信息的共享（Higgs et al.，2005）。麦卡利斯特（McAllister，1995）研究结果发现，交互作用频率和同事属性的公民行为与基于情感的信任显著正相关。创业者之间的团结和协作是决定创业成功的关键。创业团队失败可以说在一定程度上是信任资源限制所导致的。高水平的团队成员信任意味着一种高质量的社会交换关系。不仅创业活动具有极高的风险性，而且信任同样具有较高的风险。信任关系是个体的一种自愿行为（Mayer et al.，1995），是一种带有风险性的决策。信任意味着对他人的期望，而且信任有时候需要牺牲个人的利益（王重鸣和邓靖松，2007）。信任作为一种涌现状态，对于团队有效性的影响在发展中的团队比在短期临时团队中更为显著。创业团队是支持创业活动的重要主体，以长期良性发展为目标。因而团队成员信任涌现状态对于创业团队有效性的影响作用将更为突出。

创业团队成员信任可能是团队互动过程的直接结果。根据马克斯等（Marks et al.，2001）的观点，团队过程是团队成员互依性地工作以利用团队资源的方式。德·琼等（De Jong et al.，2010）认为，团队过程是团队成员通过旨在达成集体目标的认知、言语和行为活动将输入转换为结果的一系列动作。团队过程这个概念的本质是团队互动（Marks et al.，2001）。创业团队能够有效突破单个创业者在能力、经验、资源等方面所受到的限制的前提基础就是有效的创业团队互动。团队互动过程不同于团队涌现状态。团队涌现状态是团队认知、动机和情感状态，可以看作是团队输入及其直接的结果。基于涌现观视角，创业团队成员信任主动发展这一涌现状态可以是创业团队成员互动的直接结果。可见，激发创业团员信任的发展可以从团队成员互动过程中的行为视角切入。如有研究指出关系运作可能是中国人建立和强化信任的重要机制（王飞雪和山岸俊男，1999）。关系运作不仅包括采用关系网或请客送礼等工具性色彩较浓的手段，而且还包括互相尊重以及情感分享等感情色彩较浓的方法。澎泗清（1999）从理论与现实的挑战两个方面说明了研究中国人信任行为的重要性，讨论了过去研究中与中国人信任建立机制有关的主要观点及其存在的问题，并在此基础上开展了两次问卷调查。结果发现：作答者将关系运作当作建立和发展人际信任的主要方法，在长期合作关系中，情感性的关系运作方法较受重视；而在一次性交往中，工具性的关系运作方法较受重视。在经济合作关系中，人们除了采用关系运作方法之外，还会采用法制手段来增强信任，关系运作与法制手段可以共存。基于这一逻辑，创业团队成员可以通过工具性和情感性的关系运作手段，同时辅助以一定的制度建设手段，协同促进创业团队成员信任的主动发展。

只是在此还需要特别强调的是，信任主动发展的不同策略实施选择还需要考虑情境特色。怀特利（Whitley，1991）依据祖克尔（Zucker，1986）有关建立人际信任的三过程理论来研究华人企业中的信任行为。结果发现，在中国社会中，人们主要采用以交往经验（包括个人声誉及过去交往状况）为基础的过程性信任构建方式以及以个人特性（包括两人特有的既定关系）为基础的特征性信任构建方式，而很少采用以制度为基础的（institutionally-based）的方式。也就是说，华人社会中，人们主要根据他人由个人的诚信所累积的声誉和他人与自己有无共同的既定关系来发展信任，而较少用制度化的手段。其中，从关系入手来发展信任又是最为重要的一个手段。这一点支持了格拉诺维特（Ranovetter，1974）的观点，他认为社会关系及内隐于其中的义务，远比概括化的道德及制度上的设计（如合约及权威的设立）更能影响经济生活中的信任。怀特利（Whitley，1991）认为，华人家族企业之所以会只重视前两种信任是由于家庭关系与认同居于首要地位，对家庭的归属超过了对企业的归属，除非通过家庭关系的连带所间接衍生的义务感，否则关系难以深入。在这种情况下，企业为了发展与主要下属的信任关系，就会力图与他们建立有相互义务约束的关系连带。这一点其他研究华人家族企业的学者也多半赞同（Limlingan，1986；Redding，1990；Yoshihara，1988）。许多关于华人家族企业中的信任行为的研究发现，家族企业的主管可以采取"拟亲化"的手段（如下属变成女婿或干儿子），以增加社会共同性。杨宜音（1998）有关"自己人"的研究也支持这一现象。由此可见，中国背景下创业团队成员信任的主动发展中，关系策略是其中无法回避的一个重要方面。但是关系策略有可能产生一些负面影响，如强关系的盲目信任可能带来的不良后果。为此，如何在关系策略基础之上增加如制度等策略还需要更深入的考虑。

另外，信任的一个基本核心要素就是风险（Kramer，1999）。风险指发生伤害或者损失的可能性。风险导致了对信任的需要，风险大小也影响着信任的产生（韦慧民、龙立荣，2009）。威廉姆斯（Williams，2007）指出，损失包括物质损失，也包括对于个体的身份、地位、权力感等的主观伤害。机会主义和利益忽视可能导致实际的物质损失，互动过程中个体重视的自我形象被否认或者自尊被破坏可能产生身份伤害的心理体验。信任启动策略，如行为一致性和行为正直，要求对方观察个体随着时间发展的行为表现；而其他的行为，如准确与开放的沟通、表现关心、控制的分享则反映了启动信任的主动的姿态。创业团队成员信任启动过程中同样需要注意可信行为呈现可能会让其他成员归因错误，导致体会到非预期的主观伤害，不仅无法提升信任，反而致使信任降低的情况发生。如帮助行为如果得不到对方的理解而可能让人归因为对自己能力的否定，就有碍信任关系的提升。

最后，基于认知的信任将是基于情感信任的正向预测变量（McAllister，1995）。创业团队成员信任的主动发展过程中可以发挥不同类型信任之间可能的相互影响关系。虽然不同类型信任对于创业团队有效性的提升作用可能存在一些差异，如成员认知信任对于任务绩效作用可能更突出，而情感信任则对于关系绩效的提升影响较明显。但是成员认知信任可能有助于情感信任的增加，而情感信任反过来也可能促进认知信任的提高。而有研究表明，不同类型信任的前因变量可能有所差异。为此，创业团队成员在采取主动措施提高成员信任发展的过程中，一方面可以针对信任的不同类型采取相应的信任激发行为，另一方面也可以根据当前情况选择最容易激发的某一类型信任发展，进而通过进一步的互动促进另一类型信任的发展。如中国文化背景下，关系策略最受欢迎，创业团队成员可以通过关系运作手段，特别是情感性关系运作手段，促进双方关系的深入发展，如采用情感分享促进情感信任发展，而后通过信息分享和帮助行为等促进对方对于自己能力与人品的积极归因，进而提升认知信任。

3.7.2 研究展望

第一，创业团队主动信任发展策略研究。信任可以减少监控的需要（Shapiro et al.，1992）。由于创业活动内在的高风险和高不确定性性，使得创业团队背景下成员信任有着更为重要的影响作用，但是关于创业团队成员的主动信任发展机制仍然不明确，有关创业团队成员主动信任推动机制的研究相对缺乏。创业团队可以采取哪些措施推动主动信任发展，探讨影响创业团队主动信任发展的影响因素，即前因变量，有助于更好地理解创业团队信任发展的促进与阻碍因素，同时可以更好地指导创业团队主动信任关系治理实践。亨佩尔（Hempel，2009）指出，中国集体主义文化背景下，人们会更重视人际关系，尽力避免用侵略性的方式同他人共事。另外，中国文化背景下，信任水平是较低的，个体相对更难以主动信任他人。究竟在中国背景下的创业团队主动信任发展需要考虑哪些因素，可以采取的主动信任发展策略有哪些值得未来深入研究。已有研究主要基于一般的组织情境或者普通团队情境提出信任发展的关系策略、制度策略以及行动策略等，但是创业团队有其与普通团队不一样的独特之处，究竟已有研究提出的华人社会的关系策略或者制度策略实施的具体方式与创业团队情境下有何不同，值得进一步探究。

第二，创业团队信任违背后的主动修复策略研究。信任违背后双方之间关系呈现一种相对不利状况，此时信任的维持与修复对于未来信任关系有着重要的影响。信任的良性循环是基于回报原则基础上的。而信任违背显然是对于回报原则的破坏。中国人更强调回报。在中国背景下，创业团队成员信任违背后应该如何进行修复才可能实现成员信任关系的维护目的还要深入探究。实际上，创业团队面临的创业活动有很大的不确定性，在面对不确定性的过程中个人的主观归因影响可能特别突出，由此导致的冲突可能更为明显。在这一背景下，基于主观视角的创业团队成员信任违背知觉的发生可能较为常见。为此，创业团队成员信任违背的研究就更显示出其必要性。基于主动发展视角，创业团队成员在信任违背发生后究竟该如何应对？宽恕在什么情况下更有用？沉默或者主动解释在什么情况下更有效？与一般团队情境相比，创业团队成员信任违背的主动修复的有效策略有何独特之处？等等问题都是未来创业团队信任研究可以深入探讨的有趣主题。

第三，创业团队主动信任发展策略的效应机制研究。当个体采取主动信任发展策略时，如表现出更多的可信行为或者创建科学的组织制度等，其结果是否一定可以促进信任关系的发展或者其中可能存在哪些影响结果的边界条件还需要未来进一步检验。如布洛克纳等（Brockner et al.，1997）探讨结果有利性（outcome favorability）对于信任重要性的调节作用，指出当结果不利的情况下，信任对于个体是更为重要的。当结果相对不利的情况下，信任与对领导的支持相关更强。创业活动面临着较高的不确定性和风险，经常可能出现创业风险或者不利的结果，此时，创业团队主动信任发展策略的可能影响结果如何值得进一步探讨。另外，需要注意的是，有时候甚至是善意的帮助可能会伤害到对方的自我形象或者是自尊，可能让人感觉到自己很差或者能力不足。威廉姆斯（Williams，2007）认为，身份伤害指所重视的自我形象被否认或者自尊被破坏而产生的心理体验。这是对于面子更本质的威胁（White et al.，2004）。常言"好心办坏事"。互动中的身份威胁使得个体不愿意接受他们所需要的帮助。互动中的身份威胁引起对他人可信度的负面评价，以及压力、焦虑和担心等负面情感。中国人更讲究面子，是否这一点是更重要考虑的因素？未来可以对此进行进一步检验。如可以深入检验创业团队主动信任发展策略可能导致成员身份伤害知觉的边界条件，以更好控制主动信任发展策略的非预期负面结果，充分发挥主动信任发展策略的积极效应价值。

4 创业团队成员信任的跨层面综合驱动模型构建

4.1 引言

在竞争激烈的当前经营环境中，仅仅依靠个体的力量和资源往往难以实现创业目标，所以个体往往会为了共同的目标和利益以团队形式进行创业。不过，团队创业过程中成员间利益冲突或者关系冲突都可能会阻碍团队的维持和发展，从而为创业活动的顺利开展留下隐患（邓靖松和刘小平，2010）。从创业团队的形成过程可以发现，创业团队成员之间有着强烈的依赖关系，成员之间不仅在能力和资源方面互相弥补，并且在协作的过程中也存在高度的依赖。同时创业团队运行过程中往往离不开团队成员之间的协调和合作。因此，在创业活动的进程中，团队成员之间的信任关系就显得十分的重要。要想保证创业活动顺利地进行，就必须高度重视创业团队成员之间的信任关系管理与维护（Ruef et al.，2003）。康姆和努力克（Kamm & Nurick，1993）就明确指出，创业团队的稳定有利于创业活动的推进和成功，而创业团队成员信任是维持创业团队稳定的基础，同时也是创业团队达到成功目标的重要条件。邓靖松和刘小平（2010）也强调，团队成员之间的信任关系对于创业团队的建立与维持起着关键影响作用。具有高水平成员信任的创业团队的互动过程将具有更高的效率。概括而言，创业团队成员间的信任关系对团队的发展十分重要。首先，信任关系影响团队成员的行为。高水平的信任感知会促使团队成员更加主动地全身心投入到他们共同的创业愿景和创业理念追求之中，因而会带来更高的创业绩效（Delgado et al.，2012）。其次，信任关系会影响创业团队成员在面对复杂任务和决策时的态度。高水平的信任关系能够增加成员的信心以及建设性思考，从而有利于更加有效地应对复杂的创业问题（Baron，2007）。

考虑到信任在创业团队有效性中扮演的重要角色，加深对创业团队成员信任增长或者削弱机制的理解对创业研究者和管理者均有着重要的价值（Serva et al.，2005）。为此，对于创业团队成员之间信任关系的影响因素研究就显得十分有必要了。影响信任关系发展的因素有很多，相关的成果也较为丰富。如怀特纳等（Whitener et al.，1998）发现，影响信任的因素来自三个方面，即组织因素、互动因素和个人因素。迈耶尔（Mayer）等（1995）的研究认为，影响信任的因素有个体的能力、善意、正直以及信任倾向等。也有学者认为，成员行为的正直与一致性、团队沟通、团队成员之间的人际关系规范、亲密程度、公平的氛围、冲突管理都会影响信任关系并对企业的发展和成功产生影响（Dirks & Ferrin，2002）。而摩尔根和亨特（Morgan & Hunt，1994）则通过观察团队成员彼此间的互动，认为共同的价值体系以及沟通等是影响信任关系的重要因素。琼斯和乔治（Jones & George，1998）提出的信任影响因素模型整合了个体影响因素以及互动影响因素，他们认为个体成员的价值观、态度、情绪和情感的相互作用是信任关系形成的机制，这些影响因素的相互作用结果决定了信任关系的形成与否。

不过，上述信任影响因素的研究主要是在成熟组织或者一般团队情境下的探讨，针对创业团队情境下的信任发展研究相对较少。即使已有的少数一些创业团队信任影响因素研究中，相关学者也大多是从单一层面来展开研究，缺乏系统的探讨，从而对创业团队成员信任发展的理解与把握还相对零散。因此，本研究在系统梳理已有相关文献的基础上，采用跨层面视角，综合分析个体、二元互动关系和团队三个层面对创业团队成员信任发展的关键影响因素，以进一步丰富创业团队信任理论，同时对创业团队信任关系治理实践有所借鉴。

4.2 创业团队成员信任的个体层面影响因素分析

4.2.1 创业团队成员的个体心理特征

信任关系建立的双方包括信任方和被信任方。早前的研究往往从某一方入手，或者是关注信任方的特征，或者只是强调被信任方的可信度。实际上，信任双方的特征都会对信任关系的建立以及发展产生影响。基于此，理解创业团队成员信任的发展需要综合考虑创业团队中信任方成员与被信任方成员的特征。

4.2.1.1 信任方的特征

不同的个体面对同一个对象时，会产生不同的信任感。在这一过程中，信任方的自身因素对信任关系的建立会产生不可忽视的影响。由此可见，信任关系的建立与发展并非是仅由被信任方特征所决定的。信任方的特征，如信任倾向、相对易损性、关系身份特征等均可能影响信任的建立过程。

1. 信任倾向

信任倾向（trust propensity）是影响个体信任他人可能性大小的稳定的个体差异变量。戈维尔（Govier，1994）认为，信任倾向可以作为一种过滤器，影响对他人行为的解释。信任倾向与被信任方可信度的三个维度均显著相关。高信任倾向的人更多知觉别人是可信的。迪维和库珀（DeNeve & Cooper，1998）指出，信任倾向与信任、可信度知觉显著相关。雅科夫列娃等（Yakovleva et al.，2010）研究发现，信任倾向在信任的互惠性发展过程中起着非常重要的作用。宋源（2010）指出，在实际情况中，往往团队成员的信任倾向越高就越有利于团队信任的形成。陆文宣等（2011）也提出，信任倾向越强的团队成员更容易对其他成员产生信任感。科尔奎特等（Colquitt et al.，2011）认为，个体的信任倾向会对信任关系的发展产生重要影响，因此在研究信任的影响因素时需要考虑信任方的信任倾向。

罗特（Rotter，1980）就指出，高信任倾向的个体本人表现得更可信，即在不同环境不同情况下都能倾向于表现出合作、亲社会和道德行为。韦伯等（Webb et al.，1986）实证研究表明，高信任倾向的人有更高的正直、帮助行为、较少的欺骗。基于投射观，高信任倾向的人自身更可信，更愿意表现出可信行为，以己度人，也会更愿意信任他人，相信他人是可信的。雅科夫列娃等（Yakovleva et al.，2010）在基于理性行为理论（theory of reasoned action）（Fishbein & Ajzen，1975）研究信任的形成时指出，信任倾向对于信任的影响受到能力、仁慈和正直等可信度知觉的中介作用。根据理性行为理论，能力、仁慈和正直是导致信任态度形成的信念。基于此，信任倾向对于信任态度的影响主要是通过影响对他人能力、仁慈和正直等可信度的知觉。因为高水平信任倾向的个体更多地从积极视角去看待他人，挖掘他人的可信点，从而更可能产生对他人的高信任知觉；相反，如果信任倾向较低的个体则更多从怀疑的视角去看待他人，从而导致"邻居偷斧头"似的自我验证预言，更可能产生低水平的信任知觉。

总之，虽然信任倾向与信任之间的关系受到一些调节变量的影响，如情境的强弱性（强情境 vs. 弱情境）（Gill et al.，2005）、关系程度（新关系 vs. 已经建立的关系）（Glaeser et al.，2000），但是信任倾向与信任之间的相关关系通常是很显著的。高信任倾向的人更敏感于可信度的信号，而低信任倾向的人则更敏感于背叛或者不可信的信号，并且表现出相应的行为。具体来说，高信任倾向的人会信任直到看到重复的不可信的证据，然而低信任倾向的人则是不信任一直到看到重复的可信的证据（Parks，Henager & Scamahorn，1996）。

另外，个人的发展经历、人格类型和文化背景都会影响信任倾向（Hofstede，1980）。如陈春花和马明峰（2005）就指出，个体的生活经历、生活环境以及人性的态度会直接影响到其对其他个体的信任度的评估。斯库尔曼（Schoorman，2007）指出，文化影响信任的一种方式就是通过倾向（propensity）。在有关文化的研究中有证据表明，不同文化背景中，对陌生人的初始信任是不同的。与信任问题最相关的一个文化维度就是任务导向文化（task-oriented cultures）对关系导向文化（relationship-oriented cultures）。不确定性规避（uncertainty avoidance）也影响冒险的意愿。文化可能也会影响对能力、仁慈和正直的知觉以及每一个可信度维度的重要性程度评价。由此可见，不同文化背景下的个体可能有着不同的信任倾向，即信任倾向表现出一定的文化差异性。

再者，关于信任方的信任倾向对信任发展的影响作用有不一致的观点。一方面，有学者认为信任方的信任倾向会对人际关系的建立产生持久的影响。有研究发现，信任倾向在可信度形成后仍然对信任有显著影响，只是显著性有所下降。因为个体对他人的态度会受到成长经历和较大事件的影响，一旦形成便会难以改变从而会长期地影响个体对他人的信任度感知。另一方面，罗特（Rotter，1971）认为个体的信任倾向将影响他对特定的他人的信任水平，但主要是当信任者对被信任者几乎没有任何了解的时候。即在没有有关被信任方特征的信息的时候，信任倾向影响信任，信任倾向也影响对于他人可信度的知觉。因此，如果组织内的两个成员之间几乎无联系，知觉到的可信度主要依靠信任者自己的特征和在组织的位置。此时被信任者的个体特征和组织背景的作用是很小的，因为有限的联系使被信任者的特征几乎无法有机会让信任者观察得到。但是当双方联系日益增多后，被信任者的特征逐渐凸显，从而对信任者的信任知觉产生日益重要的影响。因此，当两人之间的沟通频率增加，我们可以期待一个转变，即信任知觉的影响要素从信任者相关到被信任者相关的变量，包括被信任者的个体特征和组织网络中的位置。可见，究竟信任倾向对于信任态度的影响作用如何？在创业背景下，创业团队成员的信任倾向对其团队成员信任的影响机制如何？等等问题都需要未来进一步地实证检验。

2. 信任方的相对易损性

有学者认为，信任方的相对易损性也会对信任关系的形成带来重要的影响。由于信任关系具有不确定性的特征，被信任方一旦违背信任，将会对信任方带来极大的损失和心理上的打击。为此，个体为了预防受损，便会增加心理防线，不轻易信任他人。信任方的相对易损性会影响被信任方信任违背所可能给信任方带来的损失感受。较高的相对易损性使得对信任违背带来的损失感受更高，甚至难以承受；而较低的相对易损性则会使信任方对信任违背所可能带来的损失有相对较高的承受能力，即给信任方所带来的违背恶果相对较低。因为信任是对于被信任方所可能带来风险的承担意愿，相对易损性所带来的可能信任违背恶果差异导致了风险承担意愿的不同，因而影响信任方的信任相关决策。

创业是具有较高风险的活动，而一些创业者甚至是将全部身家都投入到创业之中。这一特征使得这些创业者对于风险的管控要求更高，因为一旦创业失败可能导致他们的重大损失。而对于其他一些创业者而言，可能由于家庭或者亲密关系网络资源的丰富，使其对于可能的创业失败具有较高的承受能力。基于此，在创业团队不同成员间也可能存在相对易损性的不同，导致不同成员对于风险的承担能力和意愿存在差异。在创业团队中，相对易损性较高的成员，会缺乏安全感，并且更会怀疑其他成员的行为，导致信任关系的建立较为困难。相反，相对易损性较低的成员，会敞开心扉，减少对其他成员的防备，从而有利于团队中信任关系的形成。

3. 信任方的关系身份特征

关系身份是布鲁尔和加德纳（Brewer & Gardner，1996）所发展起的社会身份层次框架（social-identity-levels framework）中的一个方面。个体特征性的关系身份（chronic relational identity, relational identity）指的是在个体的自我形象（self-image）中对于自己与他人的私人关系程度的锚定状况（Schaubroeck et al., 2013）。具有高水平关系身份的个体常常更易被激励通过强化人际依恋和经由与他人关系的积累来扩展自己的自我定义，从而最终满足他们的归属需要（Cooper & Thatcher, 2010）。关系身份不同于关系认同（relational identification），关系认同是关于个体与某一方关系认知的一种心理状态（Sluss & Ashforth, 2007），是一种过程涌现特征。泰弗尔（Tajfel, 1978）指出，认同是个体自我概念的一部分，源于他在社会群体中的成员身份，伴之以与该成员身份相联系的价值观和情感意义。阿什福斯等（Ashforth et al., 2008）也强调认同传递出了一个对群体成员身份和群体价值观意识上的情感投入。迈克艾利斯特等（McAllister et al., 2006）指出，基于认同的信任有一种内在的关系特质，表现了较强的情感特性。

斯科布洛克等（Schaubroeck et al., 2013）指出，关系身份特征作为一种个体差异变量，影响信任发展。高关系身份的个体往往寻求通过建立人际联系来发展他们的自我建构（self-construal）（Cooper & Thatcher, 2010）。高关系身份的个体具有更大的倾向去寻求和形成高质量的关系，这使得他们更易受到弱关系的伤害。这也使得他们更有意识地寻求关于潜在交换方的诊断信息，他们会特别关心对方是否表现了角色恰当的行为，并对他人行为的角色恰当性（role-appropriateness）很敏感（Andersen & Chen, 2002; Cross & Morris, 2003）。研究表明，有着较弱关系身份的个体较少可能通过评价同事的特征作为高质量交换关系的基础，并且有着低水平关系身份的人可能有较低的动机去建立高质量的关系，这使得他们较少需要利用与认知信任相关的信息来发展更深层的交换关系。

基于上述分析，关系身份特征（chronic relational identity）可能具有一定的调节作用，影响创业团队成员信任的发展。关系身份关注的是建立高质量人际关系的倾向，因而更可能与人际信任相联系的过程相关。具有高水平关系身份的创业团队成员可能更敏感于有关对方成员的能力和可靠性等线索，而这是认知信任的主要基础。为此，高水平关系身份的创业团队成员可能会更关注可信行为，并据此确定信任水平，尤其是认知信任。所以关系身份可能调节可信行为与认知信任的关系。此外，由于诊断信息对于个体在不确定性环境下决定对方是否适合发展情感信任也非常重要，所以关系身份可能也会调节可信行为与情感信任的关系。高水平关系身份的个体有着更强的倾向去建立与他人的情感联系（Schaubroeck et al.，2013）。他们往往会非常重视他人的行为是否是角色恰当的，反映了他们有着较强烈的需要去减少因他们倾向于建立人际信任关系而可能带来的人际风险。因此，高水平的关系身份特征的个体会尽可能充分地评价潜在交换方的各方面特征以尽力避免可能的人际风险。

概言之，将身份层次相关的构念与社会交换的概念相整合对于更好地理解组织行为是非常有用的（Brewer & Gardner，1996；Schaubroeck et al.，2013）。为此，未来可以将关系身份这一概念用以探讨创业情境下个体人际信任关系的发展机制，如检验关系身份在对团队成员的认知信任和情感信任发展中的调节作用机制。创业团队成员信任发展中，认知信任促进后期的情感信任发展可能也会存在一定的个体差异。依据上述分析，高水平的关系身份意味着关系对其是非常显著和重要的，并且是个体自我概念的一个重要部分。为此，关系身份水平较高的团队成员可能认知信任促进后期情感信任发展的作用更强。未来可以基于时间维度视角实证检验创业团队成员的关系身份水平在促进成员信任动态发展趋势以及不同类型信任间关系机制中的影响作用。

4.2.1.2 被信任方的可信度

被信任方的可信度将直接影响到信任关系的建立和发展。可信度很大程度上决定了信任方将给予被信任方信任的程度（Barney & Hansen，1995）。多伊奇（Deutsch，1973）认为可信度包括，能力、动机、才干。卡巴洛（Gabarro，1978）认为可信度是一个多维度的结构，包括被信任方的能力（competence）和人品（character）。巴伯（Barber，1983）指出可信度包括行为一致性、能力、义务和责任感。兰普尔和霍姆斯（Remple & Holmes，1986）认为可信度包括可预测性、可依靠性、坚信。杨中芳和彭泗清（1999）指出，信任的复杂性可通过对其基本构成和维度的分析得到更清楚地反映，有关可信度的成分分属不同的层面：有外在行为层面的、有能力层面的、有人格层面的，还有动机层面的。

迈耶尔等（Mayer et al.，1995）提出了组织内人际信任的综合模型。这个模型在组织内人际信任关系的研究中得到了广泛的应用。该模型指出，人与人之间的信任水平主要取决于信任方所感知到的被信任方的可信度（trustworthiness），即被信任方激发信任的特征，包括能力、仁慈以及正直。其中，能力即胜任力、技能、效率以及奉献；仁慈反映被信任方想要对信任方好的感受，包括关心和坦率；正直反映了坚持一套可接受的原则或共享的价值观。关于迈耶尔等（Mayer et al.，1995）的三维度可信度划分得到了众多组织信任研究者的认可和采用。在此，本研究也将依据可信度的能力、仁慈和正直三维度详细阐述创业团队成员可信度对于信任发展的影响。

1. 能力的影响

只有良好的愿望对于信任而言是不够的。当一个人依靠另一个人去实现需要一定技能的愿望时，有善意的人并不必然会得到信任。特别是在工作情境下，能力或胜任力是信任的底线。能力是使一方在某个具体领域有影响力的一组技能、胜任力和特征的组合。能力强调任务特定性、情境特定性。所以灿德（Zand，1972）认为信任是领域特定的。迈耶尔等（Mayer et al.，1995）也指出，能力评价不能普遍推广到所有情境中。能力是领域特定的，而不像仁慈和正直可能说是较为普遍的特征（Colquitt et al.，2011）。

在团队背景下，能力是影响团队成员信任的一个关键可信度维度，尤其是在工作任务团队中更是如此。在团队中，团队成员信任他人的一个重要因素是该成员具有履行职责的能力水平。这种能力往往包括在团队合作过程中成员表现出的完成团队任务所需要的某些技能和专长。王卓等（2005）指出，团队成员的自我管理能力以及责任意识对于信任关系发展会带来积极的影响。宋源（2010）指出，团队成员对其他成员所拥有能力的认识和评价将会直接影响到其对该成员的信任程度。在创业过程中，创业团队成员面临着各种各样的不确定性考验，需要面对复杂的创业任务。成功的创业活动需要团队成员各方面能力的有力支撑。能力较高的团队成员对创业团队任务完成做出的贡献越大，就越容易获得其他成员的信任。

另外，还需要特别指出的是，创业活动具有高度的动态性。创业者在创业的不同阶段扮演不同的角色（Frank & Ronnie，2010；Jiao et al.，2010）。陈建安等（2013）指出，创业者需要创业胜任力，即成功开展创业活动和完成相应任务所应具备的一系列能力组合。创业胜任力也需要随着创业情境的变化而变化，即不同阶段需要不同的创业胜任力。创业者与环境之间的匹配是一个动态发展的过程，相应地，创业团队成员胜任力也呈现出一定的动态性特征，或者说不同发展阶段对于创业团队成员基于胜任力的评价也是动态发展的。马克曼和巴龙（Markman & Baron，2003）认为，能力胜任力、心理胜任力和社会胜任力是创业胜任力的三个重要维度，是创业者为了创业成功必须具备的重要胜任力内容。创业初期与创业后期所需要具体的技能和素质是不同的。有鉴于此，胜任力或者能力作为影响信任发展的一个重要因素，对创业团队成员胜任力或者能力的评价也将呈现出一定的动态性，如初期创业能力，成长期则是管理能力，具有不同能力的个体获得的其他团队成员信任可能也会随着情境要求的改变而改变。未来可以对此进行实证研究予以检验。

2. 仁慈的影响

仁慈是除去自我获利的动机之外，被信任方被认为是想要对信任方好的程度。仁慈表明被信任方对信任方有某种特定的依恋。仁慈的品质有助于提高信任水平。因为仁慈反映了被信任方主动的积极关系定位，所以信任方对于被信任方的仁慈知觉将有利于激发信任方对于互动双方关系的积极定位。

仁慈在创业团队中多表现为团队成员之间的关心、体谅和安慰。创业团队成员的仁慈有利于维持和谐的创业团队氛围，对团队成员信任带来正向的影响。不过，因为仁慈提供了一个情感信任的很强的基础（Riegelsberger et al.，2003）。为此，仁慈可能对于创业团队成员情感信任的影响作用会更强。再者，尽管能力和正直对于信任的影响得到一致的结果，但是仁慈的效果却是不明确的（Yakovleva et al.，2010）。可见，仁慈对于创业团队成员信任的影响作用还需要进一步实证检验。

3. 正直的影响

正直是信任方知觉被信任方遵守了信任方接受的一套原则。正直表现为可靠、诺言兑现、公平。被信任方行动的一致性、他人对于被信任方可靠的信息、被信任方是否有强烈的公平感信念以及被信任方行动与言词一致的程度都会影响正直程度的判断。正直对于团队成员信任的建立与可持续发展有着重要影响。王卓等（2005）强调，真实诚恳的团队成员更容易与其他成员建立信任关系。相反，在团队中如果成员掩盖错误、欺骗、虚伪甚至是奸诈等都会使其他成员产生反感，最终将不利于团队成员间信任关系的发展。

与能力相比，正直是更主观的可信度测量，也更依靠于文化（Branzei et al.，2007）和权力（Colquitt et al.，2007）。对于在一起工作的员工来说，关系背景可能起着重要影响，正直会变得比其他因素更重要（Serva &

Fuller，2004）。这可能对于一起长时间工作的人来说特别重要（Yakovleva & Reilly et al.，2010）。因此，在创业团队中，正直的成员表现出更多的诚实、言行一致和正义。正直的特征对创业团队成员信任关系的建立和巩固带来积极的影响。不过，有学者认为，正直，如信任诺言、基于正确的原则行动、公正和一致性的对待他人等，在员工任职的初期阶段，即还没有形成信任的全面评价之前，是特别重要的。基于此，是否正直可信度对于创业团队成员信任的影响作用会受到关系发展阶段的调节影响还需要再检验。

概括而言，迈耶等（Mayer et al.，1995）认为，人们之间之所以能够互相信任，是因为双方感知到对方的能力、利他的精神以及正直的品质。换句话说，信任方感知到被信任方拥有的这三个特征水平越高，被信任方便拥有较高的可信度，便越容易获得信任方的信任。肖伟（2006）以理性行为理论为基础提出了组织信任的概念模型。他认为，信任应该分为三个层次即信任信念、信任意向以及信任行为。而信任的第一个层次即信任信念，往往是来自于个体的能力、友善、诚实等特征。可信度应该被看成一个连续体，而不应该被看作是可信或不可信的二分方式。这三个因素中的每一个都沿着一个连续体变化，可能表现出能力、仁慈或者正直可信度的高低不同水平。

有元分析表明，能力、仁慈和正直对信任都有着显著而独特的影响作用。这可能由于它们分别反映了信任的认知和情感基础。如对于被信任方技能、能力、价值观和原则的认知评价（体现在能力和正直方面），还需要另外补充在双方关系中相互关心带来的情感上的认可（体现为仁慈），从而分别促进认知信任和情感信任的发展。科尔奎特等（Colquitt et al.，2007）指出，可信度的重要性会随着工作的不同而变化。能力可能对于需要不断学习或需要技术能力的工作更重要；仁慈和正直可能对于需要频繁互动的相互依赖的工作更重要。能力似乎是生产工作中信任更为显著的影响变量（如管理工作、服务工作）；而仁慈对于生产和服务工作中的信任影响大于对管理工作中的信任的影响；正直比起对于生产工作中的信任而言，更显著地预测管理和服务工作中的信任。正直在对领导信任中的预测作用大于对同事信任的预测作用。科尔奎特等（Colquitt et al.，2011）就指出，信任可以有认知和情感两个不同的来源。基于认知方面，迈耶等（Mayer et al.，1995）强调了能力和正直的重要性，同样的迈克艾利斯特等（McAllister et al.，2006）讨论了基于了解的信任（knowledge-based trust）强调了可靠性、满足预期以及信守承诺的重要性。基于情感方面，迈耶尔等（Mayer et al.，1995）强调了仁慈的重要性，同样地，迈克艾利斯特等（McAllister et al.，2006）讨论了基于善意的信任（goodwill-based trust）也强调了关注、照顾和喜欢对方的重要性。基于认同的信任（identification-based trust）相比根植于能力或者正直的信任来说具有更多的情感特征（Colquitt et al.，2011）。

在创业团队中，成员的技能以及品质都会影响到他们之间的信任关系。只是不同维度可信度对于信任发展的影响机制可能有所差异。科尔奎特等（Colquitt et al.，2007）从理论上推理，能力和人品对信任水平各有自己独特的影响作用。能力解释的是"能够做什么"（can-do），涉及的是被信任方是否具备以某种适当的方式行动所需要技能和能力。而品质则解释的是"将要做什么"（will-do），探讨的是被信任方在选择使用自己所拥有的技能和能力行动时，是否能够考虑信任方的最佳利益。品质的两个方面——仁慈和正直，可能仅仅其中一个就可以发挥影响作用了。因为一些研究在同时探讨仁慈和正直的作用时，研究结果却不能揭示两者各自独特而显著的作用（Jarvenpaa et al.，1998；Mayer et al.，2005）。从理论上推论，似乎仁慈和正直可以与信任有着独特的关系。正直代表的是信任他人的一个非常理性的理由，就像公平感或道德品质可以提供长期的可预测性以促进个体应对不确定性（Lind，2001）。基于公平启动理论，公平判断是组织中人际关系的一个关键的认知因素。而正直也可能如公平一样具有启动效应，促进个体人际关系发展。仁慈则可以创造一种对被信任方的情感依恋，如被信任方提供的关心和支持培养起一种积极的情感。信任研究者们指出，信任的情感来源能够补充能力和正直这些认知来源（Lewicki et al.，1996；Rousseau，1998；Williams，2001）。不过，已有研究探讨可信度差异性作用机制时主要基于西方对象（Yakovleva et al.，2010），在东方文化背景下可信度的作用是否有差异值得进一步检验。如正直（更多体现主观规范）是普遍规则，仁慈（更多体现态度）针对具体特定对象，是否影响作用大小会不同？东方文化背景下，忠诚和仁慈可能是更被看重的一个因素，是否其对于信任的影响机制不同于西方？等等问题都是值得进一步探讨的有趣话题。

4.2.2 创业团队成员的个体行为特征

信任可以是一种比较理性的行为，信任所面临的风险是可以管理的（Korsgaard et al.，2002）。通过恰当的管理，控制和减少信任中的风险，可以促进信任的建立与发展（Sheppard & Sherman，1998）。信任中的风险主要源于个体对于他人动机、意图和未来行为的不确定性（Lewicki et al.，2006）。个体对于存在的风险的害怕和担心可能影响着主动信任的建立与发展。通过主动地、恰当地关注个体对于伤害或者损失的预期，风险控制可以降低负面的体会，激发积极的情感反应，从而推动组织内信任的主动发展。威廉姆斯（Williams，2007）就明确强调，主动信任建立不仅是建立人际关系，还包括具体的心理策略和人际情感管理策略，这些策略是直接关注于合作与信任中可能的风险和障碍。通过人际风险知觉管理，可以选择更适合具体相关方的可信行为，以更有效地促进信任发展。

巴特勒（Butler，1991）认为，个体的谨慎、忠诚、公正、开放等都是能够促进他人信任的重要条件。特纳利等（Turnley et al.，2003）通过实证的方法证实，心理契约的履行对信任感产生积极的影响。心理契约是一种非正式的契约关系，反映了成员间以及成员与团队间关于互惠交换的主观信念。心理契约是对双方交往的承诺基础上产生的。遵守这一承诺即是履行了心理契约，而违背这一承诺则是破坏了心理契约。创业团队成员的心理契约的履行情况会影响到成员的态度和互动行为。创业团队成员有效地履行心理契约能够促进团队内部的良性互动，并且会促进成员之间的交流和学习等。团队成员更希望其他成员能够遵守彼此之间的心理契约，即信守相关的承诺，以维持信任关系。与之相反，在创业团队中心理契约的破坏会降低成员的信任水平和对团队的认同，进而会导致团队成员与团队情感联结的破坏。成员心理契约破坏作为一种负面的刺激事件，会使成员产生消极的态度和行为，最终对信任关系也会产生消极的影响。

王卓等（2005）强调，团队信任关系是信任双方之间的交换，要想得到他人的信任，就必须先给予他人信任。邓靖松和刘小平（2010）指出，创业团队成员需要让其他成员感知到更多的信任，才能更迅速有效地建立起信任关系。因此，创业团队成员要努力让其他成员感受到信任，才能更容易得获取别人的信任。同时，要不断地给予其他成员信任，才能做到"你来我往"实现信任关系的巩固。在这一过程中，创业团队成员的个体行为特征将会发挥重要的影响作用。另外，互动双方的情感交流与分享也可以促进信任关系，特别是情感信任的发展。为此，创业团队成员需要重视情感方面的交流，增加成员之间的情感融入。

总之，基于行为特征观，不同的可信行为反映了不同的可信度，从而可以从不同角度促进创业团队成员信任发展。需要强调的是，互动双方的关系发展阶段的不同可能使得恰当的可信行为有所不同。怀特纳等（Whiterner et al.，1998）基于主动行动视角，指出通过实施管理者可信行为可以促进下属对领导信任的发展。不过，他们的研究提出的可信行为与信任关系存在一定的边界条件，如相似性知觉、任务依存性等。组合创业是否意味着任务依存度较没有组合创业的更低？有初始互动和初始信任与没有先前互动的是否发展机制有所不同？等等都需要再深入检验。

4.3 创业团队成员信任的二元互动关系层面影响因素分析

杨中芳和彭泗清（1999）指出，对于人际信任的研究，较少有学者直接从人际交往本身的角度来探讨，即使有也是在较宏观的层次探究人际关系分类与人际信任的关系。具体来说，这种研究视角就是把人际关系看作为社会体制的一部分，因而把它划分为社会认可的既定关系类型来研究。这些类别彼此之间是相互排斥的。每一种人际关系类别都相对地存在着一种人际信任。实际上，基于宏观视角将既定社会关系类型与特定人际信任静态的归类方式并不符合客观现实。在具体个别的人际关系中，却并非如此。基于此，杨中芳和彭泗清（1999）的研究试图从一个微观社会心理学的角度，从人际交往本身在中国社会的功能及运作来看人际信任。依据一个从中国的"文化/社会/历史"根源发展出来的，对人际关系的新概念化，把人际关系与人际信任的关系用社会义务概念联系起来。信任是一种动态的现象，它在人际关系产生的初期、发展期及成熟期内表现出不同的特性（Lewicki et al.，2006）。在双方交往过程的不同关系阶段能遵循其内隐交往法则并履行自己义务及责任的人，就可以获得信任（杨中芳和彭泗清，1999）。关系意味着相互的义务，而义务感会使人做出值得信任的行为。回报性的义务是关系的核心，不履行回报的义务，就会失去面子，不仅受到别人的谴责，而且可能付出极大的代价——失去关系网及其中所包含的社会资源。关系中蕴含的义务对个人行为有较大的制约作用。

风险和相互依赖是信任的必要条件，随着关系双方经历不同的关系过程，这两个因素的变化可以改变信任的水平和形式。风险是信任的核心，但是随着关系的不同，风险也会有所变化（Sheppardd et al.，1998）。不同形式的关系承担着不同的风险。信任承担的风险与关系中互依性（interdependence）的类型和深度相联系。信任方承担的风险及减轻风险的机制都可以看作是关系中存在的互依性作用的结果。由于信任风险会使人预期受到伤害或者损失，构成了对个体的威胁，进而可能导致压力、焦虑等负面情感反应以及对于对方可信度的负面的信念，表现出防御行为和逃避行为，从而导致信任的形成更为困难（Williams，2007）。为此，采取相应的风险控制或者减轻策略，降低信任风险是组织内信任驱动的重要因素（韦慧民、龙立荣，2009）。

对于组织中的各方来说，风险是普遍存在的，只是因关系、互依性和风险的具体内容而有所不同。迈耶尔等（Mayer et al.，1995）指出，可信度的每一个因素在什么情境下最为关键，是一个值得探讨的问题。他提出了一个理论观点，如在关系初期，正直是重要的；随着关系的发展，仁慈的相对重要性增加，所以关系的发展可能改变可信度各个因素的相对重要性。在关系的开始阶段，仁慈方面有意义的信息还没有获得，正直对于信任的影响作用更突出。随着双方间关系的不断发展，知觉到的仁慈对于信任的影响作用得以提高。因此，关系的发展可能改变可信度因素（能力、仁慈和正直）的相对重要性（Mayer et al.，1995）。

创业团队中，成员间的互依性更为突出，更加需要成员之间加强合作以应对创业活动的高不确定性和高风险性。基于上述分述，创业团队成员间的关系性质决定了成员间互动应遵循的内隐交往法则和恰当的行为规范。关系蕴藏的义务和互惠法则使得创业团队成员的交往会更为稳定，一方面有助于创业团队更好地应对动态变化的创业活动；另一方面创业的进展可能需要成员调整互动法则，稳定的互动方式可能阻碍这一动态调整要求的实现。如创业团队在企业初创期更多的是基于"缘"基础上的交往法则，包括血缘、学缘、地缘等，构建起基于情感依恋和情感信任之上的互动。但是当企业进入成长期以及规范期之后，这种情感法则可能不利于规范性企业管理的需要，而理性法则以及认知信任往往又难以在"缘"关系之上发展。这将是创业团队发展中存在的一个难题，需要团队予以重视，以更好地应对创业进程要求的变动，支持创业企业更好地发展。

4.4 创业团队成员信任的团队层面影响因素分析

4.4.1 团队构成特征

同质性从成员特征的相似性角度解释群体构成（Ruef，2003）。相似性较高的双方会比不相似的双方更容易发展起更高水平的人际信任。同质性的倾向在创业团队这样的群体中会特别显著，因为创业团队要求相当大量的时间与资源的投入（Bird，1989）。不过，同质性的创业团队构成虽然有利于早期的信任发展，但是否这种团队组成有利于创业活动的可持续发展还是一个不明确的问题。

吕夫（Ruef，2003）基于 PSED 数据的研究发现，创业团队组成受到相似性而不是差异性所驱动，组织的创业者在早期阶段更关心信任与熟悉性，而不是专业能力，从而导致了创业者吸收中的一种"能力折扣"（competency discount）。在团队组成时，创业者寻找信任的合作方，如那些与自己已经有着较强人际关系的人，而往往避免那些可以为创业过程带来新观点与观念的陌生人。这种能力折扣效应从长远来看是不利于创业发展的。而中国人低信任、重关系的文化背景下，上述趋势可能更为明显。那么中国文化背景下创业团队由于构成所带来的能力折扣如何，可以采用什么方式避免还需要更进一步地探讨。

有研究指出，家族高管团队可能已经拥有一定的行为动力机制，而这是由于其先于商业经营之前就已存在的原有的持久的社会结构。这些内嵌的行为实践（"built-in" behavioral practices）可能是家族性优势的基础（Ensley & Pearson，2005）。但是他们的实证研究得到了一个与其预期不一致的发现，即非家族高管团队相比家族团队总体上来说能够更好地管理他们的行为动力机制。是否因为家族更多依据原来的关系管理，而不重视确立明确的团队控制体制所以如此？可否对于创业团队来说团队控制影响团队互动，进而影响团队成员间的信任关系？群体型创业团队可能更多基于关系，类似于存在先于创业之前的嵌入行为机制，而核心创业型团队则更多基于理性选择和决策，可能史关注创业实践中的团队互动规范的制定和实施。是否可以说不同类型创业团队可能有所差异？等等上述问题可能是基于团队构成视角分析创业团队互动与信任发展机制的现实考虑问题。

不过，随着研究的发展，学者们开始超越团队特征与团队结果之间关系的探讨，而进一步探究中间机制（intermediary mechanism）以更准确的解释团队输入是如何影响团队效能的（Klotz & Hmieleski et al.，2014）。另外，许多有关于团队结构与多样性的研究关注于某一具体的团队成员特征对于团队结果的影响（Bunderson & Sutcliffe，2002；Jackson，Joshi & Erhardt，2003；Lau & Murnighan，2005）。然而，当两个或者更多的团队特征结合在一起时，可能会出现更为动态的团队结构与团队结果之间的关系（Foo，2010；Leung et al.，2013）。未来可以采用更为综合的视角探讨团队特征组合如何影响团队信任发展以及相应的团队结果。

4.4.2 团队文化氛围

团队文化氛围也会对信任关系的形成产生影响。良好的团队文化氛围，可以让成员很快地融入集体中来。比如，强调"团结""互助""和谐"等优秀的团队文化会潜移默化地影响到团队成员的人际交往。在这些优秀的团队文化的熏陶下，团队成员会更加重视在团队中构建和谐人际关系的重要性。为此，团队成员会花费较多的精力来建立更为和谐的关系，比如高水平的信任关系。然而，如果团队的文化氛围是冷漠的、好斗的、互不相让的，那么团队成员之间就会忽视良好的人际关系的重要性，进而会逐渐地互相疏远难以融洽。同时，由于缺乏良好的人际关系基础，使得团队成员之间极易发生矛盾、妒忌、误解等破坏性的互动问题，最终不利于团队信任的建立（Zolin et al.，2004）。

李鹏飞和鲁虹（2011）认为，创业团队中文化的形成将会深入到每位成员的思想中并影响其行为，在高度统一的、成员彼此认可的团队文化下，成员具有统一的行为规范，为了统一的团队目标而努力，在很大程度上可以减少团队冲突的产生，避免团队成员出现投机行为等，有利于创业团队信任的形成和维持。因此，创业团队可以通过建立积极向上的团队文化氛围，加强成员的团队意识和合作协调的观念，从而有助于提高创业团队成员间的人际信任关系质量。

4.4.3 团队共同目标愿景

目标明确性是指团队具有清晰、明确的目标，可以为团队成员指明努力的方向，这样可以促使团队中的成员为了统一的目标奋斗，从而减少团队中的冲突并使得团队的凝聚力增强，更容易形成良好的信任关系。克雷默和泰勒（Kramer & Tyler，1995）的研究指出，明确的团队目标是人际信任关系建立的基础，并且良好的人际关系会进一步推动企业的成长和发展。陈忠卫等（2013）认为，在创业团队中，目标明确性的作用比一般团队而言更加重要，因为创业团队相对于普通团队来说，其目标的建立更加具有主动性和自主权，而普通团队的目标更多是源于组织安排或者是第三方委托。只有在创业团队中建立了明确的目标，才能使团队成员集中精力对待自己的工作，并且可以有效地避免"搭便车"现象的发生，促进了团队信任。若团队中出现目标不明确现象时，很有可能会对团队信任产生负面的影响。克里斯等（Crisp et al.，2013）就曾提出，当创业团队的目标不明确或与团队成员目标不一致时，成员无法将其精力投入到工作中去，而且还会在团体中出现不良的人际关系，因此，会对创业团队成员信任产生显著的负面影响。

可以说，创业团队成员的共同愿景是成员组合在一起的重要因素，同时也是影响成员之间信任关系的重要因素。创业团队建立的初期，团队成员要树立共同的目标愿景，从而达到"心往一处想，劲往一处使"的效果，促进成员之间的协作。当创业团队成员感知并认同到他们的共同目标愿景时，团队的工作便与自己的工作是相一致的，成员就会更加努力地去完成自己的工作任务。此外，成员会更清楚各自在团队中的角色和任务，有效地防止个别成员"搭便车"的情况，以及团队中危及人际关系的不良互动，从而有利于团队信任的建立（Jarvenpaa et al.，1998）。

另外，创业团队在创业过程中面临着激烈的竞争，团队很容易因为目标无法实现而宣告创业失败，导致团队的解题。在面对创业困难的时候，成员会在共同目标愿景的带领下"齐心协力"共同应对问题，以实现创业活动的成功。团队成员共同应对困难共同承担风险的过程中，团队的信任关系就会得到进一步的巩固。再者，创业团队成员会为达成他们共同的目标愿景，为团队心甘情愿的付出和投入，不仅有利于提升成员之间的信任程度，还会提高对整个团队的信任的程度。因此，在创业团队中共同的目标愿景是必不可少的，团队需要把个体成员的发展和团队的发展结合起来，形成共同愿景。明确的目标愿景将会对团队成员信任产生积极的影响。在创业团队中，要促进团队成员对共同目标愿景的认同，激励成员迅速地融入团队中来，为团队努力贡献自己的力量。同时，也要注意与新加入团队的成员共享团队目标愿景，这将有利于原有团队成员与新成员迅速地建立起信任关系。

4.4.4 团队适度明确的角色分工

团队合作模式的最大优点就是能够整合多方面的资源和发挥不同成员的特长，使其为企业发展做出贡献。明确的团队分工使得团队成员清楚地知道他们自己需要完成什么工作，成员之间应该如何互相支持和协作，增进成员之间的合作从而有利于信任关系的维护。相反地，分工不明确的团队会导致成员角色不清，在职责上互相干涉或互相推诿的情况可能直接引发团队矛盾，最终不利于团队信任的建立和巩固。

团队分工是指根据团队的构成以及工作任务情况，对团队成员进行角色和任务的分配（徐志强等，2006）。团队中成员的角色要求是团队成员为了推进团队的发展与其他团队成员在互动交往过程中所表现出的特有的行为方式组合与预期。对团队成员进行角色分配是要让团队成员明确自己在整个团队中的位置，明确自身的工作任务和权责。如果团队中成员的角色不清或者是角色的冲突都会增加团队成员之间的摩擦和纠纷。在这种情况下，不利于团队成员建立良好的人际关系，而且也会对团队的有效运转产生负面影响。

郑（Zheng，2011）指出，创业团队中对团队角色的合理分配可以使团队内资源有效整合，可以进一步促进团队信任水平的提高。瓦伊等（Wai et al.，2013）的研究中证实了明确的团队角色分配可以整合团队中成员的行为，进而促进团队信任的发展。合理的角色分配是为了使每个成员在团队中都能发挥自己的优势。只有当其在团队中扮演了合适的角色、担任了合适的岗位时，其能力才能得到最大限度的凸显，从而提高他人对其能力的认同以及降低对自己能力的怀疑。墨菲等（Murphy et al.，2013）认为，创业团队中成员之间合理的角色承担会有助于团队信任的提高。

创业团队中的分工是对创业成员的工作任务和角色的安排分配。创业团队中角色任务的分配是为了保证团队和创业活动的有效推进。创业团队中的每一位团队成员都必须准确地知道自己的角色，完成自己的目标任务，才能实现团队的运转。分工明确的创业团队，成员会很清楚地知道自己在团队中的角色以及工作任务，能够有效地避免团队成员之间的角色不清以及工作任务冲突，从而避免对创业团队成员信任关系的可能破坏作用。而角色任务分配模糊的创业团队往往会造成团队成员在执行工作中相互推卸责任，相互埋怨扯皮，从而导致成员之间关系紧张以及团队整体效率的降低。因此，创业团队适度明确的成员分工对团队信任会带来积极的影响。无论是新成员的加入还是已有成员角色的变化，都需要清晰的团队分工，保证创业团队的有效运行同时促进良好信任关系的维护与发展。

总之，如果创业团队成员都能够明确自身的权责和任务，而且明确其他成员的角色和职责，他们会清楚地知道每个成员的贡献不同但是都是团队中不可或缺的一员，从而有利于成员之间在工作和情感上互相的支持。不过，团队分工的初衷是为了把合适的成员放到合适的地方，充分地发挥每一位成员的能力，实现人才合理配置，为团队的发展和成员之间的协作创造条件。然而，团队的分工也可能会对成员的公平感产生影响。公平合理的团队分工，使得成员感受到极大的公平感，从而会增强个体的团队信任度和忠诚度，进而促进良好的人际关系的建立。相反，团队成员感知到分工不公平，就会降低自身的积极性，出现倦怠等负面状态，严重的不公平感甚至会导致成员对团队的不信任以及成员的退出。而且过度明确的分工也不利于团队合作，从而也可能对成员间信任产生不利影响。陆文宣等（2011）就发现，团队的凝聚力、适度的分权以及风险承担等团队因素会影响到信任的形成。因此需要特别强调团队分工的适度明确性。适度明确的分工一方面避免了搭便车的可能，同时促进相互角色认识；另一方面促进适度分工基础上的合作，共同承担创业团队发展风险，提高团队凝聚力，从而促进团队成员信任发展。

4.4.5　团队领导

领导对于一个团队来说不可或缺的，并且对团队信任的培养和建立发挥着重要作用。领导的工作态度和行为会在很大程度上成为团队成员学习的标杆和榜样，会影响团队成员的行为、动机。领导风格也被视为信任发展的一种重要影响因素为学者们所关注。有学者探讨团队背景下，不同类型的领导对于团队信任的影响作用及其内在机制。国外的学者对于真实型领导对团队信任产生正向影响作用进行了研究。研究表明真实型领导的行为（Ilies & Morgeson，2005）、所表露的情感、动机和价值观（Avolio，2004）以及真实、富有道德性的品质（George，2003；Avolio & Mhatre，2012）都有助于团队内的信任氛围的形成，增强成员之间的信任感。瓦鲁伯娃等（Walumbwa et al.，2011）的研究中指出，领导行为和心理资本对于营造团队中的信任氛围有所帮助，在对个体和群体行为解释方面也有重要作用。徐劲松和陈松（2017）的研究中发现，领导的心理资本会对员工的行为、工作态度和工作动机等方面产生积极影响，鼓励团队成员进行交流和互动，融入于团队目标实现的努力之中，有利于团队中信任氛围的形成。

创业团队面临着高度的风险和不确定性，团队"合久必分"的魔咒如何打破是创业企业发展面临的一个现实而迫切的问题。理论与实践均表明，创业团队领导的角色具有重要的影响。不少的创业团队能够持久的支持创业活动开展的一个重要原因就是创业团队拥有令人信服的领导者。为此，创业团队需要关注团队领导的作用，有效发挥团队领导的榜样引领和核心凝聚力作用，促进团队良性互动，进而帮助团队建立起高水平的团队信任关系，以有力支持创业活动开展。

4.5　创业团队成员信任的综合驱动模型及其管理启示

2002 年华信惠悦（Watson Wyatt）研究表明，高信任组织的绩效远高于低信任组织。对于零售业的研究表明，管理者对于员工的信任有助于提高员工的责任意识、组织的销售绩效和客户服务绩效（Salamon et al.，2008）。团队信任能够为团队带来更多的合作投入、增强合作的效率，而且能够促进合作关系的灵活性（全裕吉、罗永泰，2005）。创业团队绩效与团队成员信任关系的探讨也表明，良好的创业团队成员间信任关系将极大地有助于团队绩效的提升。

提高个体间信任的机制包括个体、关系和制度机制。每一种关系形式都有自己的一套机制可以用以减轻内在于这种关系中的风险。因为风险是随着关系的发展而累加的，即后一种关系包括前一种关系所涉及的风险之外再另外加上自己特有的风险。信任的产生也同样如此，即后一种关系的信任产生的机制包括了前一种关系的机制。祖克（Zucker，1986）就指出，信任不仅仅是个体品质的结果，也是双方关系以及组织和制度背景的结果。依靠单一的机制来确保信任常常是不明智的。团队内的信任会受到来自各方面的影响，学者们通常将团队信任的影响因素划分为三个层次，分别为个体、团队和组织。李艳双等（2017）针对家族企业中高管团队的信任研究中发现，团队信任受到来自信任方和被信任方的个体因素，团队氛围、团队沟通等团队因素，企业制度、组织架构、规模等组织因素的多方面影响，并且将会形成普通信任、理性信任、特殊信任共三种信任类型。徐志强等（2006）构建了团队信任的概念模型，主要包含了个人、团队和组织三个层面。

信任作为一种心理状态，包括了风险知觉（Kramer，1999）。斯库尔曼等（Schoorman et al.，2007）指出，对风险的知觉是在做出信任决策的过程中需要考虑的。预期他人有可能利用自己的弱点谋取私利、采取机会主义行为或者忽视自己的利益、身份和价值观等，都是风险知觉，都可能阻碍信任的建立与发展（Sheppard & Sherman，1998）。为此，创业团队成员信任发展需要努力降低他人的风险知觉。具体来说，创业团队成员信任的驱动可以从个体层面、二元互动关系层面以及团队层面采取恰当措施降低风险知觉，以实现创业团队成员信任的快速发展。在此，本研究构建了如图4.1所示的创业团队成员信任的跨层面综合驱动模型。

首先，其于个体心理特征视角的分析，分别关注信任方和被信任方的相应特征以促进信任发展。具体来说，信任方的信任倾向、相对易损性以及关系身份特征对信任具有重要的影响。被信任方的可信度对创业团队成员信任关系发展也具有不可忽视的影响作用。可信度的代表性的因素为能力、仁慈和正直。不少学者都认为，能力、仁慈和正直是影响信任发展的重要因素，能力具有领域和任务特定性，而仁慈和正直是普遍特征（Colquitt & Rodell，2011）。迈耶尔和戴维斯（Mayer & Davis，1995）指出，人们之间信任的产生是建立在对对方能力、利他精神和正直品格之上的。杨中芳和彭泗清（1999）认为，在中国背景下，能力和人品是影响信任发展的重要因素。从被信任者的角度来说，被信任者的能力和人品是信任者决定采取信任态度的重要条件。在创业团队中，每个个体成员既是信任方又是被信任方。所以为了促进创业团队成员信任关系的更快建立和巩固，团队成员既需要站在信任方的角度来更好地传达自身的信任信心，即表达出对被信任方的主动信任意愿，同时又要站在被信任方的角度来主动向其他团队成员展示自身值得信任的特征，如表现出更高水平的可信度，包括更高水平的能力、正直以及仁慈等，以更有效和更快速地获得创业团队其他成员的信任。不过，创业团队成员的心理特征对于成员信任的发展影响的重要程度可能会随着互动时间和创业企业发展阶段的变动而有所变化。如就被信任方的可信度而言，在

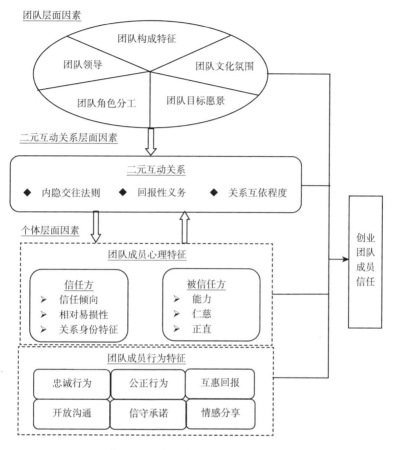

图 4.1 创业团队成员信任的跨层面综合驱动模型

创业团队成立的初期，成员的能力往往是最为重要的。成员的能力决定了创业活动的进行和结果，因此团队会对能力较强的团队成员充满信心。再加上创业活动的不确定性和环境的不稳定性，使得成员更加依赖和信任能力较高的成员，从而有利于信任关系的建立。成员之间的关心、友善以及正直，会随着创业团队的发展展露出来。而且，成员之间互相关心会增进成员之间的感情，就好比俗话说的"日久生情"。迈耶尔等（Mayer et al.，1995）认为，被信任方是否友善是影响信任关系建立和发展的重要因素之一。个体成员友善和正直的品行，不仅可以对其他成员产生很强的吸引力，而且使得个体成员更容易获得其他成员的信任。随着团队的发展，成员之间的感情可能会受到各种因素的考验，但是个体成员友善、正直的品行会有效地减少其他成员的怀疑。因此创业团队成员友善、正直的品行，有利于成员之间和谐关系的建立和维护尤其是信任关系的巩固。与此同时，创业企业发展的过程中，对成员能力的要求也会不断发生变化（何正亮、龙立荣，2013）。适应阶段需要的创业团队成员能力将更有助于成员信任的发展。

其次，关注个体行为特征，采取可信行为促进信任快速建立与发展。信任可以主动推进，个体可以通过自身可信行为的主动展现促进创业团队成员信任的快速建立与发展。具体来说，团队成员可以在成员互动交往过程中展现忠诚行为、公正行为、互惠回报、开放沟通、信守承诺以及情感分享等积极可信品质的行为，从而启动团队其他成员同样积极行为的交往，进而激发良性互动，以实现高水平团队成员信任关系建立的目标。

再次，重视创业团队成员的二元关系性质的影响。在组织中，风险对各方都是普遍存在的。只是随着互动双方关系的不同，面对的风险大小和类型可能也有所不同，从而可能使得信任产生与发展的机制各不相同（Sheppard & Sherman，1998）。信任的影响因素会随着关系发展的不同阶段而改变。在关系的发展过程中，对于能力和正直的判断形成得相对快一些，然而对于仁慈的判断将会花更多的时间（Schoorman et al.，2007）。可信行为反映了推动信任发展的主动姿态，但是具体的可信行为随着互动双方关系阶段的不同而有所不同，需要探究不同关系阶段促进信任发展的最有效的可信行为。个体可以通过转换视角以增进对他人的理解，避免可能造成伤害的言行，其中包括物质利益的伤害，或者以怨报德对他人身份、地位、权力感等的心理伤害。个体的自我形象遭到否定或者自尊受到心理伤害所造成的对于面子更本质的威胁。人际信任研究的关系模式论提出，受社会学家对信任看法的影响，有的学者认为不能将信任理解为一种纯粹的个体内部现象，而应将其置于一定的人际关系中来研究（Ammeter et al.，2004）。信任是交往双方关系的一种属性，是交往的一方在环境存在不确定性的情况下，对另一方持有的他不会利用己方弱点的信心和心理期待。这种观点某种程度上可以看成是对人格特质论的修正和发展，但个体对对方所持的信心和期待及信任建立的过程受双方人际关系的影响。比如，人们对一次性人际交往对象的信任建立过程与对长期性人际交往对象的信任建立过程是不同的（彭泗清，1999）；人际关系的远近程度（如家人、亲属、朋友、熟人、生人）会影响信任形成的过程和程度（张建新等，2000）；组织中上下级相互信任的基础也不一样（郑伯壎，1999）。关系模式论更强调对具体人际关系中的信任问题进行研究。这种观点强调信任的社会性，将信任嵌入不同的人际关系属性中来考虑。基于此，创业团队信任发展还需要考虑二元互动关系中内隐交往法则、回报性义务以及关系互依程度等关系特征对于成员信任发展的影响。

最后，重视创业团队背景因素的影响作用。创业团队成员信任是在创业团队背景中发生的。研究表明，背景因素是影响信任发展不可忽视的重要因素。创业团队的构成特征（如异质性程度）、团队文化氛围、团队目标愿景、团队角色分工状况以及团队领导等因素都可能对创业团队成员信任产生直接或者间接的影响。如良好的团队文化氛围可能直接促进成员信任的良性发展，共同的目标愿景促进了团队成员认知信任水平的提升等。

概而言之，创业团队成员信任的影响因素是多层面的，包括了个体、二元关系以及团队层面。就个体层面而言，信任方与被信任方的特征都可能影响信任发展。另外个体层面因素还包括其他一些特征，如创业团队成员的性别和年龄对于成员信任发展也会有所影响。有研究就表明，女性和年纪较大的个体更多的信任他人（Costa & McCrae，1992；Colquitt et al.，2011）。再者，个体行为特征对于信任的主动启动与发展具有不可忽视的影响。信任关系是通过信任方和被信任方二元互动过程得以建立的。在某种程度上来说，信任关系发展是信任双方交换信任的结果（Morrow et al.，2005）。个体可以通过主动的可信行为展现给予他人信任。创业团队成员在感知到其他成员所给予的信任后，就可能及时地回馈其他成员并且给予对方信任。正是基于这一互惠原则，创业团队成员在互相交换信任的过程中，会进一步地巩固和强化他们的信任关系，从而促进创业团队整体信任水平提升。就二元关系层面，团队成员间的关系质量对于信任发展也具有重要的影响作用。就团队层面而言，团队文化氛围、团队共同目标愿景以及适度明确的团队成员分工都可能对团队成员信任产生一定的影响。可见，创业团队成员信任发展是一个多层面要素综合作用的结果。基于此，对于创业团队成员信任关系的治理也需要采了多层面视角，综合考虑个体、二元关系以及团队背景特征，采取针对性的措施促进团队成员信任的良性发展。

4.6 本章小结

4.6.1 结语

信任已经成为管理学、伦理学、社会学、心理学和经济学等众多学科中的一个重要研究主题（Colquitt et al.，2007）。信任与风险承担之间显著相关，信任与任务绩效、公民行为显著正相关，与反生产行为显著负相关。对员工的信任水平越高，领导越愿意授权员工（Schoorman et al.，1996；Serva et al.，2005）。当个体信任领导的动机和意图的时候，更可能接受即使是不利的结果（Kramer，1999；Tyler，1994）。这些均说明，信任是有效工作关系的一个关键成分（Lind，2001；Tyler & Lind，1992）。

哈珀（Harper，2008）认为，团队成员间存在强大的相互依存关系，而且强大的相互依存关系促进创业团队的形成。团队成员之间的相互依存关系包括两个方面，一是合作带来联合力量（co-power），二是个人决策无法保证能够顺利地完成复杂的团队任务（Bacharach et al.，2006）。因此，团队成员通过适当的联合和行动，才能够实现他们的共同目标。另外，创业过程中存在着高度的风险，创业活动也存在着高度的复杂性和不确定性。创业活动的这些高风险和高不确定性特征使得信任的重要性更为突出。再者，创业团队有着很高的解散率，换句话说创业团队解体的现象十分的普遍（邓靖松、刘小平，2010）。创业团队失败的原因有很多，成员之间的人际关系出现问题是一个主要的原因。虽然在创业过程中往往会出现团队内部成员关系危机，但是成员之间坚固的互依信任可以防止内部关系危机的滋生和蔓延。同时，信任关系能够提高团队成员的忠诚，并且能够有效地降低创业团队解体的概率。然而，团队成员间的信任关系一旦遭到破坏，创业团队将会面临着解体的危险。有鉴于此，作为创业活动关键影响角色的创业团队成员间的信任问题值得创业管理研究者与实践者予以高度关注。

邓靖松和刘小平（2010）认为，没有信任则创业团队便不可能形成。只有当人们认为他人的能力、品质等方面具备可靠性和可依赖性时，信任才得以建立，创业团队才能够形成。在此基础上，李鹏飞和鲁虹（2011）认为影响创业团队信任的个人层次因素应该包含成员人格特质、成员关系，其中成员人格特质除正直、善意和能力之外，还有成员信任倾向；成员关系包含了成员沟通、成员合作和成员竞争。他们最终还通过实证研究分析发现，成员能力、正直、沟通、合作和竞争是认知信任的主要影响因素，而成员善意、信任倾向、沟通、合作、竞争则是情感信任的主要影响因素，除了成员竞争会对认知信任和情感信任产生负面影响之外，其他影响因素会分别对认知信任和情感信任产生积极影响。

在创业团队中，创业团队信任既不失普遍性也具有其自身的特点。对于创业团队来说，能力和品质对于团队中信任的建立是必要条件。在创业团队中，就个体层面因素而言，成员实现目标的能力、对其他成员的关心和友善、正直的行事原则都会对信任关系的建立产生重要的影响。不过，赛尔瓦等（Serva et al.，2005）研究发现，对于管理团队的信任，正直的重要性随着时间的推移从不显著到高度显著。仁慈随着时间的推移却变得不显著。能力一直都是较强的信任预测变量。可见，被信任方的可信度特征的重要性可能会随着时间变化而变化。另外，科尔奎特等（Colquitt et al.，2011）研究信任的认知来源（能力和正直）以及情感来源（仁慈和认同）如何差异性的预测信任以及不同任务背景可能存在的差异影响，发现促进不同类型信任发展的内在机制有所差异，不同维度可信度促进不同类型信任的发展，而任务互依性在其中起着调节作用。由此可知，不同类型可信度对于团队成员不同类型信任的作用存在差异。

总之，高风险知觉会导致人们预期有可能会受到伤害或者损失，从而构成对个体的威胁，进而可能导致压力、焦虑等负面情感反应，以及防御行为、非合作行为和逃避行为，因而有碍信任的形成。并且对自己的利益会受到忽视的预期会降低对他人仁慈和社交能力的知觉。可见，风险知觉有可能导致对他人可信度的负面看法，降低对他人的信任（Sheppard & Sherman，1998）。基于此，创业团队成员信任发展的一个关键基础即是对风险知觉进行恰当的管理。

科尔奎特等（Colquitt et al.，2011）基于并拓展了判断与决策理论（theories of judgment and decision making），提出在高依赖性任务背景（高情境不可预测性和高情境危险性）下，更多依靠认知来源，较少依靠情感来源；而在常规任务背景下则相反，更多依靠情感来源而较少依靠认知来源。信任可以被看作一个判断和决策的结果，信任决策依靠于个人对于能力、仁慈、正直和认同等相关线索是如何权衡的。判断和决策研究表明，人们使用简化启动和认知捷径做决策的程度依靠于背景（Highhouse，

2001）。具体来说，在一个情境中的流畅度（fluency）影响搜索和权衡线索的信息处理过程（Alter et al.，2007）。当决策者面对熟悉、预期和可预测的任务或者刺激时，决策者体验到流畅。此时，信息处理是表层的，使用需要较少认知努力的线索。决策者关注于与直觉相联系的情感线索，即"我感觉如何"的启动，情感引发了一个哈罗效应，压倒了认知信息的影响。相反体验到"不流畅"时，面对的任务或者刺激是不熟悉的、非预期的和不可预测的。此时，信息处理更需要深思熟虑和有控制的，会搜索大量的线索，更精心地权衡线索的模式。流畅性可能引发的是一个更自动化的信息处理模式，更多考虑情感来源，如仁慈和认同，非计算性的情感过程驱动信任决策时，个体将赋予情感前因变量更高的权重（Stephen & Pham，2008）。创业团队不同类型，不同发展阶段可能重视的信任来源是否会有所不同？"创业团队合久必分"的新解，也许早期更多的是情感启动而后期则是慎重的认知权衡，特别是对于群体型创业团队可能更是如此？核心型创业团队由于早期成员的选择更为慎重，可能较少有这种影响？就创业企业发展阶段而言，创业后期发展可能更是深思熟虑的，面对不流畅是否可能也会因为目标的多元化引起，早期阶段目标单一较一致，后期多元化目标不同人的关注重心不同？等等问题都值得进一步探讨以促进对创业团队成员信任发展的更深入理解。如团队创业活动这样高依靠性背景常伴随着不可预测和危险的刺激，可能基于一种不流畅的过程，这种不流畅将导致一个更受控制的信息处理模式，更强调信任的认知来源，如能力和正直。高能力的被信任方可能有更快的适应能力（LePine，2005）。这种灵活的适应能力可能对于快速变化的创业情境更为需要。未来可以基于此开展相关的实证检验。相信这样的研究视角可以为创业团队成员信任理论研究提供一个非常有价值的新尝试。

4.6.2 研究展望

第一，基于动态观视角的创业背景下团队成员信任的影响因素研究。创业团队成员信任在不同阶段的影响因素可能具有一定的差异性，表现出一定的独特性。未来可以进一步细化对比研究创业团队成员认知信任和情感信任的差异性阶段动态演化模式及其关键驱动要素，有助于更深入地探讨和发现创业团队成员信任影响因素在不同阶段的差异性作用。

第二，创业团队成员信任发展的边界条件研究。有研究表明，较亲密的关系可能激发对方使用较少严格的标准去评价个体的可信度（Williams，2007）。可见，关系亲密度会影响可信度评价，从而影响信任发展。未来研究可探讨关系亲密度在不同前因变量与团队成员信任发展中的调节作用，以更明晰创业团队成员信任发展的边界条件。另外，布兰茨等（Branzei et al.，2007）研究提出了一个在新生关系中（emergent relationships）信任形成的文化权变模型（culture-contingent model）。他们比较了在集体主义与个体主义文化中信任相关的线索（trust-warranting signs）是如何影响对于不熟悉的被信任方的可信度归因的。国家文化可能会系统改变信任方对于信任的特征线索和情境线索的重视程度。偏好不同类型的线索可能导致不同的信任产生路径。基于此，未来可以进一步研究文化价值观在创业团队成员信任发展中的可能边界影响作用。

第三，开展多种方法的研究，加深对创业团队成员信任发展的理论和实践认识。人际信任的前因变量的实证研究落后于理论研究。未来还需要更多地采用实证方法探讨创业团队成员信任的发展机制。另外，可以结合案例研究与问卷调查研究。案例研究得到的丰富访谈资料可以得到更深刻的信息，相比调查问卷可以更好地进行深度分析，得出新的理论观点，并将原有的理论框架模型在真实的创业情境中的动态发展实际进行交互检验，从而加深对创业背景下团队成员信任发展的理解。

5 创业团队成员信任关系的差异性
发展路径及其管理启示

5.1 引言

随着经济全球化的发展，创业活动面临越来越多的挑战和竞争。在这种激烈的竞争环境中，创业团队与个体企业家相比能够做出更加全面合理的决策（Harper，2008）。为此，越来越多的创业企业选择团队创业的形式而不是进行个体创业。创业团队已经成为未来新创企业建立和发展的主要推动力（黄文平等，2015）。与个体创业的企业家相比，创业团队能够更成功地应对创业活动的不确定性和创业环境的不稳定性（Kamm et al.，1990）。

虽然团队创业比个体创业往往有着更高的创业绩效，但是创业团队创业失败依然是发生率较高的事件。因此，通过对创业团队的研究来考察创业企业的建立和绩效提升是十分必要的。同时，随着市场经济的发展，无论是社会还是国家都鼓励积极创业，越来越多的创业团队投入到企业创建之中，因此对于创业团队有效治理的现实需要也越来越大。此外，越来越多的学者也涉足创业团队的相关研究，取得了不少的成绩，但也存在着需要进一步探究的问题。由此可见，对于创业团队的研究有着重要的理论和实践意义。

对于创业团队而言，一个和谐的团队内部环境尤为重要（Kong & Zhang，2013）。中国的传统文化中很早就开始注重和谐的重要性。例如，儒家文化特别强调和谐，认为和谐包括三个维度：协调、合作和良好的人际关系。良好人际关系的核心基础便是信任，并且信任也是有效协调与合作的重要保障。信任作为一种十分重要的社会资本，有利于减轻团队内部摩擦并增强团队凝聚力。此外，已有研究表明，信任关系对组织的领导、目标和绩效的管理以及成员关系管理等有十分重要影响的作用（Luthans，2002）。无论是在组织还是在团队中，内部成员之间的协调、合作还是人际关系，都会受到信任关系的影响。信任是组织和团队背景中的一种十分有效和重要的管理工具（Gulbert & Mccdonough，1986）。就团队背景而言，团队中的人际信任关系的发展和演变机制及其规律成为指导团队过程管理的一个重要参考依据。

鉴于高风险和高不确定性是信任价值体现的最重要背景因素，而创业活动涉及高水平的风险和不确定性。因此，创业团队信任关系的重要性更为凸显。团队信任包括了成员之间的信任以及成员对团队的信任两个层面（陆文宣等，2011）。相应地，在创业团队中，团队信任同样包括了创业团队成员之间的信任（也称为创业团队成员信任），以及成员对团队的信任（也称为创业团队信任）。由于创业团队成员之间的信任是成员对团队信任的基础。因此，本研究在此以创业团队成员信任为切入点，探讨创业团队成员信任关系的内涵与类型，并进一步分析了创业团队成员信任关系的差异性发展路径及内在机制。期望借以促进对创业团队成员信任发展的理论认识，同时对创业团队成员信任及团队信任关系管理实践有所借鉴，提升创业团队成员对于成员与团队之间的相互依赖以及成员承担团队决策风险的意愿水平。

5.2 创业团队成员信任关系的内涵与类型

5.2.1 创业团队成员信任关系的内涵

关于信任文献有两个不同的流派（stream）（Colquitt et al.，2011）。一个研究流派是由迈耶等（Mayer et al.，1995）所代表的，强调信任定义的脆弱性（vulnerability）方面，信任被看作是一个一元构念（unitary construct），反映了一种个体接受脆弱性的意愿。这个意愿受到可信度的三因素驱动，即能力、仁慈、正直。其中，能力和正直捕捉了根植于过去的成功和言行、价值观一致性的经历而进行的理性推断；仁慈则更多地反映了根植于过去的关心和照顾的情感推断。另一个研究流派则是由鲁索等（Rousseau et al.，1998）所代表的，强调个体的预期，信任被看作是焦点方对互动对方的一个有信心的和积极的预期。

总的来说，信任的定义并没有达成一致，但众多学者都认为信任是对于被信任方的行为、动机以及意图的自信而积极的预期（Lewicki & Bunker, 1995；Colquitt et al., 2011）。这种自信而积极的预期产生了一种促进焦点方基于被信任方的言语、行动和决策而行动的意愿（McAllister, 1995）。基于这一信任概念，信任即可以操作化测量为自信而积极的预期，可以通过寻问回答者被信任方是否有能力、有技巧、能干有效率、关心人、忠心或忠诚、有原则、公正等得以反映。在这一早期基于预期的单维度测量方法之后，发展起了根据信心评价的多维度的测量，包括基于了解或认知的信任、基于善意或情感的信任、基于认同的信任等的细化测量方式。由此也促进了信任相关实证研究的进一步细化，即将单一维度的信任构念细化为不同类型的信任加以深入探讨。

5.2.2 创业团队成员信任关系的类型

关于信任形态或者类型的研究，不同的学者有着不同的观点。相应地，也就发展起了不同的信任类型划分观点。对于信任类型的探讨有助于更深入地理解信任，同时也有助于为相关的信任实证研究提供细化检验视角。

基于关系观视角，信任可以依据关系不同而有相应的不同分类。关系形式是双方关系中的互依性的类型表现，可分为依靠（dependent）和相互信赖（interdependent）。菲斯克（Fiske, 1990）认为存在着四种基本的关系形式。这四种基本形式的人群互动关系即：①共享关系（communal sharing）；②权威排序（authority ranking）；③对等互惠（equaliy matching）；④市场定价（market pricing）。基于上述四种关系形式分类之上，谢泼德等（Sheppard et al., 1998）指出，信任根据信任双方关系中相互依赖的性质和深度不同，可以相应地分成四种不同但有序的类型，分别为浅依靠（shallow dependence）信任关系、浅相互依靠（shallow interdependence）信任关系、深依靠（deep dependence）信任关系和深相互依靠（deep interdependence）信任关系。

基于信任形成的基础不同，人与人之间的信任也有着不同的分类。夏皮罗等（Shapiro et al., 1992）的研究认为，信任有三种不同类型的模式：威慑型信任（deterrence-based trust）、了解型信任（knowledge-based trust）和认同型信任（Identification-based trust）。勒维克和邦克（Lewicki & Bunker，1995）将信任关系划分为基于了解的信任、基于善意的信任以及基于认同的信任。其中，基于了解的信任是根植于过去的绩效表现和信守承诺基础之上产生的信任。基于善意的信任（goodwill-based trust）则是根植于情感投入和关心。基于认同的信任（identification-based trust）则是根植于一种共享价值观的感觉之上产生的信任。鲁索等（Rousseau et al.，1998）区分了基于威慑的信任（deterrence-based trust）、基于算计的信任（calcu-lative-based trust）以及关系信任（也称基于身份的信任，relational trust /i-dentity-based trust）。其中，基于威慑的信任依赖威胁或者对于惩罚的害怕之上产生的信任，而基于算计的信任则依赖于名声和资格证明基础之上产生的信任，关系信任或者身份信任则依靠于双方之间的情感联系，在较深的互依性情感关系之上产生的信任。基于身份的信任比基于威慑的信任或者基于算计的信任来说是一种更为有效的方式，可以更好地确保互动方会按照预期和仁慈的方式行动。

另外，基于信任内涵的不同，有学者认为信任关系应该包括三个方面，即基于流程的信任（process-based trust）、基于个性的信任（character-istic-based trust）以及基于制度的信任（institution-based trust）（Deng et al.，2010）。而从心理学角度看，路易斯和威格特（Lewis & Weigert，1985）将信任关系分成认知信任（cognition-based）和情感信任（affect-based），相似的分类也出现在麦克艾利斯特（McAllister，1995）的研究中。认知信任在某种程度上也可以称为基于能力信任（Parayitam & Dooley，2009），即对对方能力等认可基础上产生的信任。情感信任则是基于关心和体贴基础之上产生的信任。认知信任更多基于理性认知与评价基础之上产生，而情感信任则更多是在感性体验之上产生。

概括而言，谢泼德等（Sheppard et al.，1998）提出的四种形式的信任形式与菲斯克（Fiske，1990）四种基本形式的关系可以相对应。要考虑这四种关系形式对于风险和信任的意义，就必须考虑分别存在于这四种关系中的互依性的性质和深度，然后考虑从不同的互依性关系中产生的风险。信任方承担的风险及减轻风险的机制都可以看作是关系中存在的互依性作用的结果。针对互依性的不同以及相应的风险内涵差异，信任方发展起的信任也会有所不同。

从实证研究角度看，国外较多的组织行为学者将信任关系分为两类，即认知信任和情感信任。国内学者也普遍采用把信任划分为认知信任和情感信任的方法开展实证研究（程德俊和赵勇，2011）。本研究在此也采用信任关系的这一二分法，将创业团队成员信任关系分为成员认知信任与成员情感信任。创业团队成员认知信任和成员情感信任有着不同的表现和产生机制。

首先，创业团队成员认知信任是基于团队成员知识和能力的信任，主要来自焦点成员对其他团队成员的技能、价值观、动机行为等的认知评估以及正向的预期之上产生的信任。处于认知信任阶段，焦点团队成员更多关注的是其他团队成员的专业技术和能力（Khan et al.，2015）。另外，如果团队成员表现出互惠的、一致的行为，也将有助于提供一个认知信任的基础。因为一致行为体现了正直的可信度，有助于焦点成员对其产生更为积极的未来行为预期，相信其会信守承诺，始终如一地坚持应该遵守的互动法则。可以说，创业团队成员认知信任受到其他成员的能力、责任心、可靠性和可信性的影响。具有较高水平认知信任的创业团队可以有效地减少成员彼此之间的监督和防御行为（McAllister，1995）。这意味着团队成员不需要花费额外的资源来防御彼此（Ashforth & Lee，1990）。所以，高水平的成员认知信任会带来一个高效的创业团队。

其次，创业团队成员情感信任是在感觉和情感体验中的信任（Johnson & Grayson，2005），往往来源于互动过程中产生的情感纽带。有学者认为，情感信任的建立与创业激情有密切的联系（Chen et al.，2009），并且影响创业成员的动机（Baum & Locke，2004），从而对新创企业绩效产生积极地影响。这表明拥有高水平情感信任的创业团队可能会有更高的创业激情和动机，从而有利于创业企业绩效的提高（Khan et al.，2015）。还有学者认为，在创业团队创业的初期面临着较高的不确定性和信息不足等问题。因此，团队的各种决策往往依赖于基于情感的信任（Elfenbein，2007）。情感信任在团队成员间缺乏理性评价相关信息的时候影响效应特别突出。此外，高水平情感信任的团队，可能会增加团队成员的心理安全并且情感信任能够加深团队成员之间的人际关系。

由上可见，创业团队成员认知信任和情感信任有着不同的产生基础，其具体效应影响机制可能也会有所不同。不过，创业团队成员认知信任和情感信任均对创业团队和新创企业发展具有重要意义。因此，创业团队需要重视团队成员不同类型信任的分别管理，充分发挥不同类型创业团队成员信任对于创业活动所可能具有的各自独特的积极影响作用。

5.3 创业团队成员信任关系的动态性特征及其差异性发展机制

5.3.1 创业团队成员信任关系的动态性特征

虽然创业团队成员信任对创业具有重要意义。但是创业团队成员信任并非是一种静态的呈现，而是体现出一定的动态性特征。在创业活动实践中，我们可以看到不同的创业团队可能有着截然不同的发展结果，如有些创业团队"合久必分"，而有些创业团队能随着创业企业的发展形成巩固的凝聚力量支撑创业企业的可持续性发展。为此，学者们和实践者们均开始关注创业团队的差异性发展特征及其内在机制。如基于信任关系视角，探讨创业团队成员信任关系的动态变化特征，关注创业团队成员的信任演化趋势。

关于组织信任在构建和发展阶段的演变，比较权威的观点是夏皮罗等（Shapira et al.，1992）。他们关注于商业关系中信任的发展，用交易框架（transactional framework）描述信任，指出信任包括威慑型信任（deterrence-based trust）、了解型信任（knowledge-based trust）、认同型信任（identification-based trust）。信任有三种不同的基础（即相互依赖性、风险和脆弱性），但一旦有了信任的一些巩固的基础后，这三种基础可能以不同强度的组合共同存在于某一种关系之中。信任的上述三种模式是随着时间演变而表现出的不同模式，呈现出不同发展阶段的动态演进模式。从一个信任模式阶段到另一个信任模式阶段可能需要关系的"框架性改变"（Gersick，1989）。

王梅等（2008）认为，信任的发展经过三个阶段：声誉型信任阶段、了解型信任阶段和认同型信任阶段。陆文宣等（2011）认为，团队信任的形成机制为三个阶段，即由认知上的共享逐步发展到情感方面的支持，最终形成价值方面的认同。郭志辉（2012）指出，创业团队信任的构成是相对稳定的，但是构成信任的各个要素之间的相对占比会在创业活动进行的过程中发生一定的变化。可见，信任呈现一个动态发展的过程，具有一定的动态演化特征。创业团队成员信任可能呈现出随着时间演化而出现的差异化发展动态特征。

5.3.2　创业团队成员信任关系的差异性发展机制

勒维克和邦克（Lewicki & Bunker，1995，1996）根据关系发展的阶段描述信任发展，将信任发展与关系发展阶段联系起来。基于认知的信任主要在基于关系中各种形式的交易的脆弱性和利益的认知评估基础之上产生的。基于了解的信任是基于对对方的了解，理解对方想要什么、喜欢什么，对方会如何考虑、如何反应等之上产生的。基于认同的信任是基于对对方认同的增加而产生的。在基于认同的信任中的双方彼此分享，并且欣赏彼此的期望、意愿、需求和价值观。他们认为，信任随着关系中的这三个基础的不同而发展。首先，所有的信任关系开始于基于了解的信任。基于了解的信任产生于行动方对于保留关系所能获得的利益和损失的成本以及欺骗或破坏关系可能带来的收益和损失的评价。其中脆弱性、风险、可预测性和可靠性最关键。反复的互动、双方相互依赖的程度、好的名声等都有利于加强基于了解的信任。不过，并不是所有的关系都可以从基于了解的信任发展到基于认同的信任。有一些关系是不会发展超过基于了解的信任阶段的。这可能是因为：①互动双方不需要一个更复杂的关系，仅限于基于了解的信任就可以有效应对双方的关系维护需要。②互动双方的相互依赖性是相当有限的而且得到良好的控制，如制度信任（Rousseau et al.，1998）或者法制修补（Sitkin & Roth，1993），使得基于了解的信任已经足够。③互动双方已经获得了足够的有关彼此信任的信息，知道双方的关系是不可能进一步发展的。基于此，不必要投入额外的精力促进信任加深的小概率事件。④互动方出现了一次甚至多次的信任违背，使得信任不可能进一步发展。

鲁索等（Rousseau et al.，1998）指出，信任在不同的关系中表现为不同的形式——从权衡得失的计算到基于人际依恋和认同的情感反应。信任的水平随着反复的互动而改变，双方间任何一次互动都可能开始关系信任的发展。随着关系的发展，关系信任的比例上升，基于认知的信任的比例下降。基于认知的信任是基于经济交易中的理性决策过程，关系信任基于信任双方之间反复的互动中的照顾、关心、情感依恋。不过，在此所提及的关系信任类似于其他一些学者所提出的情感信任（McAllister，1995；McAllister et al.，2006）和基于认同的信任（Coleman，1990）。

有学者指出，亲密的人际关系不同于简单的人际依赖，因为双方产生了动机的转变（Kelley，1984）。随着时间的推移，亲密关系中的双方从关注于最大化个人利益转变为最大化共同的成果。他们指出，信任发展有三个阶段：①可预测（predictability）（即对方行为的一致性，consistency）；②可靠性（dependability）（即可信赖、诚实 reliability 和 honesty）；③忠诚的飞跃（leap of faith），这是出于深信对方是可依赖的，不管现在还是未来都是会关心考虑自己需要的信心。而且信任的这三个阶段并不是相互排斥的（Weiselquist et al.，1999），每一个阶段对于信任的发展都是必要的。依靠导致强烈的承诺，承诺又会促进亲关系行为（pro-relationship），如适应、为对方牺牲或付出的意愿。知觉到这些行为可以提高对方对于自己的信任，而这种信任又提高了对方更愿意依靠这种关系的意愿。

上述一般组织或者常规团队背景中的研究均表明了人际信任发展是一个动态的过程，并且在这一过程中，信任发展的趋势会呈现出差异性特征，即信任并非随着互动的增加一定上升，可能因互动具体经历的不同以及个体认知和情感体验的差异导致不同的发展趋势，即所谓既可以"知之深爱之切"，也可能"知之深恨之切"。基于此，不仅要知道信任具有动态特征，还要进一步理解信任可能出现什么样的差异性发展趋势以及其背后的驱动机制是什么。创业团队中成员之间的信任关系不仅类型可能出现变化，而且信任水平也可能有所变动。在团队中，信任水平有时候不是随着协作的进行变得越来越高，甚至会出现越来越低的状况（程絮森、刘艳丽，2013）。换而言之，创业团队成员信任水平并不是一定随着时间推演而上升。创业团队成员信任关系可能随着时间变化而呈现差异性的发展路径。一方面，创业团队成员信任关系随着时间发展呈现上升趋势，成员信任关系越来越强；另一方面，随着企业的发展，创业团队成员之间的信任关系有可能会破裂，出现成员之间不喜欢、不信任、互相憎恨的情况（Deng et al.，2010）。

就情感信任的动态发展规律而言，王节祥等（2015）曾指出企业成立初期，由于强联系的存在，所以此时成员之间的信任应该更多是以情感为基础的关系型信任。但是随着时间的推移，情感信任在团队中会逐渐变强还是逐渐减弱尚未形成定论。一方面，有学者认为情感信任会随着时间的推移而逐渐增强。迈克艾里斯特（McAllister，1995）的研究表明，个体与他人的交往随着时间推移而逐渐增多，在多次交往中可以越来越多地体会到他人对自己的关心，则情感型信任水平会越来越高。有学者通过战略性商业模拟游戏的研究证实了情感型信任会随时间推移而增强这一观点（Kanawattanachai & Yoo，2002）。另一方面，有的学者则认为情感信任会随时间的推移而逐渐减弱。秦志华等（2014）认为，情感信任在创业企业成立之初是占据着主导地位的，但是随着创业进程的推进，情感信任会逐渐被制度型信任所取代，在团队中的地位逐渐下降。陈忠卫和张琦（2016）也认为在创业团队中，情感型信任会随着创业进程的不断推进而逐渐减弱，随之而来的是认知信任在创业团队中发挥更大的作用。

在信任发展的过程中，一些关键的因素会维持或者是摧毁信任关系。卡明斯等（Cummings et al.，1996）发现，在团队中信任的发展受到三个因素影响：遵守承诺、真诚谈判以及公平待遇。他们认为信任行为由三个因素组成：情感因素、认知因素和动机因素。登格等（Deng et al.，2010）在此基础上提出创业团队中信任发展过程模型表明，创业团队中每个成员既是信任者又同时是被信任者。他们建立和发展信任通过激励过程、情感过程和认知过程。在激励阶段，创业团队成员期望其他成员的个性与行为是忠诚的、公平的。在认知阶段，成员会逐渐的感知到其他成员的个性和行为状况。而在情感阶段，成员对其他成员的个性和行为会产生喜欢或者是不喜欢的感受。

张长征和李怀祖（2006）的研究中，剖析了团队信任的形成途径以及团队信任在组织中的动态演化过程，研究中指出团队成员通过第三方信息、组织规则和个人信任倾向会对他人产生预设信任，在团队互动和接触的过程中会逐渐形成认知信任，在对团队成员身份认同和人际情感的基础上，会逐渐演变为情感信任。而在创业团队的信任研究中，学者们则认为创业团队信任是由感性信任向理性信任逐渐过渡。姜继娇和张艳梅（2014）对大学生创业团队的研究中则显示，在创业初期成员们之间最为常见的是感性信任，当创业进入成长期后，则需要契约信任来使创业团队成员间的关系继续维持，当进入创业稳定期后则会向理性信任发展。秦志华和冯云霞等（2014）则将创业团队信任的形态结构类型归纳为权益制度信任、权益计算信任和人际关系信任。在创业活动的不同阶段，创业团队信任的形态的动态分布有所不同。在创业的初始期，人际关系信任在团队中是普遍存在的，权益计算信任占据主导地位，而权益信任制度还尚未形成；在创业的危机期，团队成员将会面临一系列的问题，人际关系信任将会受到挑战，与此同时，权益计算信任会持续发挥作用，权益制度信任正在形成，创业危机期的重要地位逐渐凸显，其将是决定企业成败的关键时期；在创业的成熟期，权益配置方式将会对团队信任产生影响，若能建立起良好的权益配置规则，则企业的信任结构将会以新的方式建立，主要体现在权益制度信任完全形成，权益计算信任仍存在，而人际关系信任将会下降；在创业团队破裂时，往往是由于企业在危机时期并不能完全建立起相应的团队权益配置规则，同时团队成员对团队前途和未来收益的期望逐渐失去信心，进而使得团队及团队成员关系难以维持，故团队将会面临解散，此时权益计算信任和人际关系信任已经完全丧失，而权益制度信任一直未能形成。

总的来说，学者们对于创业团队信任的形态结构及其变化规律的研究主要是根据创业的不同阶段划分来进行。研究所得到的结论基本一致，认为创业团队信任的形态结构主要由感性信任和理性信任两大方面构成，并且随着创业时间的推移，逐渐从最开始的感性信任向理性信任发展。并且，团队中信任关系发展受到多种因素影响，而不同因素的重要性可能随着情境的变化而有所变化。基于前述分析，本研究认为，创业团队成员信任关系呈现出差异性发展路径机制，具体阐述如下。

第一，基于新创企业发展阶段的创业团队成员信任演化。

早期研究指出，需要关注时间维度在信任发展中的影响作用。如在工作关系的早期阶段，更多地关注信任的认知来源，发展起基于认知的信任或基于了解的信任。而在工作有关系发展的后期，更多地关注信任的情感来源，发展起如基于情感的信任或基于善意的信任、基于认同的信任（Shapiro et al.，1992；Lewicki & Bunker，1995；McAllsiter，1995；McAllister et al.，2006）。科尔奎特等（Colquitt et al.，2011）的研究表明，在信任发展的过程中，考虑任务的特性也是非常重要的，不同的任务情境下关注的信任来源不同。个体区分他们会信任同事将完成哪些任务，即信任是有特定性的，如信任某一方面而不是其他方面。具体来说，他们的研究发现对同事的信任将区分对于常规任务的信任和对于高依赖性任务的信任。这一研究发现指出了信任形成的一个新的动态发展机制，即要关注不同任务情境要求下信任的可能关注基础会有所不同。

创业企业的发展可以分为不同的阶段（何正亮、龙立荣，2013；符健春、王重鸣，2008），并且不同发展阶段对创业者和创业团队的要求会有所变化（Vanaelst et al.，2006）。信任的状态，会随着团队的发展发生变化。换句话说，团队发展的不同阶段，信任的形态也是不同的。基于企业的生命周期视角，新创企业在不同的发展阶段可能具有不同的发展重心，创业团队面临的创业企业任务可能会随之有所调整，对创业团队成员的要求也就有了相应的变化。例如，在企业建立的初期，团队成员期望和看中的是彼此的能力。随着新企业得到发展并取得一些成功，这时一些成员将期待团队对他们的贡献给予更多补偿和尊重。这会使团队信任的类型结构发生改变。

随着新创企业的发展，通过各种互动，双方更好地了解彼此，基于认知的信任就可能发展成基于了解的信任。不过，从基于了解的信任转变到基于认同的信任仅仅只出现在少数关系中。当基于了解的基础上，发展到对对方的认同，还有强烈的情感的时候就出现这种信任模式的转变。有研究发现，基于领导—成员交换关系之上的对领导者情感信任的发展具有延时效应（Schaubroeck et al.，2013）。菲利普斯等（Phillips et al.，2013）的研究发现，案例中的创业者用来创建同质性而形成了基于身份的信任，是通过身份叙述产生的，并能够形成一种极强的关系基础。他们认为，共享的身份成为同质性的基础，共享的身份包括了自我的方面，以一种不能信赖的方式行动则会使自己的身份受到挑战，从而较少可能采取不可信的行动。如所谓的"大家兄弟，不能这样做"。这一做法可能在创业初期阶段比较明显，因此，许多人喜欢找同乡、同学一起创业，但是到了创业企业发展，甚至成熟期，这种基于关系的信任可能就不足以支撑创业企业的发展。可见，随着信任的发展，虽然可能从基于认知的信任发展到了基于了解的信任甚至基于认同的信任，但这种转变是否一定对新创企业有积极影响还是不确定的，仍然需要进一步检验。

第二，关系阶段对信任发展的影响。

路易斯等（Lewis et al.，1985）提到了信任的类型与人际关系的类型之间的关联及它们与社会变迁的关系。在首属团体关系（家庭）中，信任的内容主要以感情为主，而在次属群体关系中，信任的形成主要以认知、理性为基础。他们还认为随着人口的增长和社会结构的分化，越来越多的社会关系都以认知信任为基础，而不是以情感信任为基础。他们以理性和情感两维度来理解信任的性质，这一思路与不少研究人际关系的学者的思路不谋而合。如米尔斯和克拉克（Mills & Clark，1982）将人际关系区分为感情交流（communal）关系和工具交换（insturmental）关系。他们对于用人际关系来分辨信任的种类的观点，开辟了一条理解信任的新途径，而且具体地指出了社会关系的性质如何影响信任的类型（杨中芳和彭泗清，1999）。

怀特利（Whitley，1991）依据祖克尔（Zucker，1986）有关建立人际信任的三过程理论来研究华人企业中的信任行为。结果发现，在中国社会中，人们主要采用以交往经验（包括个人声誉及过去交往状况）为基础的，以及以个人特性（包括两人特有的既定关系）为基础的信任构建方式，而很少采用以制度为基础的方式。这也就是说，人们主要根据他人由个人的诚信所累积的声誉和他人与自己有无共同的既定关系来发展信任，而较少用制度化的手段。其中，从关系入手来发展信任又是最为重要的一个手段。这一点支持了格拉诺维特（Ranovetter，1974）的观点，认为社会关系及内隐于其中的义务，远比概括化的道德及制度上的设计（如合约及权威的设立）更能影响经济生活中的信任。怀特利（Whitley，1991）认为华人家族企业之所以会只重视前两种信任是由于家庭关系与认同居于首要地位，对家庭的归属超过了对企业的归属，除非通过家庭关系的连带所间接衍生的义务感。在这种情况下，企业为了发展与主要下属的信任关系，就会力图与他们建立个人相互有义务约束的关系连带。

夏泼德等（Sheppard et al.，1998）就明确强调，风险是信任的核心，但是随着关系的不同，风险也会有所变化。不同形式的关系承担着不同的风险。信任承担的风险与关系中互依性的类型和深度相联系。因此，如果能够恰当地识别出关系的形式，就能够预期相联系的风险。信任中的两个最基本的成分就是相互依赖和风险。不同的关系存在的相互依赖和风险可能是不同的，从而可能影响着各自信任产生、发展与影响结果都各不相同。如浅依靠关系中，只需要选择对方是有可靠的以及行为谨慎的历史就可以了。从这个意义上说，可信度就该包括能力、判断力、许诺的兑现。在深依靠关系中的可信度要求对方的人品包括，反对欺骗、滥用权力、忽视他人利益。具体特征包括诚实、正直、利他、仁慈、关心他人。浅相互依靠关系中，可信度包括一致性、可预测性。深相互依靠关系中，可信度还包括直觉、移情、换位思考。可见，在不同的关系中，所涉及的风险不同，那么常被看作是减轻风险的被信任方的可信度的含义也就不同，即不同关系关注的可信度的内容是不一样的。

王飞雪等（1999）认为，中国社会的信任研究应该考虑人际关系网在信任中的作用。社会关系网与人际信任存在着相应的联系与变化。这意味着关系因素可能是考查信任的有效变量，今后需要对此问题进一步深入探索。李伟民等（2002）基于对中国人信任的批判性理论分析，提出了中国人信任的论证和假设，然后用问卷调查进行了实证检验。结果发现，对中国人信任而言，有一种基于私人关系的特殊信任，和基于共同观点或者信念的普遍信任。中国人相信最多的人是家庭成员或者亲戚，还有亲密的朋友。关系（Guanxi）因素对中国人信任有着明显的影响，但是它来源于嵌入关系之中的感觉因素。斯库尔曼等（Schoorman et al.，2007）指出，信任是建立在关系基础之上的，是关系的一个方面。这也就是说，信任会随着人或者关系的不同而有所变化。在关系的发展过程中，对于能力和正直的判断形成得相对快一些，然而对于仁慈的判断将会花更多的时间。在关系的开始阶段，仁慈方面有意义的信息还没有获得，正直对于信任的影响作用更突出。随着双方间关系的不断发展，知觉到的仁慈对于信任的影响作用得以提高。

基于上述分析可以看到，关系对于信任发展具有重要影响。卢曼（1979）指出人际关系让双方产生信任，一个原因是熟悉度。勒维斯等（Lewis，1985）讨论了理性因素和情感因素的影响。大部分社会心理学家认为两人关系之主要内涵就是亲密度。但是这种把人际关系只看成亲密度的看法，对研究中国人的人际关系而言太简单化了（杨中芳，1998）。杨中芳和彭泗清（1999）指出社会关系的性质影响信任的类型。有必要根据中国人人际关系的特性，对人际信任作一个比较细致的概念化。陈等（Chen et al.，2008）认为，关系包括了情感性和工具性成分的关系联系。有关中国人人际信任的研究发现，个体的人际关系是人际信任的基础。不管是双方共有的既定关系基础，还是两人交往所累积的经验，都能增加信任。创业团队中成员间的关系对于信任发展的影响同样具有不可忽视的作用，影响成员信任的发展趋势。

第三，不同类型创业团队的成员认知与情感信任可能有着不同的发展路径。

崔等（Choi et al.，2014）指出，不同类型信任可能有其不同的发展过程。因此，在探讨创业团队成员信任的发展时，有必要区分信任的不同类型。科尔奎特等（Colquitt et al.，2011）指出，信任可以有认知和情感两个不同的来源。基于认知方面，迈耶尔等（Mayer et al.，1995）强调了能力和正直的重要性，迈克艾里斯特等（McAllister et al.，2006）讨论了基于了解的信任，强调了可靠性、满足预期以及信守承诺的重要性。基于情感方面，迈耶尔等（Mayer et al.，1995）强调了仁慈的重要性，同样地，迈克艾里斯特等（McAllister et al.，2006）讨论了基于善意的信任，也强调了关注、照顾和喜欢对方的重要性。基于认同的信任相比根植于能力或者正直的信任来说具有更多的情感特征。泰弗尔（Tajfel，1978）指出，认同是个体自我概念的一部分，源于他在社会群体中的成员身份，伴之以与该成员身份相联系的价值观和情感意义。阿什福斯等（Ashforth et al.，2008）也强调认同传递出了一个对群体成员身份和群体价值观意识上的情感投入。

高水平的认知信任降低了对方是否能够依靠的不确定性（Colquitt et al.，2012）。认知信任提供了一种诊断信息：即高的认知信任意味着对方可能适合于情感驱动的、高质量的互惠交换关系，即情感信任。信任方会不断更新他们关于对方的能力和可靠性的信息，并基于知觉到的关系利益而发展起与对方更深层次的交换关系（Rousseau et al.，1998；Williams，2001）。研究表明，在关系中有着先前认知信任的个体会较快地基于对被信任方行为的观察而更新他们的评价。区分认知信任与情感信任对于理解在创业进程中创业团队成员间的互动和关系进程是非常有用的，因为在创业的高不确定情境下，创业者可能会努力去确定其他团队成员的可靠性（即认知信任的程度），并且识别出更适于发展更多私人联系的成员（即情感信任的程度）（Schaubroeck et al.，2013）。信任方不断地更新其对于对方的能力和可靠性的认识，有时他会基于知觉到的关系效益而发展起与对方的一种更深的交换关系（Rousseau et al.，1998；Williams，2001）。基于此，认知信任可能是情感信任发展的前因。

此外，康姆和纽利克（Kamm & Nurick，1993）、弗朗西斯等（Francis et al.，2000）指出创业团队的起源常常可以归描述为两种模式，即领导型创业者途径和群体型途径（"lead entrepreneur" and "group" approach）。领导型创业者途径，就是一个人有着商业想法或者创建一个新生企业的期望，招集其他人一起来共同努力；而群体型途径则是团队从一开始就形成，一起努力寻找一个商业机会，有时候甚至头脑里并没有一个具体的商业想法。后一个团队可能是源自一种共同的理念、经历或者友谊（Timmons，1990）。对于后一种模式，关系在开始就处在最优先考虑的（Kamm

& Nurick，1993）。总的来说，一个创业团队的形成可能是由一个识别了一个机会的个体激起，他努力寻找其他人一起投入到这个机会之中；也可能两个或更多个体被激发要一起做事，然后他们会一起去寻找机会。许多创业团队成员都是来自朋友、亲人和以前的同事。而这些人的参与可能是情感动机或者工具性动机（Larson & Starr，1993）。尽管情感性动机提供了一些其他团队成员所不能有的优势，但是友谊作为一种团队挑选的基础确实是不如基于弥补团队成员能力不足的挑选方式（Timmons，1979）。团队成员选择依据私人关系而不是技术或者职能完善性可能会影响新创企业的最终绩效，因为新创企业只在当团队能够匹配他们的需要、价值观、信念和目标的时候才会改进（Bird，1988；Francis & Sandberg，2000）。福布斯（Forbes，2006）等指出，创业团队的形成有两种，即工具型和人际型。吕夫等（Ruef et al.，2003）指出创业团队有五种，即同质性、功能性、地位预期、社会网络机制和团队生态均衡。可见，不同学者对于创业团队的类型划分有不同的观点，但大多认可创业团队有着类型的差异，即组建的基础有显著不同，而这些不同会进一步影响创业团队的可能发展趋势。在此，本研究将上面的分类观点进一步梳理归纳，将其依据组建的方式不同划分为两种创业团队类型，即核心主导型创业团队与群体性创业团队。前一种是理性的团队构建方式，即组建时考虑更多的是"我需要有什么样能力或者资源的人加入我的创业团队之中"，选择时更多是依据自己明确的要求去找到合适的人，使组建起来的创业团队能更好地实现优势互补；后一种则更多是感性的组建方式，即组建团队时更多考虑的是"我们是否有着共同的兴趣""我们的关系如何"等诸如此类的情感性要素，从而使得组建起来的创业团队往往是有着较高的情感依恋关系，但是对能力的考虑有所欠缺。

总之，创业团队有不同的类型，在新创企业不同发展阶段可能重视的信任来源不同。基于上述逻辑，不同类型的创业团队成员信任发展过程中可能体现出不同的发展趋势。如核心主导型创业团队可能更多的是以认知信任开始（即高初始认知信任），而群体型创业团队则可能更多地以情感信任开始（即高初始情感信任）。未来可以进一步检验不同类型创业团队的成员认知信任与情感信任的差异化发展路径及其中可能的关键驱动机制，以推进创业团队信任研究的更深入发展。

5.4 基于创业团队成员信任关系动态演化研究的管理启示

创业团队大部分是由互相关联的人组成团队并开展创业活动（郭志辉，2012）。因此，创业团队成员之间往往是存在着一定水平的初始信任而且对其他成员也往往有着较高的期望。但是，实际情况中大量创业团队发展到一定阶段的时候成员之间就会出现矛盾冲突甚至会出现反目成仇的状况。为此，如何管理创业团队成员信任关系，促进其健康良性发展是一件极具现实紧迫性和重要性的议题。对于这一问题的探讨将对创业活动管理具有重要的借鉴意义。

第一，西蒙斯等（Simon et al.，2006）指出，高管团队内的权力差距正向联系企业绩效，并且职能背景与行业经验差异，可以提高高管团队绩效。不过，新创企业以职能和行业经历异质为考虑的创业团队组合。在初创期的梦之队，可能成为其后面分崩离析的导火索。因为异质性可能是信任关系发展的一个不利因素。由此可见，创业团队组建的前期优势可能成为后期信任发展的阻碍。基于此，创业团队成员信任治理需要综合考虑不同要素的可能优势及其可能危机的应对措施，以更主动性的防患于未然，更好地支持创业活动持续成功开展。

第二，创业团队信任关系的主动化管理措施及其可能问题。华人家族企业中的信任行为的研究发现家族企业的主管可以采取"拟亲化"的手段，如下属变成女婿或干儿子，以增加社会共同性（杨中芳和彭泗清，1999）。这种提高关系深度的方式也是一种引发信任的机制，特别是在这种关系深度是彼此相互的时候。在深度依靠关系中，可以通过激发义务感（a sense of obligation）来促进信任的产生。在浅的相互依靠关系中，要想获得有关对方的足够信息，个体必须通过沟通和研究进行主动发现。在需要协调的情境下，信息对于信任的产生有着重要的意义。在深度相互依靠关系中，信任的产生依靠于被信任方对于信任方偏好、价值观等信念的内化。在深度相互依靠关系中，足够的信任只能随着时间发展而建立。

第三，创业团队信任关系治理的有效性很大程度上取决于管理措施的恰当性和针对性。如威廉姆斯（Williams，2007）提出了一个人际威胁控制模型，关注于人际互动过程中对于他人有关威胁的知觉的主动理解和管理，促进信任的发展与维持。他认为，通过威胁控制（threat regulation）

促进人际互动过程中信任的建立和维持。威胁控制作为人际情感管理的一个具体方面，有利于信任的培养。但有研究指出，不同关系阶段，促进信任发展的策略以及预期也会有所不同。在浅相互依靠关系中，双方必须有效地协调行动才能达到期望的目标（Thompson，1967）。此时存在浅依靠关系中的风险之外，还有自己特殊的风险，如协调不利的风险，即协调不好或者协调速度太慢。在深依靠关系中，被信任方的行为常常在信任方范围之外，因此信任方是难以对其监控的。其中除了上述风险之外，还存在着另外的风险，如欺骗的风险。这种风险是由于信息的不对称，与行为不可见相联系的，还有忽视自己利益的风险。深依靠关系常常导致一种情境，即被信任方拥有所谓"命运控制"（fate control）的优势地位（Kelley & Thibaut，1978）。这可能导致滥用权力的风险。而且，个体投入的深度关系的一个直接结果就是自我的感觉（Berscheid，1994；Scanzoni，1978）。因此，自尊的风险（risks to self-esteem）也可能在深依靠关系中出现，这或者是来自于对方的直接反馈或者是来自于知觉到的关系的不成功。在深相互依靠关系中，双方的沟通能力是基本的。在其中的主要风险就是错误的预期（mis-anticipation），即没有明确说明的话，就不能预期对方的需要或者行为的风险。

第四，不同类型的创业团队成员信任有利于创业活动发展的具体方面可能有所差异，创业者可以根据具体需要针对性地促进相应类型的成员信任发展。钟和杰克森（Chung & Jackson，2013）研究指出，团队内部网络包括两个方面，即内部工作关系强度和内部信任关系强度。他们认为，这两个方面相似于结构嵌入（structural embeddedness）与关系嵌入（relational embeddedness）两个构念。内部工作关系强度（internal work relationship strength）是团队成员彼此间源于共同的工作活动基础上的强人际互动的程度，如寻求工作相关的建议以及分享工作知识等。紧密的工作相关的信息与知识分享的关系可以促进团队成员间的相互依赖（Sparrowe et al.，2001）。社会网络的结构嵌入展现了行动方之间网络联系的全面形态（Nahapiet & Ghoshal，1998）。结构嵌入的一个关键方面就是互动的模式，包括了与工作任务相关的互动（Tsai & Ghoshal，1998）。团队成员投入到工作相关的交换越多，团队内部网络的内部工作关系强度越大。内部信任关系强度（internal trust relationship strength）指的是团队成员信任彼此的程度（Chung & Jackson，2013）。信任使得团队成员能够预期社会和经济交换，并且知觉到共享的价值观和积极的情绪和情感（Jones & George，1998）。关系嵌入强调了通过社会互动历史培养起的人际关系类型（Granovetter，1992）。信任是关系嵌入的一个重要方面（Tsai & Ghoshal，1998；Zheng，2010）。本研究支持钟和杰克森（Chung & Jackson，2013）的观点，在创业团队内部网络中同样存在着两种关系，内部工作关系类似于本研究中的创业团队成员对于领导的认知信任关系，即基于工作互动产生的信任；内部信任关系强度则类似于本研究中的创业团队成员对于领导的情感信任关系，即基于互动历史和情感之上发展的信任关系。不过，两种关系类型在不同类型的创业团队中呈现不同的特征。在创业初期，核心主导型创业团队中情感信任关系相比认知信任要低；群体型创业团队则是情感信任比认知信任要高。

第五，不同类型的创业团队成员信任各有其主动的驱动机制，但是成员认知信任与情感信任也不是截然分开的，而具有一定的相互关联性。高水平的认知信任降低了对方是否能够依靠的不确定性（Colquitt et al.，2012）。认知信任提供了一种诊断信息：即高的认知信任意味着对方可能适合于情感驱动的、高质量的互惠交换关系，即情感信任。信任方会不断更新他们关于对方的能力和可靠性的信息，并基于知觉到的关系利益而发展起与对方更深层次的交换关系（Rousseau et al.，1998；Williams，2001）。内部工作关系强度与内部信任关系强度在团队内部可能是共同演化的，而且可能是正向相关的（Jones & George，1998；Williams，2001）。明晰彼此在团队中的作用，以及频繁地投入到工作相关的互动中可能创造一种心理亲密感（Chung & Jackson，2013）。由于亲密关系，团队成员可能预期接受其他成员的恩惠，同时也产生一种回报的义务感。紧密网络中的团队成员的强关系可能导致成员更愿意为了团队而行动。紧密的工作网络也使得团队成员更容易观察和监控彼此的社会行为与态度，从而进一步促进相互信任感。社会环境的可信性也使得行动方可以预期他们施予其他成员的好处会得到偿还，相应地，他们也就更可能有义务感去报答他人所给予的好处（Coleman，1988）。由于对于行动方来说是难以逃避他们的义务感，所以行动方间的信任可能是相当持久的。据此，核心主导型创业团队需要在高认知信任水平基础上发展起情感信任。

概括而言，创业团队信任关系可能随着新创企业的发展发生变化（Deng et al.，2010）。科尔奎特等（Colquitt et al.，2011）研究对比探讨对于常规任务的信任和对于高依赖性任务的信任，结果发现个体会区分他们会信任同事将完成哪些任务。这一研究发现指出了信任形成的一个新的动态机制，即关注信任内容的差异性，即信任不是一个泛泛的概念，而是有其具体的信任内涵，导致不同信任内涵发展的内在机制存在差异。早期研究指出，需要关注时间维度的影响作用，更多地关注信任的认知来源（如基于认知的信任或基于了解的信任）在工作关系的早期阶段更为重要，而更多地关注信任的情感来源（如基于情感的信任或基于善意的信任，基于认同的信任）则在后期会补充评价（McAllister et al.，2006；Lewicki & Bunker，1995；McAllsiter，1995）。在信任的发展过程中，考虑任务的特性也是非常重要的，不同的任务情境下关注的信任来源不同。基于此逻辑，不同类型创业团队在随时间发展上可能表现出的信任模式会不同，而且创业团队随着时间发展在不同创业企业阶段的任务特性也会不同。创业团队任务可能随着创业企业发展阶段不同而变化，这可能导致创业团队成员信任治理更需要体现出动态性特征。一方面，焦点团队成员可以采取主动措施针对当前创业阶段的特点，采取针对性的人际风险管理情感策略与心理策略，努力降低其他团队成员的风险知觉，提升对焦点成员的信任水平。另一方面，焦点团队成员对于其他成员的信任也应该考虑当前状况下的信任要求，避免不适应当前创业任务要求的盲目情感信任阻碍了对于问题风险的评估，从而负面影响创业绩效的提升。

5.5 本章小结

5.5.1 结语

创业环境越来越复杂，使得仅仅依靠单个企业家的工作经验、专业知识和教育背景难以应对创业活动的不确定性。因此，越来越多的创业者倾向于组建团队合作创业，旨在集中每个成员的优势能力共同开展创业活动。但是创业团队与创业绩效间的关系并非明确的线性上升关系。在组建创业团队之后，还需要进一步考虑如何管理创业团队才能支持创业活动的成功。

关系对于中国背景下的经营环境是特别重要的（Hempel et al.，2009）。而信任关系又是关系中最基础的要素。信任受到多个学科的重视，特别是在经济学、心理学、社会学和管理学中受到了极大的关注。信任对于创业团队而言是特别有用的（Krishnan，Martin & Noorderhaven，2006）。为了创业企业的可持续发展，创业团队成员信任需要进行动态调整与维护，以支撑创业活动。但是创业团队成员信任动演化研究关注还是较少的。创业团队成员信任在创业进程中的变化如何？导致信任提升或下降的关键因素是什么？等等问题还没有得以有效的厘清。而理论与实践均表明，团队成员信任关系可能是理解创业团队"合久必分""只能共苦而不能同甘"宿命背后深层次原因的一个重要切入点。基于此，本研究从动态视角探讨了创业团队成员信任的发展，并且细分对比不同类型创业团队可能存在的差异化演化路径，期以更深入地推进创业团队信任发展研究，同时更有针对性地指导创业团队关系治理。

创业团队组建时，选择哪一种方式与创业机会有关，如创新性程度（张玉利，2008；郑秀芝、龙丹，2012）。不同类型创业团队在随时间发展上可能表现出的信任模式会不同。核心创业团队与群体型创业团队主要是依据团队成员构建方式不同作出的一种团队类型划分。两类创业团队由于成员构建基础的不同，其初始信任水平与特征以及后期的信任发展也可能存在一定的差异性。虽然信任的动态性已受到众多学者的认同，但是创业团队的信任发展如何，特别是不同类型创业团队可能有何差异，仍然缺乏相应的研究发现。

核心主导型创业团队成员加入创业团队的主要动因包括，成员对领导能力和个人魅力及其所阐述的企业发展愿景的认同；除此之外还有新创企业所提供待遇和个人职业发展规划的考虑。群体型创业团队成员加入团队的主要原因则有与领导有多年交道、有情感基础；另外还有自己对新创企业发展前景的认可。可见，两类创业团队成员加入原因虽然有一定的共性，但其重要排序上看，核心主导型创业团队主要考虑的是对企业与领导的理性评价，包括企业愿景与领导能力等。群体型创业团队则最首先考虑的是彼此之间的关系（如血缘、老乡）等情感性判断，当然此外还包括共同规划的企业发展的信心。核心主导型创业团队：在新创企业的初创阶段，成员认知信任水平比情感信任水平更高；进入新创企业发展阶段，成员认知信任与情感信任水平均是呈上升趋势，情感信任水平的提升更突出。群体型创业团队：在新创企业的初创阶段，成员情感信任水平要高于认知信任水平；进入新创企业发展阶段，成员情感信任水平基本稳定，但是认知信任水平则呈现一定的下降。

基于此述分析，不同类型的创业团队成员信任的基础有所不同，信任发展模式也呈现出差异性。中国背景下创业团队更多的是以由于共有利益或者是兴趣而组建的（蔡莉和汤淑琴等，2014），即更多的是群体型创业团队。群体型创业团队在信任关系治理上与核心主导型创业团队有何不同？两种类型创业团队在信任动态发展过程中的可能问题与应对策略是什么？等等问题值得更进一步探讨。如科尔奎特等（Colquitt et al.，2011）基于并拓展了判断与决策理论，提出在高依赖性任务背景下，更多依靠认知来源，较少依靠情感来源。另外，钱德勒等（Chandler et al.，2001）指出，创业团队在形成初期，有相同的志趣比技能更加重要。这是否意味着初期组建的不恰当考虑，使得新生劣势存在。但创业发展要求有面对不同任务要求的与创业阶段匹配的胜任力。两者形成矛盾，是否成为很多创业团队分裂甚至终结的深层原因。

另外，创业团队随着时间发展在不同创业企业阶段的任务特性也会不同。迈耶尔等（Mayer et al.，1995）的信任整合模型使用风险来捕捉情境要求的差异性。不同创业阶段面临的风险不同可能会使得创业团队信任发展的关注要素有所变化。为此，创业团队成员信任更需要基于新创企业阶段演进进行动态调整与管理。而且研究表明，关系会在形式和深度上有所变化（Sheppard et al.，1998）。关系形式是双方关系中互依性的表现。关系深度是双方关系的一种结构特征（Berscheid，1994），表现为浅关系和深关系。不同关系形式和深度的团队成员对于信任的关注点也会有所不同，相应发展起的优势信任类型也会有所差异。

5.5.2 研究展望

第一，创业团队成员信任发展的关键驱动要素及其内在机理研究。创业团队成员的信任发展的内在机制是什么，即创业团队成员的信任是如何发展的，其中的关键驱动因素和破坏因素是什么，目前对此还缺乏较为深入系统的探讨。另外，不同类型的创业团队成员信任发展的关键驱动因素及其内在机制有何差异也还需要进一步开展对比研究。

第二，创业团队成员信任发展的跨文化对比研究。有关中国人人际信任的研究发现，个别人际关系是人际信任的基础。不管是双方共有的既定关系基础，还是两人交往所累积的经验，都能增加信任。但是中国人的人际关系似乎比西方的概念复杂得多（Chang & Holt，1991），其中牵涉到关系基础的层面、人情的层面及忠诚度等层面。这些层面可能带来对信任的影响作用都不是西方研究人际信任时所论及的理性层面及感情层面，或义务层面及能力层面等所能完全涵盖的（杨中芳和彭泗清，1999）。如斯库尔曼（Schoorman，2007）指出，与信任问题最相关的一个文化维度就是任务导向文化对关系导向文化。信任从本质上来说是一种文化现象，因此，创业团队成员信任发展的研究也需要纳入文化因素的考虑，以更全面地理解成员信任发展的内在机理。

第三，基于动态演化视角的创业团队信任维护机制研究。创业背景下，创业团队成员信任发展的模式如何，其动态演化过程还需要检验和深入探讨。库拉和埃普斯腾（Currall & Epstein，2003）在其组织信任的脆弱性研究中指出信任的演进阶段包括信任的构建、信任的维持和信任的破坏。不同阶段的信任治理的重心及有效策略也会有所不同。如有研究发现，初始信任影响后期信任的发展。当创业团队成员不是由陌生关系发展起的，而是有一定先前关系基础时，团队成员间已经有了一定水平的初始信任，而这将使其信任发展机制不同于由陌生关系发展的信任。可见，基于时间演化视角探讨创业团队成员信任可以纳入多种因素的考虑，全面挖掘创业团队成员信任的动态演化机制。

第四，不同类型创业团队的信任发展路径对比研究。如有研究指出，创业团队的异质性在不同阶段的作用是不同的（Vyakarnam et al.，2005；Vanaelst et al.，2006）。钱德勒等（Chandler et al.，2001）指出，创业团队在形成初期，有相同的志趣比技能更加重要。而创业团队为了适应新创企业的发展需要，必须通过内部的适应性调整（Beckman，2007）。加巴拉（Gabarro，1978）指出，随着工作关系的成熟，信任会变得更有区分性，对一个领域的信任会显著区别于对另一个领域的信任水平。拜尔（Baier，1986）指出，"你信任谁"这个问题必须补充相关的其他一些问题，如"你信任他们什么？"迈耶尔等（Mayer et al.，1995）也强调，"你信任他们吗"这个问题更应该修改为"你信任他们会做什么？"。但是已有研究更多的关注的是员工对于同事或领导信任程度的总体评价的原因和结果（Mayer & Davis，1999），结果使得对于差异性信任知觉的理解很有限（Colquitt et al.，2011）。因此，未来有必要关注差异性信任知觉如何发展，其影响因素及其机制有哪些。科尔奎特等（Colquitt et al.，2011）探讨了任务背景的影响作用，实际上除此之外，还可以探讨促进差异性信任知觉的其他影响因素。创业团队的组建基础不同，构成了不同类型的创业团队，如核心主导型创业团队和群体型创业团队，究竟不同类型创业团队信任发展的具体内涵以及背后的关键驱动机制与管理风险如何等，都值得未来进一步实证剖析与检验。

6 基于二元关系视角的创业团队成员互依信任发展研究

6.1 引言

随着社会经济的发展、人才流动的日益频繁以及创业机会的增加，各种不同类型的人员积极投身到创业行列之中。创业活动得以蓬勃发展。许多新创企业是基于团队创建的（Blatt, 2009；Ruef, Aldrich & Carter, 2003），即有两个或两个以上的人参与到公司的创建和管理中（Forbes, Borchert, Zellmer-Bruhn & Sapienza, 2006）。创业团队可以通过多个创业者之间的优势互补，突破单一创业者在资源、能力、专业、技能等方面的局限，为新创企业带来更多的知识、经验、社会资本等企业发展所需资源，从而为创业成功奠定良好的基础。创业团队在很大程度上影响着新创企业的成功与否。创业团队已取代个人英雄创业企业家成为创业研究的焦点之一（李思宏和罗瑾琏，2008）。

正如孔子所说的，"上下同欲者，胜"。创业团队成员面临着创业活动的高风险和高不确定性。在这一背景下，创业团队只有真正做到目标一致，齐心协力才会带来最终的胜利。蒙牛最初创建时的 9 个创始人，一个都没有离开蒙牛。"8 位和老牛相识 20 年左右的朋友，几乎是把自己所有的家当都拿出来，除了相信老牛的眼光，还因为认可牛根生的气度和胸怀"。创业的高风险使其对于信任的需要更为凸显，包括老朋友间基于情感依恋基础上的情感信任，以及对于能力和品质等可信度理性评价基础上的认知信任。高水平创业团队成员间信任是避免团队过程损失，从而提高创业团队和新创企业生长绩效的一个重要基础保障。创业团队的信任将促进创业团队取得成功（Kamm, Shuman & Nurick, 1993），同时推进新创企业更好更快地发展。可以说，建立和发展信任是创业团队成长的基础。创业团队成员间信任有助于提高对创业活动中各种风险决策的承担意愿。基于社会资本理论观，信任作为一种社会资本，不仅信任他人而且被他人信任都将影响他们的社会行为。双方彼此的信任对双方的行为都会有所影响，这种影响不仅对特定双方，而且对整个团队都会有益（Korsgaard et al.，2002）。

尽管创业团队成员信任对于创业成功的重要性得到了普遍的承认。但是，早前的文献较少研究创业发展过程中创业团队成员信任是如何发展的，以及成员信任提升或者下降的原因是什么。我国的市场经济改革促进了创业的兴起与发展。但是许多创业团队"合久必分""能共苦，不能同甘"似乎已成为创业团队无奈的宿命。虽然信任是一种双向现象，但早期信任的影响因素与发展演变研究主要依靠于个体层次的知觉，很少研究探讨信任的双向互依性的影响因素及其发展机制。另外，创业团队可以创造奇迹，但并非总是如此。创业团队的组建初衷是优势互补、发挥合力，促进创业成功。但是，这其中可能会出现团队过程损失，即创业团队活动中存在着不恰当的互动过程导致创业活动未能如预期发展甚至导致创业团队无法有效合作。创业团队的信任水平不是一成不变的，会随着时间的推移而有所变化。创业团队的构成、团队的关系基础（不同类型关系或者关系发展变化）如何影响团队成员初始信任水平？信任作为一种涌现状态，是否以及如何受到团队互动的影响？不同团队发展阶段信任是如何演变，不同演变模式的关键影响因素是什么？这些问题还需深入探讨。本研究试图从创业团队成员信任和主动行动观视角出发，基于双向互依层次分析，探讨创业团队成员互依信任动态演变模式及团队互动在其中的影响机制，这将有助于推动创业团队和信任研究，同时在实践上也有助于帮助创业团队更好地管理团队信任关系和团队互动过程，促进创业团队的顺利发展和新创企业的成功。

6.2 基于二元构念视角探讨创业团队成员信任的价值

许多组织现象，如领导—成员交换、指导关系、人际冲突等，均是体现为二元关系和互动，即具有二元性。这些二元关系现象都是在人际间的二元背景下自然发生和发展的。但是现有对于这些具有二元性内在特征现象的实证研究常常是基于单一视角（行动方或者对象）或者进行简单的聚合（行动者与对象的均值），没有很好地考虑这些现象的二元关系性。这使得这些二元现象的关系核心没有得到更为深入地剖析。

就创业团队成员信任研究而言也同样存在上述问题。基于二元关系层次的研究有助于创业团队更好地实现融合。因为二元关系研究表明，二元关系中成员在他们对于同事通常将会如何表现（如正直）以及如何对特定的对象（如仁慈）方面的知觉的个人兼容性（personal compatibility）非常重要，将具有共享知觉的人组合成为一个团队可以提高行为整合，如促进团队中成员的集体有效互动和信息主动分享等（Yakovleva & Reilly et al.，2010）；而行为整合又有利于降低认知冲突与情感冲突之间的正向关系（Mooney，Holahan & Amason，2007），从而促进团队良好互动并提高团队有效性。

现有关于人际信任发展的研究有三种不同的理论观点（Jones & Shah，2016），分别从信任方、被信任方，以及信任方—被信任方二元体（trustor-trustee dyad）三个角度探讨基于信任知觉的影响因素。最早是罗特（Rotter，1971）的研究，关注的是信任方，指出信任是源于童年经历或者遗传而产生的对于他人的一种普遍性预期。信任知觉成为信任方的一种个体差异特征，对于信任方的所有互动关系均有着普遍的效果，即信任水平差异反映的是信任方的个体差异。之后，研究重点转向了被信任方。如迈耶尔等（Mayer et al.，1995）的研究，指出信任是基于对被信任方能力、仁慈和正直等可信度知觉基础上产生的一种风险承担意愿。第三种研究趋势是关注信任作为信任方—被信任方二元体的一种特征。社会交换理论（social exchange theory）提供了二元信任研究（dyadic trust research）的早期基础，指出信任知觉的发展来源于重复的二元交换（Blau，1964）。最近，二元信任研究得到了扩展，包括了由社会类别身份（social category membership）形成的信任、相互关系以及二元体的关系特征等对信任发展的影响（Brewer，1979；Ferrin，Dirks & Shah，2006；Lawler，Thye & Yoon，2008）。

琼斯等（Jones et al.，2016）将行动中心看作信任基点（loci of trust）。研究者们主要是独立地在每一个基点内探讨信任的决定因素，而没有同时调查所有三个基点的作用，因此每一个基点对于信任知觉的相对影响力还是不明确的，并且每一个基点随着时间发展其影响如何变化也不确定。实证研究提供了大量的证据表明每一个基点的具体影响因素的重要性，但是从多个基点探讨的研究还相对较少（Ferrin et al. , 2006；Yakovleva, Reilly & Werko, 2010），并且这些研究也没有探讨所有基点的综合影响。琼斯等（Jones et al. , 2016）的研究正是对上述问题的一个突破。他们以大学生团队作为研究对象探讨不同基点（如信任方、被信任方、信任方—被信任方二元关系体）对信任发展的影响问题。结果发现，随着时间发展，信任方的影响在下降，而被信任方与二元关系体的影响则会上升。此外，他们的研究发现，最初，信任方是能力、仁慈与正直等可信度知觉的主要决定点，而随着时间发展，被信任方成为能力与正直知觉的主要决定点。不过，随着时间发展，信任方仍然保持着主要决定因素的作用。可见，信任方不仅仅是被信任方特征与行为的被动观察者，而是可以作为主动参与者与被信任方一起发展共同的经历（Jones & George, 1998；Lawler et al. , 2008）。信任发展可以从多个基点予以关注，从而更好地理解信任发展问题。为此，对于创业团队成员信任发展也可以从信任方—被信任方二元构念视角开展相关研究，超越过去仅对信任方或被信任方关注导致的对信任发展机制理解不足的局限。

相互信任的水平与关系的亲密性和稳定性正向相关（Francis & Sandberg, 2000）。在创业团队中，成员彼此的信任水平可能是不对等的，一方信任另一方但却得不到另一方的信任常常发生。而且，彼此信任的具体内涵也可能存在差异。因此，只关注创业团队成员的单向信任是不完整的，其影响效应是有限的。只有创业团队成员彼此之间发展起相互的信任才能更好地促进创业团队的良性互动，进而更好地支持创业企业的可持续发展。

总之，先前的研究常常是仅仅从二元关系的一方去或者是将团队内成员的信任知觉平均来检验信任的作用（Fulmer & Gelfand, 2012；Schoorman, Mayer & Davis, 2007），假定这些合伙人的信任知觉是对称的，并且有着相似的绩效意义（Bammens & Collewaert, 2014）。但是，研究表明，团队或者互动双方的信任知觉未必是对称的。考虑团队内部信任中的个体知觉有着重要价值。在个体对他人的信任、个体被他人信任的感觉以及个体对于关系中共享的信任知觉之间存在着差异（Bammens & Collewaert, 2014）。先前的研究更主要关注的是个体对他人的信任，但是随着研究的推进，信任学者越来越意识到发展一个更好地理解信任相关的其他构念的重要性。在相互易损性为特征的交换关系中，共享的信任知觉有着重要意义的，可能由个体知觉到的被信任以及个体自己的信任相互作用而产生（Peterson & Behfar, 2003; Simons & Peterson, 2000）。在创业团队成员的互依信任中，可能需要同时关注双方的个体信任知觉的发展以及彼此的影响，以更好地理解互依信任，而不应只是强调团队平均信任，或者只是关注其中一个个体的信任。探讨创业团队成员对于共享信任的知觉，可以更全面地捕捉到每一个个体对于双方关系质量的解释。创业团队互依信任的影响可以拓展先前研究将聚合的信任知觉到团队层次来测量团队内信任的方式（Langfred, 2007; Simons & Peterson, 2000），同时关注互动双方分别的个体知觉，反映了一种观念，即在一个关系中的互动双方的信任程度的理解不必然是相等的。

基于二元构念视角探讨创业团队成员信任一方面是对信任研究二元关系视角发展趋势的一个有力响应，另一方面也是促进创业团队成员信任研究深入发展的一个重要尝试。总之，超越个体知觉层次的信任研究，在创业团队中基于双向互依性水平知觉探讨成员互依信任，从发展中的动态关系视角探究成员互依信任的动态发展模式及其影响机制，是对创业团队信任以及组织内人际信任理论研究的有力推进，同时也有助于对管理实践中信任发展的理解与指导。

6.3　APIM 对创业团队成员信任发展研究的适用性

组织管理学者们可以利用行动者—对象互依性模型（actor-partner interdependence model, APIM）来研究组织中的二元关系现象。根据 APIM 理论，行动方的特征和行为将会影响到对方的结果。双方关系中常常出现相互的影响（Kenny, 2006）。双方关系中这种互依性的影响，主要体现为除了行动者效应以外，还要关注对象效应的存在。行动者—对象互依性模型（APIM）正是同时考虑了成对关系中存在行动者效应和对象效应（李育辉和黄飞, 2010）。图 6.1 所示为 APIM 基础模型示意图，a 为行动者效应（action effects），即个体在预测变量上的得分对于自身在结果变量上的得分的影响效应；p 为对象效应（partner effects），即个体在预测变量上的得分对其对象在结果变量上得分的影响效应。APIM 考虑到了双方的互依性，同时估计行动者效应和对象效应能得到更为全面的互依双方变量间关系的理解。

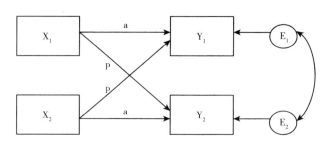

图 6.1　APIM 基础模型

迈耶尔等（Mayer et al.，1995）明确提出了一个组织中二元关系信任的模型，即两个行动方（信任方与被信任方）之间的信任。他们的模型指出，信任是被信任方被知觉到的可信度与信任方的信任倾向两因素共同作用的结果。雅科弗利娃等（Yakovleva et al.，2010）依据此模型提出，信任是一种二元关系现象，双方的信任倾向和对于能力、仁慈以及正直的知觉影响信任水平。

不过，尽管信任是一种二元关系现象，但是已有研究却很少进行二元模型的研究。现有研究对于信任的互惠互依性（reciprocal interdependence）的影响因素以及建立机制并不明确。很少研究将二元关系中的双方作为可区分的成员（distinguishable members）进行关注，并把其作为一个层次进行分析。其中可区分的成员指的是有一个有意义的因素可以用于区别二元关系中的两人（Kenny et al.，2006）。可区分的二元关系受到的关注较多，如上下级之间，不可区分的二元关系（即没有一个有意义的因素将两人区分开）的研究却相对较少，如同事之间、创业团队成员之间。

虽然社会网络分析可以探讨网络中的信任（Ferrin et al.，2006）。但是社会网络分析只能探讨在一个具体网络中的互惠性，而不能具体评价在二元关系中的双向效应，即不能评价一个行动方对于预测变量的分值如何影响他自己和他的同伴的结果（Yakovleva & Reilly et al.，2010）。双向效应模型（model of bidirectional effect）提供了一种方法分析不可区分二元关系中的关系发展（Kenny et al.，2006；Cook & Kenny，2005）。这种不可区分的二元关系，如具有平等地位的同事、团队成员等。

概括而言，双向关系中互依性的存在，以及互依性对于信任发展及其影响效应的重要性使得信任研究需要转换关注点，即同时关注行动者效应和对象效应。创业团队成员关系是处于不断发展中的动态关系，包括经济交换和社会交换关系。尽管创业团队成员信任是一种双向现象，但很少研究探讨双方信任关系中的双向效应以及双向互依性信任的前因和发展机制。早期信任的影响因素与发展演变主要依靠于个体层次知觉的单向研究（Sobel et al. ，2006；Serva & Fuller，2004），具体来说，即行动方是如何影响自己以及对方的结果。信任的不对称性问题成为过去信任研究所忽视的重要问题（Schoorman et al. ，2007；陈闯、叶瑛，2010）。

双向效应模型提供了一种有效途径，分析双方互依性的关系发展（Cook & Kenny，2005）。正如肯尼等（Kenny et al. ，2006）指出的，关注于个体层次分析即只是研究了行动者效应，然而对象效应同时包括在内时，可以有效识别真实的关系现象。团队成员互依信任强调双向效应。双向互依信任水平具有非独立性。因为互依性反映为双向关系中的双方的彼此影响。互依信任强调信任的两个行动方（信任方和被信任方）的特征与行为共同影响彼此间展现的信任水平。已有研究对于双向互依性信任的影响因素以及作用机制仍然是不明确的。在信任发展模式及其影响因素研究中超越个体知觉到双向知觉水平是信任发展影响的一个新的关注点和发展趋势。APIM 作为一种关注双向效应的模型有助于研究者更好地厘清双方互依层次的信任发展关系。二元情境研究常是多层次的，包括较低层次的个体以及较高层次的二元对偶关系。其中低层次的个体是嵌套在二元对偶关系体中的。要检验二元关系模型常常要从二元对偶关系体中的两个成员（个体层次）分别搜集数据。如从个体层次获得人际信任知觉的数据，然后在二元对偶关系层次检验关系的持久性（Krasikova & LeBreton，2012）。可见，APIM 提供了创业团队成员信任研究的一个新的有益尝试，即超越个体层次视角，关注二元对偶关系视角，有助于对创业团队成员信任更深入地理解，但是基于 APIM 的二元对偶信任关系（即互依信任）研究对方法提出了新的挑战。这是信任关系研究学者需要予以关注的一个重要问题。

6.4 基于 APIM 的创业团队成员信任发展

6.4.1 创业团队成员初始互依信任的影响因素

关于初始信任的影响因素的研究，有学者进行了相关的理论分析。根据信任—不信任单维度的观点，对于信任的开始水平，即基点（baseline）

有三种不同的看法：①零信任基础（zero trust）：信任开始时处于零点，之后随着时间逐渐发展（Jones et al.，1998）。②中高度的初始信任（moderate-high initial trust）：信任开始时具有较高的水平（Kramer，1994；McKnight et al.，1998；Meyerson et al.，1996）。③初始不信任（initial distrust）：开始时不存在信任，相反有一定的怀疑或者不信任。导致信任开始水平存在上述不同主要有三种原因：文化或心理因素；对方不可信的名声；背景或情境因素。就文化或者心理因素而言，克雷默（Kramer，1999）认为不信任和怀疑是信任的心理障碍。社会分类过程可能导致初始不信任，如群体内个体常假设群体外的成员是不可信的。就名声而言，格利克等（Glick et al.，2001）指出，在缺乏直接交往经历的情况下，个体常常通过了解对方的名声作为跟其互动之前的准备。经由第三方传递出的不可信的名声可能直接影响该焦点个体在与其他人互动时的初始信任水平。就背景或者情境因素言，斯特金和斯迪科尔（Sitkin & Stickel，1996）指出，管理人员使用监控技术监视雇员会发出一种雇员不可信的信息，引发雇员对于管理者的不信任。随着时间的推移，管理者对员工的监控可能导致了管理者与雇员之间不信任的恶性循环（Cialdini，1996）。

为了更好地理解初始信任，不少学者开展了相关的实证研究。斯佩科特等（Spector et al.，2004）使用来自八个行业的127名专业雇员的调查数据，评定被试的信任态度、被信任者的组织成员资格（内部或者外部）、层级关系（管理者或者同级）和被信任者的性别对一个新项目团队成员初始信任水平的效果。结果发现，信任态度与初始信任水平成正相关。另外，作者还发现了信任方的性别与被信任方性别对初始信任的交互作用。具体来说，男性对一个新的男性团队成员的初始信任水平比对一个新的女性团队成员的初始信任水平高。该研究提供了对初始信任水平的形成机制的进一步理解。利纳汉等（Linnehan et al.，2005）使用实验设计，选取来自美籍非裔高中学生为样本。研究目标是探讨学生对成人指导者的初始信任信念的决定因素。研究结果表明：与初始信任形成的模型一致，结果发现结构保证信念和青少年的信任倾向都是对成年指导者仁慈、诚实、能力和可预测性信念的正向显著预测变量。指导者的挑选程序与信任信念中的任何一个都不相关。学生的种族身份认同被发现调节其中两个信念（能力和可预测性）和指导者与学生的种族相似性之间的关系。与预期相反，与有高种族身份认同的学生相比，低种族身份认同的美籍非裔学生认为白人成年人指导者将是更有能力和更可预测的。

实际上，早期的研究关注于个体层次信任知觉的影响因素。但由于信任具有较高的互依性。同时探讨双向知觉水平知觉的信任，即互依信任，将有助于更为准确的把握特定双方间的信任关系。为此，对创业团队成员信任研究也有必要从双向互依视角进行探讨，即深入分析创业团队成员初始互依信任及其影响因素。初期的信任可以看作是一个从理性选择到社会分类启动（social categorization heuristic）的认知过程模型。就前者即理性选择而言，信任方分析进入、维持或者中断一个关系的成本与收益（Lewicki & Bunker，1995；Rousseau et al.，1998；Shapiro et al.，1992）。这种成本—收益分析不需要是严格理性的，因为知觉偏差和个体愿望会影响信任决策（Weber，Malhotra & Murnighan，2004）。就后者即社会分类启动来说，使用社会分类的认知启动影响信任的初始判断（Levin et al.，2006；Williams，2001）。具体来说，二元影响可能来自共同的特征。社会分类与社会网络表明，积极的归因与信任预期会归于内群体成员（Kramer et al.，1995；McPherson，Smith-Lovin & Cook，2001）。类别区分最初是基于容易观察到的特征，如年龄、性别（Kleinbaum，Stuart & Tushman，2013）。社会类别区分可能瞬间发生，并且社会类别区分影响初始信任水平。有共同类别身份的两人，相比缺乏共同身份的两人，会认为对方更诚实和可信（Kramer et al.，1995）。此外，二元相似性（dyadic similarity）也提供了一个情感的纽带，而这会引起合作、移情、对于对方幸福的相互关心，并产生提供帮助的动机（Reagans & McEvily，2003）。人们对群体的情感接着会影响他们对群体中的个体的情感和知觉（Fiske，1982；Jussim et al.，1995），因而影响着群体成员的初始信任水平以及随后的信任发展过程。

总之，探析双向互依知觉水平成员互依信任影响因素中可能存在的不对称性。双向互依信任的非独立性更需要同时关注行动者效应和对象效应，以确定真实的信任关系水平。采用 APIM 构建双向效应分析模型，探讨互依信任发展的影响因素，同时考虑行动者效应和对象效应将更有助于把握特定双方信任水平的关键影响因素和作用机制。关于创业团队的类型，成员构成的异质性程度对于创业团队成员初始互信任的影响如何，不同类型初始互依信任的影响因素是否存在差异性仍不明确。核心主导型创业团队与群体型创业团队成员构成基础有所不同，其初始信任水平可能有所差异，并且优势初始信任类型可能也有所区别。例如群体型创业团队常基于友谊和共同兴趣而结缘，情感关系相对牢固，初始情感信任有可能相对较高。本研究将从双向知觉水平探讨初始互依信任的影响因素。如创业团队构成对不同类型初始互依信任（认知信任与情感信任）的影响作用，其中引发的社会归类与情感反应可能发挥作用的具体机制如何都值得深入探讨。

社会归类与自我归类是群体成员身份影响信任发展的主要心理机制。社会归类（social categorization）指将自己或者他人归入与其他群体相对的一个社会类别的分类过程，如通过性别、种族或者专业进行分类（Turner，1987）。社会归类过程是通过类别驱动的加工过程（category-driven processing）影响信任发展的，这是一种依靠先前拥有的信念而不是眼前的具体个人的信息进行的一种认知捷径（cognitive shortcut）（Hilton & Von Hippel，1996）。基于类别的驱动过程要求个体特征与相对应的类别的特征的高度知觉匹配或者重叠（Fiske & Taylor，1991）。人们往往将积极的信念和情感与自己所属的群体相联系（Brewer，1979）。然而，与其他群体相联系的信念和情感可能是积极的、消极的或者中立的（Brewer & Brown，1998）。这其中的影响因素有两个：自己的群体成员身份和群体间的相互依存关系。基于类别的情感和信念影响对其他群体具体成员的可信度知觉和情感。相似和不相似的群体成员身份都会影响可信度知觉。基于此，创业团队中创业者身份分类可能影响其将创业团队内划分出不同的子群体，而子群体间的关系又会影响其对于群体成员的信任。在没有前期交往历史的时候，基于社会类别区别的社会归类与自我归类及随之引发的情感反应对于创业团队成员的初始信任有着重要影响。由于群体型创业团队往往是由有着较熟悉关系的人构成的，而核心主导型创业团队则往往是由较少前期交往历史的人构成，为此社会类别区分导致的初始信任发展影响在核心创业团队中可能更为突出。当然未来还需要进一步实证检验上述所分析的创业团队成员初始信任的影响因素，包括社会类别区分、情感驱动的影响以及不同类型创业团队可能存在的差异，以更深入地理解创业团队成员初始信任的形成与发展问题。

6.4.2 创业团队成员互依信任的动态演化模式及初始互依信任的影响

团队研究领域一个困难但是重要的领域就是团队的时间因素（Mohammed et al., 2010)。马蒂厄等（Mathieu et al., 2008）指出，团队研究要包含复杂性，合并真实的纵向研究设计。因此，将时间因素纳入创业团队信任发展之中是需要进一步探讨的关键方面。面对创业合作关系的不确定性、脆弱性和高风险性等因素，创业背景下的信任是一个更加动态的概念。对于互依信任的研究，从静态观向动态观的转变，有助于更好地把握互依信任的动态发展特点。

创业团队处于高度不确定性之中，同时面临着高风险，信任的价值更为重要，而且认知信任和情感信任的重要性随着发展阶段的变化可能会有所变动。对于不同类型的创业团队（核心主导型创业团队与群体型创业团队）人员构成基础不同，初始认知信任和情感信任可能会有所差异。如创业团队发展的初期阶段，基于相互交往的历史，对于彼此需要的和兴趣的关注。随着新创企业的发展，在探索期中，创业团队对于经济利益的关注提升，理性评价显得更为重要。在新创企业的成长期，创业团队更需要设法站稳和拓展市场，经济利益的关注将可能更为突出，并且将更多地关注企业的发展，而不仅仅限于创业团队成员关系本身。正是由于这种关注点的动态性，创业团队成员互依信任的阶段发展模式也将呈现出特有的动态性。另外，成功创业团队发展模式与创业失败团队信任发展模式上是否存在差异需要对比。正是基于此，本研究将探讨创业团队中成员互依信任的动态演化模式，检验不同类型互依信任在创业发展的不同阶段重要性程度的动态发展变化，包括创业团队成员互依认知信任和互依情感信任在团队发展多阶段中可能存在的差异性发展模式，以及不同水平的成员初始互依认知信任和互依情感信任在其中的影响作用。

团队工作具有互依性互动的循环的特征。这些目标导向活动的时间循环可以划分成不同的阶段。有研究表明，新创企业发展的不同阶段面对着不同的关键任务，从而导致创业团队需要动态调整其战略定位以应对新创企业新阶段的任务需要。可以说，在创业不同阶段，关注的重心会有所变化，可能导致不同类型的信任发展阶段模式上出现差异。

可信度的三个维度，即能力、仁慈和正直对于信任的影响作用可能会因关系阶段（Mayer et al., 1995）、背景（Serva & Fuller, 2004）、工作的类型（Colquitt et al., 2007）的不同而不同。是否不同类型创业团队的背景不同，所以可信度的作用有差异？如群体型创业团队（基于关系），而核心型创业团队则更多基于任务。基于此，反映可信度内涵的外显团队成员互动行为的重要性也随着情境的变化而变化。如反映能力的互动行为的重要性可能因团队类型和团队发展阶段的不同而有所变化，从而影响创业团队成员互依信任的动态演化趋势。

二元构念反映的是两个个体间的关系、互动和交换。早期的社会交换研究提供了二元体影响（dyadic influencec）的基础，说明了相互义务在二元信任演化中的作用（Blau，1964；Whitener et al.，1998）。关注信任方—被信任方关系质量的研究进一步拓展了相关工作，表明了这些交换的循环和互惠作用（Ferrin，Bligh & Kohles，2008；Serva，Fuller & Mayer，2005）。二元关系会随着时间发展而发展，并由此创造双方共有的经历（积极的或消极的），引发二元体中的各方发展相似的知觉、共享的情感以及一致的归因等等作为双方知觉的重要刺激（Lawler et al.，2008），从而可能影响二元关系的互依信任发展。有研究表明，自愿的合作行为，如针对信任方的组织公民行为会引发信任方同样的回报，从而导致了二元关系体信任的演化循环（Ferrin et al.，2008，2006）。

另外，初始互动信任潜在的影响也不容忽视。如研究者指出，被信任方展现的同样行为，由于被信任方被看作是内群体成员或者外群体成员的不同，而可能得到不同的评价（Hewstone，1990）。据此，可信行为的影响效应研究可能在未来需要关注信任方与被信任方的二元关系特征，如基于二元观视角的信任方—被信任方的社会类别身份相似性可能起着调节作用。当然这还需要进一步的实证检验。琼斯（Jones，1990）早就强调，个体常常有对于对方的预期（preexisting expectations），这些预期常常来源于与对方先前的互动。费林等（Ferrin et al.，2003）认为，这些预期可以弥补信息缺陷，导致在归因过程中的理论驱动（theory-driven）的筛选、处理和解释信息。这些预期常被认作一种图式，影响个体后期的认知与情感体验。图式理论的一个主要预测就是一旦将一个人与某种图式相联系，这个图式将可能影响对于这个人的信息处理过程，以至于与图式一致的信息更可能被知觉、保留和回忆。这些强化效果会一致持续，只要没有大的信息与图式的不一致出现就不会发生变化。为此，高初始信任条件下个体可能使用对方可信的图式，这个图式影响他们接下来的信息处理过程。罗宾森（Robinson，1996）实证研究就发现，对于雇主的初始信任调节心理契约违背与随后对雇主的信任之间的关系。因为保持认知一致性的倾向，初始信任引导个体选择性知觉和解释信息。

概括而言，通过纳入时间因素，探析创业团队成员互依信任的动态发展模式，结合初始互依信任和团队背景因素（如团队构成特点），关注于互依信任动态发展模式的驱动因素，促进动态视角下的创业团队成员互依信任发展机制的深入理解。德克斯和费琳（Dirks & Ferrin, 2001）指出，信任可能调节行动方行为与个体心理反应之间的关系。本顿等（Benton et al., 1969）发现，信任影响对方的欺骗与焦点个体怀疑对方的话之间的关系。具体来说，在受到一定程度的欺骗之后，高信任的个体往往对于对方的真实性怀疑较少；而在同样的欺骗程度下，低信任的个体往往更明显地怀疑对方的真实性。由此可见，团队互依性互动中，互动行为将影响互依信任的动态演变趋势。而初始信任水平将对这一动态演变趋势产生重要影响，表现为良好的初始信任将导致关系认知与评价的积极定位，导致高初始信任条件下，创业团队成员互依信任更多的是良性的发展趋势，而低初始信任条件下，怀疑倾向可能导致创业团队成员互依信任发展缓慢，甚至可能因不良互动导致关系恶化，信任水平大幅下降。为此，创业团队成员互依信任需要关注其动态发展特性，并且初始互依信任水平在其中可能发挥的重要影响提示了我们要关注信任关系发展中的前期定势影响，以更好地应对创业团队互依信任关系管理实践的需要。

6.4.3 初始团队互动对团队成员互依信任动态演变的影响机制

团队互动过程不同于团队涌现状态。团队涌现状态是团队认知、动机和情感状态，可以看作是团队输入或结果。团队成员信任作为一种涌现状态，可能是团队互动的直接影响结果。创业团队形成初期，成员间的初始互动发生的首因效应，可能形成刻板印象，影响未来互动过程中的信任知觉，即所谓的自我实现的预言。另外，不同的信任影响因素对于信任发展效用的大小可能受到一些因素的调节影响，如关系发展阶段（初始期或稳定期）、背景（创业初期或中期）等。优秀的创业者要主动地发展交换关系以创建坚实的创业团队，克服新创企业的新生脆弱性。创业团队成员如何通过团队互动为成员互依信任奠定良好的基础值得探讨。本研究将探讨初始团队互动行为对于团队成员互依信任动态发展趋势中的影响效应以及其中可能存在的创业团队背景影响因素。

互动双方常常发生相互影响，即存在互依性。研究表明相互影响不仅出现在恋爱关系中，也会出现在如友谊和工作关系这样的二元关系中。这种互依性表现为两种效应，即行动者效应（actor effects）和对象效应（partner effects）。APIM（actor-partner interdependence model），即行动者—对象互依性模型，可以同时考虑到上述两种效应的作用（李育辉和黄飞，2010）。APIM 在社会科学中的使用日益增加。APIM 可以更好地体现出互动双方的互依性，同时估计行动者效应和对象效应可以更全面地理解互依双方的关系。肯尼等（Kenny et al.，2006）强调，处于二元关系（dyadic relationship）中的人，甚至是短暂的二元互动，常常会影响彼此的思想、情感以及行为。因此。创业团队背景下团队内成员与成员之间的关系也可能存在相互影响。基于 APIM 探讨创业团队成员二元关系间的行为与信任的关系可以更好地理解成员互依信任的发展。

被信任方的行为会影响可信度的知觉（Butler，1995；Dirks & Ferrin，2002；McAllister，1995）。不同的行为可能重点影响不同维度的可信度，包括仁慈、能力和正直可信度。其中特别需要关注的是可信度知觉本身也存在一定的差异。如仁慈知觉不同于能力与正值知觉主要是由于仁慈知觉有着基于情感联系之上的更强的情感基础（Colquitt et al.，2011；McAllister，1995）。正直知觉与能力知觉则有着更强的认知基础（Jones & Shah，2016）。虽然有研究表明，能力与认知信任联系更紧密，而正直和仁慈知觉则与情感信任联系更紧。但是在二元关系模型中可信度与不同类型信任之间的关系如何还不明确，仍然需要未来进一步进行实证研究检验。

基于主动信任发展视角，团队成员在互动过程中可以首先发动可信行为促进信任的主动启动与发展。个体的可信行为可以激发互动方的信任回报（Serva et al.，2005）。因为可信行为的呈现会让接受方感受到了其承担风险的积极意图，从而也愿意承担风险，给予信任。肯尼等（Kenny et al.，2006）指出，互动过程中个体的行为和特征将会影响到互动方的结果。有关信任理论（Rempel，Holmes & Zanna）也认可一种观念，即一方的特征和行为能够影响另一方的结果。基于 APIM 的创业团队成员正直行为与信任关系的探讨，就同时考虑了团队成员互动过程中二元关系方的行为在信任发展中的行动者效应和对象效应。如成员的正直行为可以提高互动方的信任水平（对象效应），同时也可以提高自己的信任水平（行动者效应）（见图 6.2）。可见，在创业团队互动过程中，构成团队成员信任重要基础的二元关系信任水平可以通过可信行为（如正直行为）的主动展现，一方面激发他人的信任回报，另一方面也可以增强自己的信任。

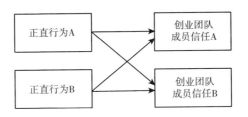

图 6.2 创业团队成员正直行为与成员信任的 APIM 分析

多伊奇（Deutsch，1958）认为，当意识到被信任后，被信任方对于信任方会产生一种义务感，从而产生了一种回报信任的义务。赛尔瓦等（Serva et al.，2005）提出信任回报。李爱梅和谭清方等（2012）研究也指出，下属感受到领导的信任就会回报领导的信任。基于回报观，在创业团队中某一成员对于对方的可信度知觉越高，一方面会形成对对方的更高水平的信任（行动方效应），同时也可能影响对方对于自己的信任（对象效应）。雅克弗利娃等（Yakovleva et al.，2010）提出了一个信任回报的机制，即可信度知觉对于信任的双向效应，具体来说，每一个行动方的可信度影响他自己的信任也影响其同伴的信任。也就是说，一个行动方知觉到了另一方的知觉会影响他的信任。他们以新产品开发团队为研究对象，研究了成对同事（二元关系）之间信任的发展，使用 APIM 模型，发现了二元关系中信任倾向与信任之间存在的互惠效应（reciprocal effect），而且信任倾向对于虚拟二元关系中的信任相比同一地点的二元关系信任有着更大的影响。另外，他们研究发现可信度完全中介了信任倾向对于信任的影响。他们的研究结果发现，可信度三个维度都显现出了行动者效应，而只有仁慈和正直两个可信度维度显示了对象效应。可见，在二元关系中行动方和对象的仁慈和正直知觉水平显著影响信任。仁慈和正直似乎比能力更是基于关系基础，这可能可以解释为什么可以观察到这两个维度的互惠效应。对比起来，能力是更多的基于客观的特征，因此较不可能有互惠效应。由此看来，基于 APIM 的二元信任关系探讨，可能需要区别对比有助于行动者效应和对象效应的关键驱动因素，比较团队互动中可能产生二元互依性效应与单独效应的可能因素差异，以更好地理解创业团队成员信任的发展机制。

概括而言，现有信任关系研究较少探讨互惠性。基于主动行动观，可信行为对于信任的提高包括了行动者效应和对象效应，有助于提高双方的信任水平，有效地促进了二元关系信任的高平均水平和低离散水平，奠定了良好的团队成员互依信任的基础。本研究希望在雅克弗利娃等（Yakovleva et al.，2010）开拓性的研究基础上，在创业团队信任发展研究中检验反映可信度三维度的初始创业团队互动中的可信行为的双向效应，同时进一步地区分不同类型的信任进行差异性检验。创业团队成员在互动过程中，虽然信任可能引发信任的回报，但是，一方是否会回报另一方的信任也是不确定的，其可能回报，也可能不回报，这种回报不一定是对等的。未来研究有必要进一步探讨导致回报与否的关键内在机制。另外，研究发现，不同维度的可信度的重要性会因为层级位置的不同而有所差异，如正直和仁慈对于对上级的信任更为重要，而能力与正直则对于对下属的信任更为重要，另外，仁慈对于对同事的信任则最为重要（Knoll & Gill，2008）。能力似乎对于同事信任更为重要，但是正直对于对较高权力的人的信任更为重要（Colquitt et al.，2007）。是否不同的创业团队成员的地位知觉是不一样的？如群体型创业团队更倾向于平等的关系，而核心型创业团队则体现出地位上的差异。究竟不同类型的创业团队成员可信度与信任的关系可能会有所不同？反映不同可信度的初始团队互动对于团队成员互依信任动态演变的影响机制如何？等等问题都是未来可以进一步实证探讨的有趣主题。对这些问题的探究将有助于推进创业团队信任理论研究的深入发展，同时更有针对性的指导创业团队信任关系治理实践。

6.4.4 团队互动发展趋势对于创业团队成员互依信任发展的长期影响

当需要合作达成共同目标时就产生了互依性。互依性强调了建立和维持社交行为的重要性。行动者可以在相互信任发展过程中承担主动性的角色，而不仅仅将信任发展看成是一种相对被动的结果。这种主动行动观也体现了创业研究中的主流观点，即创业者在新创企业形成发展的过程中要努力实践战略性选择。本研究将关注点放在创业团队信任这一关系资本中，强调创业团队成员互依信任这一关系基础是成功创业的重要基础保障，实现"同欲者，胜"的目标。另外，有关信任发展演变的研究表明，信任的发展，特别是后期关系中的信任是相对稳定的，不会受到单次成员互动行为的影响，而可能出现多次互动行为对于信任发展的累积效应。本研究分析创业团队成员互动发展趋势对于后期团队成员互依信任水平的长期影响作用。

随着互动双方关系的发展，信任的基础转向了信息处理模型（information processing model），即依据被焦点个体观察到的被信任方的行为以及焦点信任方的评价进行信任决策（Levin et al.，2006；Lewicki & Bunker，1995；Shapiro et al.，1992）。在成熟的互动关系中，信任基于在反复互动、相互理解以及共同价值内化之上的对被信任方的积极预期（Levin et al.，2006；Lewicki & Bunker，1995；Rousseau et al.，1998；Shapiro et al.，1992）。在这个阶段，形成了更深的、无条件的信任，这种信任与积极的情感相联系，而且随着时间发展会很稳定，而且是跨情境的，即在不同情境下均表现出较高的信任水平，出现了信任的泛情境表现现象（Jones & George，1998；Williams，2001）。

信任方、被信任方和信任方—被信任方二元关系体在关系发展的不同基点可能有不同的影响力，并且这三个不同基点随着时间演化对于信任发展的影响轨迹可能会有所不同（Jones et al.，2016）。随着双方交往时间的发展，信任方会梳理分析被信任方的信息以试图揭开被信任方的真实可信度，并期望在此基础上做出相当准确的信任决策。在团队成员的互动过程中，合作的行为表明了被信任方的可信度，而竞争的、自利的行为则被认为是缺乏可信度的，即该成员是不可信的（Butler，1995）。不过，这种行为—可信度—信任的关系并非单次的，随着时间发展，这种行为—可信度—信任的关系可能是一个循环累积的过程，即多次反复的团队成员互动影响可信度知觉并进一步影响信任发展。

概而言之，创业团队互动趋势对于团队成员互依信任可能产生长期影响。与归因理论一致，被信任方的行为如果是自愿的并在不同时间和地点都是一致的，则更可能被看作是可信度的反映（Korsgaard et al.，2002）。此外，需要特别强调的是，关系价值的外生变动是影响信任变化的一个重要边界条件（Vanneste et al.，2014）。新创企业不同发展阶段对于创业者能力的要求会有所变动，这导致了创业团队成员互动过程中不同维度互动在信任判断中所起的作用力会相应变化，导致了不同维度团队互动在新创企业不同发展阶段对创业团队成员信任的影响作用有所不同。未来可以基于团队互动视角，分析双向互依信任主动发展的提升与阻碍因素，实证检验和对比可能存在的首因定位效应和长期累积效应的相对影响作用，并据此提出针对性的创业团队成员互依信任的管理对策。

6.5 创业团队成员互依信任发展的综合作用模型构建

已有研究强调的是单向视角的信任发展，但实践和理论研究均发现信任是一种二元关系现象，信任发展存在着不对称性，即信任方—被信任方二元关系体间的信任可能是不一致的。在创业团队背景下，团队成员间的信任也同样可能存在不对称。在这一背景下，以平均水平衡量创业团队成员信任是不充分的。为此基于二元关系体视角探讨创业团队成员信任，即互依信任，有着重要的现实价值与理论意义。创业团队成员互依信任的发展可能受到多种因素的综合影响。对于多因素的综合把握有助于更全面地理解创业团队成员互依信任的背后驱动力，同时更好地指导创业实践过程中对于创业团队成员信任关系的治理与维护。在此，本研究构建了如图6.3所示的创业团队成员互依信任发展的综合作用模型。

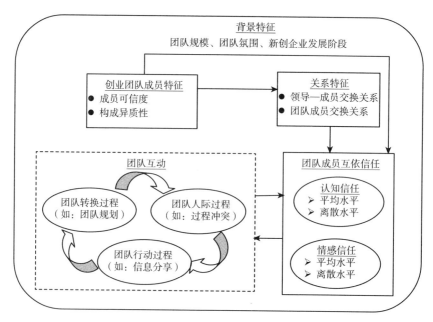

图6.3 创业团队成员互依信任发展的综合作用模型

首先，创业团队成员特征是影响团队信任的重要因素。如团队成员的可信度，包括能力、仁慈和正直等，可能影响团队成员信任的发展（Mayer et al.，1995；宋源，2014）。团队构成特征，如成员的职能背景、教育程度等的异质性程度可能影响信任关系，因为异质性可能提高团队成员的自我防卫程度，从而降低信任水平。可以说个体成员特征主要是从可信度知觉角度影响创业团队成员互依信任发展，而成员构成特征表现出的构成异质性可能导致自动的社会归类，使得高异质性的团队表现出更多的子群体划分，从而阻碍整体团队信任水平。

其次，创业团队成员的关系特征也是影响团队成员互依信任的一个近端变量。其中基于垂直角度的领导—成员交换关系以及基于水平角度的团队成员交换关系质量高度都可能影响成员互依信任，包括团队成员平均水平的信任以及离散水平信任。如当创业团队成员交换关系过于不均衡，即团队成员交换关系差异化程度较高时，团队成员互依信任的离散水平会比较高，表现为创业团队内不同二元关系间的信任水平差异较大。而当团队领导—成员交换关系差异化程度较大时，团队成员互依信任也可能因领导的差异化对待而引发不公平感，从而阻碍团队成员信任的发展。

再次，团队互动对于团队信任关系起着直接而重要的影响。信任的发展是基于关系双方的互动基础，信任会因团队成员互动的增加而得以发展（Gardner et al.，2012）。基于嵌入观，密切的互动有助于信任的提升（Stam et al.，2014）。创业团队成员创业初始阶段的互动可能起着重要的首因效应，在很大程度上影响了后期团队的信任感发展。因此，创业团队成员互依信任需要关注成员在创业过程中的良性互动管理，以为后期信任发展奠定良好的基础。团队互动一个综合的概念，包括了成员协同努力，共同合作以将团队资源转化为有价值的团队结果过程中的所有活动（LePine et al.，2008）。马克斯等（Marks et al.，2001）将团队互动细分为三个过程，即转换过程（transition processes）、人际过程（interpersonal processes）和行动过程（action processes）。其中，转换过程如团队规划，人际过程如冲突管理、情感管理、激励等，行动过程中协调、监控等。因此，团队互动作为一个多维度的构念，其彼此之间可能相互影响并影响后期的成员互依信任水平发展。

另外，团队的规模和团队氛围等也可能是影响团队成员信任发展的一个重要团队背景特征（姚振华和孙海法，2010）。而且，创业团队所处的企业发展阶段也可能是一个必须关注的重要背景因素。因此，创业团队成员互依信任发展需要重视背景因素的边界影响效应。创业团队的不同团队规模、不同的团队氛围以及新创企业所处的发展阶段的不同都可能对创业团队成员特征、关系特征以及团队互动与团队成员互信信任关系产生调节影响作用。

最后，基于 IMO（inputs-mediators-outcomes）模型，克洛兹等（Klotz et al.，2014）认为，团队行为互动与团队成员互依认知信任或情感信任等涌现特征可能会相互影响。作为团队一种重要涌现特征的团队成员认知信任与情感信任（Marks et al.，2001），可能不仅会随着团队互动而发展，反过来也会对后续的团队互动产生积极影响作用。可以说，创业团队互动与团队成员互依信任之间是一种互为因果的关系。良性的团队互动促进成员互依信任的良好发展，而良好的成员互依信任也可能促进团队良性互动，导致成员互动与信任关系的良好循环发展。基于二元关系视角，团队中二元互动的双方彼此的信任对于双方的行为都有所影响（Korsgaard et al.，2002）。这种二元关系互动效应不仅限于二元关系本身，而且可以对整个团队产生积极的影响。二元关系视角下的创业团队成员互依信任影响效应主要探讨的是两个成员互动过程中个体的信任特征对于自己和互动方的行为的影响。基于互惠观，个体会对觉察到的友善回报以友善（万迪昉等，2009）。社会资本理论也指出，作为一种重要的社会资本，信任他人和被他人信任均会影响其行为表现（Korsgaard et al.，2002）。如基于 APIM 视角检验创业团队成员信任与信息分享行为的关系，同时分析了成员信任对于信息分享行为影响的行动者效应和对象效应。如图 6.4 所示，创业团队成员的信任会促进其更多的信息分享行为，同时也会激发互动对象信息分享行为的回报。

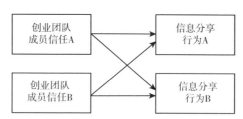

图 6.4　创业团队成员信任与信息分享行为的 APIM 分析

概括而言，创业团队在创业过程中发挥着重要作用，是创业企业的"心脏"（Harper，2008；Klotz et al.，2014）。为此，克鲁兹等（Cruz et al.，2013）就明确指出，有关创业动力机制的研究需要以创业团队作为基本单元。由于创业团队可能是一把双刃剑，一方面可以为创业带来更多的资源，另一方面团队内部内耗过多可能直接导致创业失败（石书德等，2011）。如何避免团队内耗，提高创业团队合作效率，促进创业成功，成为创业理论研究与实践的一个重要关注点。其中，创业团队成员信任关系管理又是一个不可忽视的关键问题（邓靖松和刘小平，2010；Klozt et al.，2014）。本研究综合梳理了前人的研究发现，构建了如图6.3所示的创业团队成员互依信任发展的综合作用模型。具体来说，创业团队成员互依信任包括了成员间信任的平均水平（反映了成员信任的整体程度）以及离散水平（反映了成员信任的不对称程度）。影响创业团队成员互依信任的关键因素包括成员个体、二元关系和团队三个层面。其中，创业团队成员特征，如成员可信度以及团队成员构成异质性，既会通过影响团队内两两间的二元关系特征再进而影响团队成员互依信任，又会直接影响团队成员互依信任。团队内的二元关系特征，包括垂直层面的领导—成员交换关系和横向层面的团队成员交换关系，对于团队互依认知信任和情感信任的平均水平和离散水平都有着不可忽视的重要影响。而团队互动包括了三环节的内部传递，即团队转换过程（如团队规划）、团队人际过程（如过程冲突）和团队行动过程（如信息分享）。三环节的团队互动一方面内部相互影响，如转换过程可能影响人际过程与行动过程。另一方面，团队互动的这一内部传递可能会延展至对团队信任这一涌现特征的影响。团队互动整体状况影响团队成员互依认知信任和情感信任的平均水平，而其中两两二元关系间互动的不对称性也可能导致团队成员互依认知信任和情感信任离散水平的提高。不过值得强调的是，团队互动与团队成员互依信任之间的关系可能是双向的，即创业团队初期互动会影响后期的团队成员互依信任发展，而团队成员初始互依信任水平的不同也可能导致团队后期互动的不同。为此，创业团队关系治理需要综合考虑团队互动与团队成员互依信任这一双向关系的良性协同效应。总之，该模型可以指导创业团队在创业过程中对成员互依信任关系进行更为有效的治理，从而发展起良好的信任关系基础支持创业发展。同时，该模型也可以为下一步的创业团队信任发展的内部机制研究提供参考与借鉴。

6.6 本章小结

6.6.1 结语

有研究发现，基于社会交换观可以解释同事信任是如何影响绩效的，指出信任影响绩效是因为个体更可能和他所信任的同事分享资源，也更可能接受到来于于他信任的同事更多的资源，即信任水平可以提高对于有价值资源社会交换的水平（Dirks & Skarlicki, 2009）。布劳（Blau, 1964）指出，双方间有效的社会交换关系不仅要求非常高水平的交换而且也要求高水平的交换互惠（reciprocity）。对此，德·琼等（De Jong et al., 2012）指出，照此推论，在团队的有效交换关系不仅要求高水平的信任（平均）也要求团队成员之间信任的高对称性（低不对称性）。团队信任不对称影响团队成员之间社会交换的质量。信任不对称阻碍社会交换中的互惠（reciprocity）。因为低信任水平的团队成员虽然接受到了来自其他成员的资源但却不愿意与成员分享资源以让自己处于风险中。他们指出，对称使得团队成员间对资源的社会交换处于一种更平衡的模式，相互分享和接受资源。而信任不对称则导致不平衡的交换结构，阻碍了资源的互换。

已有研究较少关注互依信任，因此，基于APIM视角的创业团队成员信任与互动行为的关系的这一研究作为一种探索性的研究，可以为未来的进一步二元关系信任的发展研究提供一个新的视角。本研究基于二元关系视角的创业团队成员信任与互动行为的APIM分析揭示，创业团队成员信任的影响既包括了行动者效应（促进自己积极的团队互动行为），同时也具有对象效应（互动方的积极互动行为）。由此，创业团队成员信任是后期积极的创业团队互动的极大诱因。可见，创业团队需要关注初始阶段团队成员信任水平的提升，为后期团队互动奠定良好基础，期以更好地发挥团队的协同效应，实现创业成功。

行动者—对象互依性模型（APIM）可以同时估计成对关系中存在的行动者效应和对象效应，其中，行动者效应指个体的预测变量得分对结果变量的得分，而对象效应则是个体在预测变量上的得分会影响其对象在结果变量上的得分（李育辉和黄飞，2010）。双向影响并非总是对称的。成对数据具有互依性的特征，同时考虑行动者效应和对象效应在内的成对关系将会更深入地把握所研究的问题，特别是对于真实的关系发展问题

（Kenny et al.，2006；Yakovleva & Reilly et al.，2010）。对象效应意味着一个人的反应依赖于他自己和对象的某些特征（Kenny et al.，2006）。

创业团队面对着高度复杂性、不确定性和高风险的环境和任务，成员间的信任作为一种关系资本，是创业团队和新创企业生存和发展的基础保障。互依信任超越个体层次知觉，从双向互依层次分析，同时包括行动者效应和对象效应，可以更为全面地理解和把握互依双方真实的信任关系水平。团队互动可能直接影响创业团队成员信任。基于团队互动视角分析团队成员互依信任更为符合创业研究中主动行动观这一主流观点。因而研究基于双向效应的创业团队成员互依信任的动态演化模式及其发展机制有助于深入理解创业团队成员信任发展机理，可以为创业团队内部信任关系资本管理和发展提供理论指导。

总之，创业团队面对的环境和任务具有很大程度的不确定性和复杂性，在摸索中前进，在创业过程中，团队成员经常会在企业发展方向、管理理念、管理模式等方面出现冲突或者分歧。创业过程可能会出现种种问题，包括有效沟通在内的团队互动对于创业团队的稳定至关重要。创业团队之间的信息共享也是非常重要的。通过有效的沟通和信息共享，才能在企业发展战略、目标等方面达成共识，齐心协力共同发展。团队信任是实现这一团队过程的重要基础。创业团队成员的任务可能是并行的，需要相互沟通，共同确定企业最优发展战略，而有效沟通和信息共享的一个重要基础是信任。团队互动与信任发展之间的关系如何还没有完整的实证检验。本研究试图克服已有研究中的不足，在现在理论基础上，基于双向互依层次和主动信任发展视角，纳入时间因素，探讨创业团队成员互依信任发展的动态演化模式及其发展机理。在探讨二元关系中，创业团队成员信任受到他自己的可信度知觉的影响（行动者效应）并且同时也受到他的同伴的可信度知觉的影响（对象效应），以及创业团队类型可能在其中的影响，如群体型创业团队和核心型创业团队。

此外，细分不同类型信任，包括创业团队成员互依认知信任和互依情感信任，有利于更细致地理解和把握创业团队成员信任动态发展及其差异性驱动因素。创业团队面临着高风险和高变动性的创业任务，团队成员间具有更高的互依性，因此，信任的价值更为凸显，包括基于关系和情感依恋基础上发展起来的互依情感信任，以及基于能力、品质认同和理性评价基础之上的互依认知信任。由于不同类型的信任对于创业团队效应具有差异性效应。因此区分不同类型创业团队互依信任及其驱动因素研究，有助于更好地利用和指导创业团队成员发展起针对性的信任类型。

6.6.2 研究展望

虽然国内外相关的研究成果为创业团队成员互依信任研究奠定了坚实的理论基础，但是有关创业团队双向互依层次的信任发展模式及其主动发展机制还有许多问题值得深入地研究。

第一，创业团队成员互依信任的关键影响要素研究。未来研究可以基于双向互依知觉水平，明确创业团队成员初始互依信任关系的影响因素。双向互依层次信任是提高创业团队成员间合作的重要基础，然而这种共享信任知觉是如何形成仍然是一个没有明确结论的问题。如有学者认为，建立优势互补的创业团队是保持稳定的关键，但是管理团队异质性是一个复杂的任务，团队成员的异质性构成是否会影响信任发展，仍然没有定论。互依双方的双向效应，如某一方的特征（行为）同时会影响自己和对方的反应（结果）。未来研究的目标之一就是探讨这种双向效应，超越个体层次独立的视角，考虑双方信任的互依性、非独立性，即同时包括互动行为对于互依信任发展的行动者效应和对象效应。

第二，创业团队成员互依信任的动态演化机制研究。如未来可以采用纵向追踪设计，探讨创业团队成员互依信任的动态演化模式，以及初始的互依信任水平对这一演化模式的可能影响作用。创业团队"合久必分"的普遍现象提示了我们应该关注创业团队信任关系动态性特征。通过基于时间维度的创业团队成员互依信任动态演化机制研究可以更深入地把握不同创业团队成员互依信任不同发展趋势的内在机理，有助于指导创业团队成员互依信任的动态管理，为创业团队以及新创企业的顺利发展提供有意义的指导。

第三，基于行为视角的创业团队成员互依信任主动发展机制。关注创业团队成员行为及成员间的互动对于互依信任发展的驱动机制，有利于引导创业团队成员更主动地投入到成员互依信任的主动发展努力之中。如通过研究明确初始团队互动对于团队成员互依信任演变的影响作用及其中可能存在的创业团队背景影响因素，指导初创期创业团队的成员信任管理。通过探讨团队互动行为对于创业团队成员互依信任发展的可能累积效应，提供创业团队成员互依信任的长期管理指导，提供可以用以主动发展和提升创业团队信任关系资本的针对性管理建议。正直行为是一种重要的个体可信行为。正直对于信任的影响可能会受到关系阶段（Mayer et al.，1995）、背景（基于任务或者基于关系）（Serva & Fuller，2004）、工作类型（Colquitt et al.，2007）的调节影响。创业企业发展的不同阶段可能面临的关键任务会有所不同。这种任务类型的改变可能会影响正直行为与信任的关系。除了正直行为这种可信行为之外，其他可信行为也可能对信任的发展产生影响作用，如指导行为、忠诚行为等。并且这些可信行为维度又如何促进创业团队互动等都值得进一步探究。如卡尔多纳和伊罗拉（Cardona & Elola，2003）研究了管理者可信行为以及互惠效应。徐二明（2006）研究了管理者可信行为与知识分享。创业团队背景下可信行为与互依信任的关系如何，团队互动在其中可能的影响效应等都将是未来研究的一个有意义主题，促进创业团队信任理论研究的同时，将更有针对性地指导创业团队信任治理实践。

第四，创业团队成员不对称性信任研究。过去的信任研究主要基于个体知觉的单方向（Sobel et al.，2006），忽视了可能存在的信任不对称问题（Schoorman et al.，2007）。已有的团队中信任的研究更多探讨的是信任的平均水平。但是考虑团队内信任的离散水平也是十分重要的。德·琼和德科斯（De Jong & Dirks，2012）引入信任不对称（trust asymmetry）这一概念来反映关键的信任的离散特征。并且，他们认为，这一信任离散特征调节平均信任与团队绩效之间的关系。因此，关注团队成员信任的离散性是非常必要的。实际上，团队成员在彼此信任程度上是存在差异的。创业团队成员信任不对称性反映了成员信任水平的离散程度。团队层面的互依信任也可以体现为多个成员的共享信任知觉。概括而言，基于团队层面的创业团队成员互依信任强调双向性，包括了团队内信任的平均水平（共享信任知觉）和离散程度（不对称性）。对于创业团队成员信任的共享知觉与不对称性的同时考虑，有助于更全面地把握创业团队成员互依信任水平。许多研究表明，团队成员对彼此的信任程度是存在差异的（Gillespie，2005；Bergman et al.，2010）。创业团队同样如此，成员间的信任并非总是对称的。实际上，这种差异还可能相当大。而导致这种差异的原因也是多样的，如创业团队成员在信任倾向上的多样性、可信行为表现上的差异（Yakovleva et al.，2010）、子群体成员身份（Polzer et al.，2006），以及任务互依性上的不对称（De Jong et al.，2007）等。研究表明，子群体成员身份差异会形成高创业团队断裂带，从而使得创业团队成员信任离散水平更高。鉴于创业团队成员信任的离散水平和平均水平对于团队有效性均可能存在的重要影响。未来创业团队成员信任研究需要同时考虑团队成员互依信任上的平均水平与离散水平，分别分析对其水平发展产生重要影响的关键因素，从而可以更全面地理解创业团队互依信任的发展机制，并针对性地指导创业团队成员互依信任关系治理的问题。

第五，不同维度创业团队互动对创业团队成员互依信任的影响机制研究。已有的研究更多关注的是创业团队整体互动与信任发展的关系，而没有进一步地细分不同维度团队互动可能存在的差异性影响效应（LePine et al.，2008）。如郭志辉（2012）的案例研究发现，团队互动过程是团队信任发展的一个关键因素，但缺乏对其中具体机制的进一步探讨。实际上，基于马克斯等（Marks et al.，2001）等三维度团队互动过程划分观点，团队互动可划分为转换过程、人际过程和行动过程。未来研究可以进一步对比不同维度的团队互动对于创业团队互依信任可能存在的差异性影响机制。另外，还可以探讨不同维度团队互动的内在关系机制及其对创业团队成员互依信任发展可能产生的协同促进效应或者联合阻碍效应，有助于更深入地把握创业团队互动与团队成员信任的内部关系机理，从而推动创业团队互动与信任发展关系的理论研究更深入发展。

第六，创业团队成员互依信任的影响效应机制研究。管理学者研究管理者—下属二元关系中信任对于双方互动的影响作用发现二元关系信任具有重要价值（Tsui & O'Reilly，1989；Lagace，1990；Wong & Ngo et al.，2006）。黄等（Wong et al.，2006）的研究发现，下属高的互惠信任（reciprocal trust）与高的工作满意度和低的角色冲突相联系。而管理者对于特定下属的高的互相信任正向影响管理者对其的满意度评价以及 LMX 质量（Lagace，1990）。不过，组织内的垂直信任不同于水平信任，垂直向上信任和垂直向下信任对于行为结果的影响也体现出差异性（Yakovleva et al.，2010）。未来研究可以针对创业团队二元关系视角对比探讨创业团队成员互依信任与创业团队成员与领导的互依信任可能产生的差异性影响效应，以及创业团队成员互依信任与团队成员平均信任可能存在的不同影响结果及其内在机制。这种对比研究将有助于更清晰地厘清不同层面或者不同对象的创业团队成员信任的作用机制，促进创业团队成员信任理论研究的更深入推进。

7 创业团队信任的双刃剑效应机制研究

7.1 引言

目前我国经济与社会正处于快速转型期，转型社会的经济发展更需要创新创业的支撑。李克强总理明确指出，要努力"打造大众创业，万众创新和增加公共产品、公共服务'双引擎'，实现中国经济提质增效升级[①]"。为进一步推进大众创业、万众创新，国务院出台了一系列相关支持文件，提出完善公平竞争市场环境、加强创业知识产权保护、健全创业人才培训与流动机制、完善普惠性税收措施、丰富创业融资新模式、建立和完善创业投资引导机制等等[②]。各省市级政府也出台了相应的鼓励政策，如福建省人民政府计划 2020 年前建成 200 家以上的众创空间，每家给予不少于 500 万元的专项资金。此外，福建省计划创建一批有效利用教育教学资源、大学科技园的创业大本营，对吸纳创业主体超过 20 户以上的大本营奖励不超过 100 万元的资金补助[③]。得益于各级政府部门的大力支持，目前我国正处于大众创业，万众创新的繁盛时期。2017 年全年新登记注册企业增长 24.5%，同比增长 2.9%，平均每天新增 1.5 万户，同比增长 3000 余户[④]。但不可忽视的是，创业行为的激增并不意味着创业的成功，40% 的新创企业通常熬不过一年便过早夭折（Dimov & Clercq, 2006）。创业对经济发展

---

① 引自《2015 年政府工作报告》：http：//www. gov. cn/guowuyuan/2015 – 03/16/content_2835101. htm。

② 引自《国务院关于大力推进大众创业万众创新若干政策措施的意见》：http：//www. xinhuanet. com/info/2016 – 10/24/c_135776660. htm。

③ 引自《福建省人民政府关于大力推进大众创业万众创新十条措施的通知》：http：//www. gov. cn/zhengce/2016 – 03/24/content_5057555. htm。

④ 引自《2017 年政府工作报告》：http：//www. gov. cn/premier/2017 – 03/16/content_5177940. htm。

的重要性与创业本身的高失败率引起了越来越多学者的研究兴趣，很多学者从创业主体本身着手，探究导致创业失败的原因。

创业的本质是一种商业活动，是创业机会、资源整合和团队协调三者的有机平衡（Timmons & Spinelli，1994；祝振铎、李非，2017）。创业行为的主体可以是个人或者团队，但创业活动本身的高风险性、资源需求大、环境不确定性高等特点，共同决定了团队创业活动具有比个人创业更大的优势（徐勇、郑鸿，2015）。蒂蒙斯（Timmons，1994）也认为创业团队是创业过程最重要的三个驱动因素之一。创业团队的成立往往更多的是依托以信任为基础的合作者之间的非正式合约（郑鸿、徐勇，2017），具有互相协作、共同经营管理（朱仁宏等，2012）、共同在企业决策中发挥作用（Harper，2008）、共担责任和风险、共享创业收益（Tihula et al.，2009）等特点。但即便是团队创业的失败率也是非常高的。国外学者发现大多数创业团队的合作关系在 5 年内会破裂（Chandler & Hanks，1998）。而在中国，创业团队的破裂时间甚至会缩短至三年以内（郑鸿、徐勇，2017）。究其原因，导致创业团队破裂的其中很大原因就是团队内部的信任危机（Cooper，1997）。很多创业团队是由具有一定初始信任度的同学、朋友组成，随着创业活动的开展，团队成员间的不信任可能就开始出现、恶化，最终导致创业团队破裂，从而使得创业活动可能受到重创。因此可以说，对创业团队的研究离不开对创业团队内部信任关系的研究（秦志华等，2014）。

信任对创业团队获得持续的成功、盈利和发展至关重要（Burgelman & Valikangas，2005），创业团队信任在一定程度上有助于克服创业过程中所涉及的技术、组织和政治上的不确定性而引发的风险问题（Zahra et al. 2006），包括识别、评估和开拓新业务机会上的不确定性（McEvily，Perrone & Zaheer，2003）等。正因为创业团队信任的上述重要性，虽然培养和维护创业团队信任需要时间、努力和资源（Jones & George，1998），但创业团队信任的发展仍然受到普遍的重视。不过，在缺乏足够控制的情况下对信任的过度依赖可能会加重判断失误、掩盖理性决策并阻碍对创业风险的恰当评估与监管。可以说，创业团队信任可能是一把双刃剑。因此在研究创业团队信任的积极意义的同时，也应对消极影响进行研究。而目前学者对创业团队信任的研究还不足，已有研究也大多围绕信任的积极意义展开，而对消极影响的关注显然不够。实际上，全面理解和把握创业团队信任关系可能具有的双刃剑效应，对于创业团队具有重要的现实意义和理论意义。一方面有助于创业团队更好地发挥团队信任可能带来的积极价值，另一方面也有助于创业团队避免盲目团队信任可能带来的风险。

7.2　创业团队信任的内涵发展

信任在已有文献中并没有统一的定义，在不同学科背景下的意义也不相同（Kramer，1999；Nooteboom，2002；Rousseau et al.，1998；Tsai & Ghoshal，1998）。国外学者对信任的研究较早，早期的观点是从心理学和社会学角度出发的。例如多伊奇和霍姆斯（Deutsch & Holmes，1991）认为信任是在承担风险的情形下，一方对另一方行为动机的积极预期。塞伯（Sabel，1993）认为信任就是合作各方不会利用另一方的弱点获取利益。道奇森（Dodgson，1993）认为信任是一种思维状态，是交易双方对可接受行为的预期。迈耶尔（Mayer，1995）认为信任是当一方有能力监督和控制另一方时，愿意放弃这种能力而选择相信另一方会自觉做出于己方有利的事的一种心理状态。迈克艾利斯特（McAllister，1995）补充认为，信任是建立在对对方积极心理预期的基础上，愿意与对方维持一种关系并承担可能带来的风险。蔡（Tsai，1998）将信任视作一种基于互惠依赖的心理契约下的附属产物。伊科潘和库拉（Inkpen & Currall，1998）认为信任是指在风险存在的情况下，联盟伙伴之间的信赖心理。查希尔（Zaheer，1998）认为信任是当一个人在面对机会主义行为时，由于责任使然，采取公平行为的期望。由以上各位学者对于信任的界定可以看出早期对信任的定义虽然有侧重于对彼此行为的积极心理预期角度，也有侧重于风险共担的角度，但总体可以归纳为信任应该是参与方为了互惠互利而宁愿承担一定风险的心理预期。

在创业背景下，学者们赋予了信任一些新的特征。例如威廉姆森（Williamson，1993）认为创业背景下的信任更多考虑的是由此获得的收益，此时信任的积极预期特点表现为对预期收益的计算。邓靖松（2012）指出，创业背景下人们相信对方不会损人利己，是对彼此人品和创业能力的信赖。马可一和王重鸣（2004）认为信任是创业过程中不确定性、脆弱性和控制性的集中表现。与一般意义上的信任相比，创业背景下的信任有自身独特之处。首先，一般意义上的信任主要从个体层面出发，从心理、社会和经济等方面切入探讨。而创业背景下的信任在关注个体的同时更侧重组织层面的信任。其次，创业背景下的信任并不泛指一般的心理预期结果，而主要针对创业关系中的不确定性、脆弱性和控制性三个方面。具体而言，不确定性是指创业合作过程中由于未预计到的疏漏所导致的意外情况。脆弱性是指创业项目的价值遭受风险损失的可能。控制性是创业合作方之间的互相影响。最后，创业背景下的信任是一个动态过程，随着创业阶段的不同，信任的内涵也会有所不同（金高波、李新春，2001；Zahra，2006）。

在研究创业背景下的信任同时，有学者开始研究针对某一创业主体的信任，如创业团队的信任问题。对创业团队信任的研究是基于创业背景下进行的，因此两者之间存在很多共同点。例如陈和王（Chen & Wang，2008）认为创业团队的信任也是基于未来收益的积极预期而在合作过程中放弃防范行为的意愿，只不过行为主体从广泛的合作者变为特定的创业团队成员。史曲平（2012）的研究解释了预期的积极关系，认为这种关系是为解决创业中合作的风险与团队成长中制度化、市场化、社会化所引起的不确定性问题而建立的。潘清泉和韦慧民（2016）认为，创业团队信任是创业团队成员在互动关系中一方对另一方意图或行为的积极预期而接受脆弱性的意愿。创业团队信任既包括团队成员之间的信任（McAllister，1995），也包括团队成员对团队整体的信任（Moorman，1993）。无论属于哪种信任，创业团队成员的相互依存本身就意味着与别人的行为和决定息息相关（McEvily et al.，2003）。为此，创业团队成员信任及创业团队整体信任均对成员行为及团队结果具有重要意义。

根据目前学者的研究，信任可以划分为不同的种类。祖克（Zucker，1986）将信任分为制度型信任、声誉型信任、认同型信任和先天个性特征型信任。他认为制度型信任是在给定的制度下，为了避免受惩罚或获得相应的利益，人们不得不保持行为的一致性时而获得的信任。声誉型信任是基于长期合作关系，为了保证长远利益而不得不保持行为的一致性时而获得的信任。认同型信任是具有共同的偏好、利益、价值观、行为取向，基于对对方愿望和意图的认同而产生的信念。先天个性特征型信任深植于一个人的个性中，并且源于个体早期社会心理。夏皮罗（Shapiro，1992）在祖克（Zucker）的研究基础上做了补充。他认为当一个人由于害怕受惩罚或担心自身利益受损时，会因为其行为的一致性而获得威慑型信任。以及由于对他人的足够了解从而能准确地预知他人行为时而获得的了解型信任。勒维克（Lewicki，1996）认为威慑型信任是一种经过内心利害博弈之后产生的信任，因此称为计算型信任更恰当。迈科艾利斯特（McAllister，1995）认为信任分为因情感结合而产生的情感型信任和基于对他人可靠性和依赖性而产生的认知型信任两类。

尽管信任的类别不同，但不同类型的信任都是以互相尊重和利益共享为基础，对创业团队运行是一种有效支持（Mellewigt，Madhok & Webel，2004；Poppo & Zenger，2002；Das & Teng，1998）。此外，魏下海等（2016）也考虑了地域影响和政治资本影响，认为在控制这两种影响之后不同类型的信任均有助于人们开展创业活动。基于上述分析，创业团队信任也可以细分为不同类型的信任，并且均对创业团队发展产生重要影响。如创业团队认知信任是基于能力认可以及人品认同基础之上产生的信任，对创业团队运行提供重要的理性基础支持；而基于情感依恋和相互关心基础之上产生的创业团队情感信任则为创业团队内部实现紧密合作与无私奉献提供深层次的情感支持。

7.3 创业团队信任的积极效应

7.3.1 创业团队信任可以促进成员间更多的知识分享

知识分享不仅有助于创业团队发现创业机会（Venkataraman，1997），也有助于创业团队成员获得目前不具备的能力、提高自身价值等（周密，2005）。但由于知识是一种稀缺资源，当团队中一个人分享自身知识时，会承担降低自身团队价值的风险（Badaeacco，1991）。汉森（Hansen，2002）认为，为了使知识在创业团队中顺利转移，增加创业的成功率，需要采取有效措施提高知识拥有者的分享意愿。而信任作为内心情感的表露，通过团队成员彼此间感知评估并获得认可的一种方式，可以对知识分享起到促进作用（Nooteboom，2002；王雪莉等，2013）。巴克（Bakker，2007）甚至认为，将信任与能力、人品比较来看，团队成员会更愿意基于信任进行知识分享。而且，信任在团队成员知识分享中似乎扮演了良性循环催化剂的作用。当创业团队成员因为信任而知识分享时，会越来越愿意知识分享，彼此间也越来越信任（Jones，2003）。具体而言，当创业团队成员因为信任进行知识分享时，会逐渐形成一个关系网。关系网里的成员会因为熟悉和信任的加深，加快知识分享的速度并提高精确度，使做出的方案质量越来越高，更容易得到关系网外成员和创业利益相关者的认可（Tyler, Degoey & Smith, 1996）。对于关系网外的成员来说，这种模式也起到了表率作用，会让越来越多的成员加入知识分享的关系网中。因此，这种团队信任会让越来越多的创业团队成员进行知识分享，共同为创业活动出谋划策，促进创业活动的顺利开展。此外，创业团队信任还提高了成员知识分享的容错性。当创业团队基于信任形成了明确、完善的知识分享制度时，创业团队成员会更放心大胆地分享知识。林和李（Lin & Lee, 2004）认为，当创业团队管理者充分信任成员之间的知识分享行为时，团队成员会更积极参与知识分享。因为这会让团队成员意识到团队管理者的信任是包容的，他们不会因为分享了错误的或不合时宜的想法和知识被团队管理者处罚。久而久之，团队成员会感受到与组织之间的强烈关联，真正将尽己所能地建设创业团队作为己任。这会表现为团队成员更强烈的努力工作、创新与知识分享的意愿，投入更多时间和精力来学习提高创业团队业绩的知识。总之，创业团队信任通过增强知识分享的开放程度，使团队成员能够对团队需要改进的领域和变化畅所欲言，这也正是创业过程中许多闪光点的来源（Zahra, 2006）。

7.3.2　创业团队信任有利于降低成本

创业团队在创业过程中可能需要对发展计划和创业方向做出调整，但调整的过程需要投入大量成本，尤其是根本性变革（radical change）。根本性变革由于需要更全面、更彻底地改变业务核心，变革成本高昂，并且更可能触动到团队中某些成员的利益，因此在创业团队的运作过程中更难以评估和采纳。但创业团队信任能够促进团队各方之间的信息交流，让变革倡导者更容易获得支持（李文金，2012），同时有助于解决团队内部冲突，增强团队管理者对变革细节的理解（Mayer et al., 1995；Lind, Tyler & Huo, 1997；叶瑛和姜彦福，2009）。福山（1998）认为，团队成员之间的信任可以使沟通顺畅、凝聚力提高、资源配置合理，从而降低团队的运行成本和管理成本。迈耶尔等（Mayer et al., 1995）也认为，创业团队信任可以有效缓解矛盾，减少创业过程中的监控成本，将有限的资源运用在合理的地方。由于创业团队往往会面临资源短缺的困境，因此团队成员间可以通过信任寻求资源互补，即实现专用性资产互换。资产专用性是指资产在不降低其价值的情况下，能够重新在别处发挥同样的作用，体现的是资源在确认用途之后难以转作他用的性质（Williamson，1988；杨瑞龙，1996）。基于创业团队信任的专用性资产投入实际上是沉没成本的付出，通过将各方资源整合在一起，可以极大限度地防止投机主义，降低资源使用成本，保证创业合作关系的持续。除此之外，由于信任能够促进团队成员互动，强化彼此间的联系，因此可以有效降低因信息不对称产生的成本（Kwon & Arenius，2010）。

7.3.3 创业团队信任有利于提升团队绩效

已经有很多学者证实了团队信任水平与绩效水平显著正向相关。团队信任度越高，团队的创新力和凝聚力也就越高，越有可能带来团队绩效水平的提升（Jong & Dirks，2012）。布莱和科尔斯（Bligh & Kohles，2013）认为，创业团队内部信任越高，越容易取得良好的效益和发展前景。巴查克等（Barczak et al.，2010）指出，团队信任可以通过提高决策的质量，进而提高团队绩效。马可一和王重鸣（2004）认为团队信任的加深会带来团队创造力的显著提升，而这也是影响团队绩效的主导因素。而郑鸿和徐勇（2017）利用215个创业团队为样本研究发现，创业团队信任对绩效提升的作用体现在中介效应机制上。具体来说，因为创业团队成员在发挥才能和投入资源的过程中，需要彼此沟通，互相理解，明确各方的责任和义务。而创业团队成员通过积极沟通，加深了彼此的信任，成员间高水平的信任又可以使成员更相信彼此的判断并且进行更为畅通的沟通与交流，有利于决策的科学制定和问题的解决，进而提升团队绩效。

总而言之，信任会在创业团队成员的态度和行为方面产生显著影响，主要包括知识分享、降低成本和绩效水平提升等方面。此外，也有助于团队合作、成员交流、解决问题、发现创业机会，促进创新和提高成员积极性等（McAllister，1995；Clegg et al.，2002；Stull & Aram，2005）。不可否认创业团队信任可以使团队成员在维持联系的同时不再过于强调潜在的得失，也可以带给团队一些例如降低成本的经济性利益和增强团结的社会性利益，提高团队成员满意度，促进创业成功。但同时不可忽视的是，不恰当的信任或者过度的信任在创业团队关系里也存在风险，一些极端甚至危险的非正式评估因为信任的存在而产生，并可能由此引发创业活动的高风险甚至决策错误导致创业失败。为了预防这种情况，有必要对创业团队中不恰当信任或者过度信任的消极效应机制进行研究。

7.4 创业团队信任的消极效应

7.4.1 创业团队高水平信任可能加重对启发式判断的过度依赖而导致误判

当团队由于信息不足，面对不确定情况时，通常采用代表性启发（representativeness heuristic）和可得性启发（availability heuristic）进行判断（Busenitz & Barney，1997；Wright，Hoskisson，Busenitz & Dial，2000）。虽然这种根据事物的突出特征归类，以便再次出现相似情形时直观判断的方法具有一定有效性，但也有可能因为不成熟的经验过早做出判断，导致严重并有规律性的错误（Tversky，1986）。巴扎曼（Bazerman，1998）认为，过度的创业团队信任会加重对启发式判断的过度依赖，造成更严重的错误。因为如果以往的经验存在缺陷，过度的团队信任会使团队成员不能根据实际情况变化及时调整相关决策（Nooteboom，2002），并因此高估事件偶然发生的可能性而低估频繁发生的可能性，降低信息处理的精确度。

7.4.2 创业团队高水平信任可能导致有偏差的信息选择而致使决策错误

除了会影响对以往经验的判断，过度的创业团队信任还会让创业过程中的想法构思变得敷衍或者不够严谨（Zahra，2006）。创业过程中的很多信息渠道可能来源于团队内部（O'Connor & Rice，2001）和团队外部（Zahra，1991）。但不论是哪种渠道，当团队信任过度时，团队成员会基于过度的信任获取他们熟悉的信息，排除他们不太熟悉但有可能更有用的信息，在没有通过详尽调查的情况下做成方案提交。由于信息都是来自受信任的渠道，因此这种搜集过程会让信息越来越相似，做出的方案也会因为没有充分考虑可行性而有策略错误的风险。另外，如果创业团队管理者对提出方案的成员有过度的信任，他会表现出偏袒，并排斥其他不信任成员所提出的方案。具体而言，创业团队管理者会因为过度的信任在分析中牺牲客观性，更多地依赖直觉或经验来评估方案，低估方案的潜在风险，同时过分强调方案的无形收益，以使方案获得通过。而负责审查的成员也会因为过度信任忽视可以证明方案需要调整的证据（Lewicki et al. 1998；Nooteboom，2002）。由此可见，创业团队过度信任可能带来对信息的不全面搜集与分析，从而导致创业团队决策出现偏差甚至错误，严重的话会导致创业活动的夭折。

7.4.3　创业团队高水平信任可能导致更多的群体性思维从而降低创新性

创业团队信任可能带来的负面影响还在于，对于有些还没有获得团队管理者信任的成员，为了得到管理者的信任和支持，有可能会提出投其所好的构思，或者修改自己原本认为更符合团队发展利益的想法，以便更符合管理者的要求。这样产生的构思方案会失去原本的优点，也会让其他团队成员认为这种方案是出于博取管理者信任的考量。当越来越多的成员有这种想法时，很多人会不再愿意冒风险将自己原本的构想呈现在管理者面前，导致创业团队方案的丰富性大打折扣。有些管理者习惯了相似的方案之后会更不喜欢标新立异的想法，使更多成员为了取得信任设计方案，不再愿意冒险提出新颖的构想（Brass et al.，2004），形成恶性循环，甚至可能长期持续（Ahuja & Lampert，2001）。有时候团队创新的想法隐藏于细微之处（Kanter，1983，1985），而这些想法的提议者往往与管理者联系不紧密，没有取得管理者过多的信任。因此整个过程带来的后果是创业团队会变得越来越自闭，很难提出更新颖的想法，创业团队难以进行变革。由上可见，创业团队高水平信任可能导致成员更多的群体一致性的思维模式和思维倾向，致使创业团队决策更为固化，难以创新。

概括而言，虽然创业团队信任可以为团队带来诸多的好处，但是高水平的创业团队成员信任也可能存在一定的风险，影响创业活动的成功开展，如高水平的创业团队信任可能加重对启发式判断的过度依恋而导致误判可能性提高，还可能导致成员更多的有偏差的信息选择以致无法更好地进行理性决策，再者"心有灵犀一点通"的同质化思维模式带来的创新性降低的可能。另外，以创业团队信任为纽带还会形成一种新的关系网，有别于知识分享时成立的关系网，这种关系网里的成员会对关系网外的成员隐瞒内部信息，在一定程度上会导致信息流动的不顺畅（Brass，Butterfield & Skaggs，1998）。当创业团队内部无法及时、详细地交换信息时，会影响互相学习有益的经验并注意经历的教训（Garvin，2004；Zahra et al.，1999）。同时，为了维护这种信任团体并增强关系网内部成员的沟通需要增加相应的交际成本，包括时间、精力和金钱（Nahapiet & Ghoshal，

1998；Gabbay & Zuckerman，1998）。

7.5 本章小结

7.5.1 结语

对创业团队信任影响效应的研究越来越受到国内外学者的关注。以往研究在讨论创业团队信任的影响时大都关注到对团队绩效和成本控制的影响，并且认为信任水平与团队绩效具有正相关性，随着信任的增加，还能有效降低团队运行成本（郑鸿和徐勇，2017）。即创业团队信任影响效应的研究长期以来强调的是信任的积极影响效应。这对于信任度普遍不高的中国背景下是具有特别意义的，可以激发大众更多地关注信任水平的提升。不过，也不能以偏概全。虽然只有很少的学者会提到创业团队信任的消极效应，但不可否认，过度信任或者不恰当的信任确实会导致一些负面的结果。

创业团队信任既有积极的一面，也可能会带来一定的消极影响。从积极效应和消极效应两方面进行分析有助于全面了解创业团队信任的影响效应。通过研究发现，创业团队信任的积极效应在于可以促进团队成员知识共享，提升绩效，并通过合理配置资源，减少监控从而降低运行成本；同时，创业团队信任也存在消极效应，会因为过度信任而对创业发展战略审查不认真，也会形成团队成员为了博取团队管理者的信任而投其所好的风气，甚至可能会基于信任结成小团体，增加跨小团体交流的成本。中国文化背景下一直以来信任并不容易建立或者说信任度一般而言是较低的。鉴于创业团队信任可能带来的积极效果，促使创业团队关注成员信任水平的提升与维护具有重要意义。但同时中国文化强调的"哥们义气""士为知己者死"等对于归属于自己人可能产生的过度信任与盲目信任，又可能会为创业带来一定的风险和不利的影响。鉴于此，创业团队管理，特别是深关系的团队管理，特别需要注意避免盲目信任与过度信任，从而规避可能由此带来的负面影响。

7.5.2 研究展望

首先，以往对创业团队信任的研究很多是从前因着手，探究创业团队信任的形态结构、影响创业团队信任的因素等，对创业团队信任的后果及其作用机制研究不足，即创业团队信任会带来哪些影响，通过什么机制产生影响，特别是其中对消极影响的研究尤其匮乏。因此，未来研究可以用实证的方法，深入挖掘创业团队信任的影响效应及其机制，特别是同时把握创业团队信任的双刃剑效应，包括积极影响以及消极影响，进一步丰富创业团队影响效应的理论研究。

其次，目前学者大多只是将创业团队信任作为一个整体进行研究。但国内外很多学者认为创业团队信任可以细分为认知型信任和情感型信任等多种类别，不同类型的信任对创业相关结果产生的影响效应大小有何差异，其具体作用机制是否一样？等等问题仍然不明确。因此未来研究可以分别针对不同类别的创业团队信任的影响效应与作用机制进行更细化的探讨。

最后，有学者在对创业过程研究时发现，创业团队在不同发展阶段具有不同的特征，会对信任产生不同的影响。但已有研究缺少不同阶段的创业团队信任发展的驱动机制的对比研究，以及基于时间轴的创业团队信任发展趋势的影响效应探讨等。因此，未来研究可以以此为切入点，基于时间演化的动态视角探讨创业团队信任发展趋势、驱动要素及其效应机制。

8 创业团队社会资本及其对新创企业绩效提升的影响研究

8.1 引言

自改革开放以来，国家出台了一系列政策鼓励创业。如 2007 年通过的《中华人民共和国就业促进法》鼓励劳动者自主创业、自谋职业。2010 年教育部发布的《教育部关于大力推进高等学校创新创业教育和大学生自主创业工作的意见》也提出要在高等学校开展创新创业教育，积极鼓励高校学生自主创业。中共十七大明确指出"以创业带动就业"。十八大提出"促进以创新引领创业、以创业带动就业"。在相关政策的推动下，大量人才加入了创业的大军，创立了大批企业，创业活动得以蓬勃发展，创立的企业数量也在持续增长。全球创业发展研究院所发布的 2018 年《全球创业指数报告》中指出，中国 2018 年全球创业指数（GEI）与 2017 年比较而言，得分为 41.1，上升了 3%，排在全球第 43 位，跻身于增幅最大的十个国家之列。虽然创业指数从绝对值来看比发达国家还有所欠缺，但是增幅已然十分可观。根据中国国家工商总局的统计，2017 年新登记企业高达 1924.9 万户。由此可见，我国每年新增的新创企业数目已经达到了一定规模，并且在以较高的速率增长。

然而，即使每年创立的企业数目众多，在新创企业之中，能够成功存活并发展壮大的其实并不多。中国国家工商总局在 2013 年发布的《全国内资企业生存时间分析报告》中指出，我国内资企业中近五成存续时间在 5 年以下，企业成立后的 3 ~ 7 年为退出市场高发期。根据全球创业观察（GEM）报告中给出的新创企业定义，新创企业是成立时间在 42 个月以内的企业。也就是说，在我国内资企业市场中，近半的新创企业无法发展壮大，企业退出也高发于新创企业之中。在第二届全球 INS 大会上，腾讯研究院所发布的《2017 中国创新创业报告》中显示，在其纳为样本观察的企业中，2017 年"死亡"的创业企业样本数高达 150 家，其中有 70 家成立于 2013 年，新创的企业的"死亡率"不容小觑。因此，为了使"以创业带动经济发展，以创业促进就业"的目的真正落实，在我国，不仅需要创造条件鼓励创业，在市场中多孕育新的企业，更要关注企业在创立之后，如何存活与发展壮大的问题。

对于新创企业而言，为了增加生存和发展的机会，需要获得大量资源和信息，然而，由于资源是稀缺的，这种稀缺性常常会对其生存发展造成严重阻碍（Eisenhardt & Schoonhoven，1996）。对此，布鲁戴尔等（Brüderl et al.，1998）提出，可以充分利用企业家的社会网络获取资源，由此来提高新创企业的存活以及发展潜力。对于具有新生劣势的新创企业而言，这一点尤其值得关注。这些稀缺的信息与资源不但影响新创企业的存活，也同样影响着创业活动本身。有研究表明，很多创业的初始机会和资源都是在企业家社会网络关系中发现的（赵文红，2008）。企业家社会网络关系是企业家社会资本的基础，企业家社会资本作为一种动员社会资源的能力，同时也是一种关系资源（徐婧，2011）。企业家社会资本在新创企业信息、资源获取与机会识别中扮演着重要的角色，且为信息的收集、资源获取以及企业内部人力资源的利用和积极性调动提供了可靠的保证（周小虎，2002）。也就是说，企业家的社会资本通过影响新创企业所需要的信息和资源，将会对新创企业有着至关重要的影响。

鉴于企业家的社会资本对于新创企业的生存与发展具有重要作用，国内外有大量学者对其进行了深入研究（Nahapiet & Ghoshal，1998；Liao & Welsch，2005；徐婧，2011）。学者们认为，社会资本对于新创企业生存发展极为重要（黄艳等，2016；蒋春燕等，2006；任胜钢等，2015）。社会资本会影响到企业的信息与资源的获取（姚小涛等，2008；Batjargal & Liu，2004），社会资本与企业的绩效存在显著正向相关关系（李霞等，2007；张鹏等，2015；周小虎，2002）。然而，随着团队创业成为如今创业的一种重要模式，学者们大多集中于研究企业家或者企业的社会资本对于新创企业的影响（张鹏等，2015；杜建华等，2009；徐超等，2014），在创业团队社会资本对新创企业的影响的研究上却有所欠缺，鉴于此，本章将对创业团队社会资本内涵及其对新创企业的影响进行研究。

8.2　创业团队社会资本的内涵及其维度构成

"社会资本"的概念最早由尼凡（Hanifan）于 1916 年提出。布迪厄（Bourdieu，1980）最早将"社会资本"作为一个学术概念研究并且引入了社会学领域。在此之后，不少学者都对社会资本进行了界定，并且对社会资本根据不同的情况进行了分类。文献梳理发现，现存的对于社会资本分类的观点可分为三种：从系统主义角度划分（Brown，2000）、根据社会资本来源于创业团队内部还是外部关系划分（谢雅萍，2012），以及被主流研究所接受的将社会资本分为结构资本、认知资本以及关系资本（Nahapiet & Ghoshal，1998）。为此，创业团队社会资本的研究也可以沿袭传统研究思路，由此考察不同维度的创业团队社会资本对于新创企业的影响。

8.2.1　创业团队社会资本的内涵

近年来，社会资本受到各领域学者的普遍关注，对于社会资本的定义可以大致分为以下五种，包括资源说、能力说、利益说、网络资源说以及关系价值说。这五种观点均从不同视角反映了社会资本的内涵。

（1）资源说。社会资本是嵌入在社会关系中的一组社会资源（Burt，1992；Loury，1977），并且是一种可以改善个人发展机会和组织生存机会的资源（Windolf，2014）。科尔曼（Coleman，1988）将社会资本概念化为社会和经济理论模型中经常缺失的"行动的引擎"，他认为社会资本是一种行动资源，嵌入特定的社会结构之中。张玉明等（2018）也指出，企业家社会资本是指从企业家个人拥有的关系网络中衍生出来的现实的和潜在的资源总和。

（2）能力说。周小虎（2002）指出，个体的社会资本是其调动网络资源的能力。企业家社会资本由企业内部人际关系网络和企业外部社会关系网络所决定。杨俊等（2004）认为企业家社会资本是嵌入企业家现有稳定社会关系网络和结构中的稳定资源潜力。

（3）利益说。蒋春燕等（2006）认为社会资本是社会成员从不同的社会结构之中获得的利益。根据利益说的观点，社会资本指的是来源于社会网络结构中的获利。但是这一观点其实还有待商榷。在某种程度上来说，获益可能更多反映的是社会资本的影响结果，而不是社会资本本身。

（4）网络资源说。耿新和张体勤（2010）将社会资本定义为存在于由个人拥有的关系网络中，通过这些网络获得的，并从这些关系网络中衍生出来的现实和潜在的资源总和，即"网络＋资源"。由此来看，网络资源说是资源说的一个拓展，更明确地将网络提取出来予以强调。

（5）关系价值说。社会资本不仅包括社会关系，还包括了与社会关系有关的标准和价值（Tsai & Ghoshal，1998；Putnam，1995；Coleman，1990）。那哈波特和戈沙尔（Nahapiet & Ghoshal，1998）指出，社会资本不仅仅是结构或网络，它也包括社会背景的很多方面，例如社会互动，社交关系和信任关系，以及基于特定社会背景下对个人行为有所促进的价值体系。

综上所述，虽然社会资本不同学者给出的定义的侧重点有所不同，但是总体而言，学者们都认为社会资本与社会关系直接相关，社会资本来自社会关系但是并不完全等同于社会关系，还包括了与社会关系有关的资源、能力以及价值体系等。

而在创业团队社会资本的研究上，学者主要基于以上社会资本的一般性定义，采用内外部社会资本的分析视角对创业团队社会资本进行界定（张金连等，2017）。谢雅萍（2014）提出，创业团队社会资本是指嵌入在创业团队成员内部社会关系网络和外部社会关系网络的，是创业团队所拥有的现实和潜在资源的总和。其中内部社会资本反映的是来源于创业团队内成员互动、关系、认知等网络联系的"资源交换能力"，外部社会资本则体现的是嵌于团队外部社会关系网络的"资源获取能力"。相对于单个企业家的社会资本而言，创业团队的社会资本是团队成员社会资本的有机整合，团队成员之间的内部关系也是创业团队社会资本的一部分。

8.2.2　创业团队社会资本的维度构成

由于研究视角的不同，学者们对社会资本进行了不同的划分。如阿德勒（Adler，2002）把社会资本划分为内部社会资本和外部社会资本；石军伟等（2010）从经济学视角将社会资本划分为等级制社会资本和市场社会资本；韦影等（2015）将社会资本分为企业外部社会资本、团队社会资本和个人社会资本；侯广辉等（2013）从我国的转型经济背景出发，将社会资本分为纵向关系资本、横向关系资本和社会关系资本。

在对社会资本的分类中，较为经典的是那哈皮特等（Nahapiet et al.，1998）对于社会资本划分的方法，即根据性质的不同，将社会资本分为三个维度：结构资本、认知资本和关系资本。由此，借鉴那哈皮特等的研究成果，沿用谢雅萍（2014）的观点，本研究将创业团队内部社会资本分为结构、认知和关系三个维度进行研究。

第一，结构资本。结构资本定义为涉及所接触到的行为人之间的所有形式的联系（Burt，1992），从本质上定义了新生创业企业家获取信息、资源的可能性和潜力（Liao & Welsch，2005）。在结构资本之中最为重要的因素就是行动者之间是否存在网络联系（Wasserman & Faust，1994；Scott，1991）。网络承载着信息流和物质流，企业家在社会关系网络中的位置决定了他们的社会资本（Burt，1997）。而对于创业团队而言，为了打破创始人的自有资源限制，通过团队的资源整合，拥有很多结构资本的创业团队往往能够获得高绩效，能增强企业的生存发展能力（谢雅萍，2012）。

第二，认知资本。认知资本是指各关系主体借由可共享的认知而形成的系统资源，主要包括共同的愿景、共同的语言模式、共同的价值观等，强调关系个体能够比较容易获得彼此认同（Nahapiet & Ghoshal，1998）。如果一个团队强调创业精神，这个团队会更愿意接受失败，并开放各方获取资源的渠道（Liao & Welsch，2005）。随着认知资本的增加，彼此认同感增加，企业将会获得更大的竞争优势。

第三，关系资本。关系资本涉及人们通过互动历史发展的人际关系（Granovetter，1992），是指通过人们之间的不同关系形式获取的信息和资源的总和（Nahapiet & Ghoshal，1998），侧重于人们的特殊关系，如尊重、信任和友谊。其中，信任关系资本在关系资本中最为突出，可以说，关系资本在某种程度上就是信任。这种信任关系资本能够帮助创业团队获取大量的信息与资源，也是创业团队最为重要的资本形式。

社会资本各个维度并非相互排斥。事实上，它们可能高度相关（Nahapiet & Ghoshal，1998）。社会资本是"可转换的"（Bourdieu，1985），也就是说，它可以被"转换"为其他类型的资本。伯特（Burt，1992）指出："没有一个人拥有对社会资本的独占所有权。如果你或你的同伴退出（结构化），就会解除它所包含的任何社会资本（关系）。"阿德勒和卡文（Adler & Kwon，2002）也指出，一个人在社交网络中获得的优势可以转化为其他优势。这种优势的互相转化，能够使得企业家在积累一种社会资本的同时，另外两种社会资本也在转化中得以促进与加强。

首先，结构资本会影响到关系资本的形成。在企业家的社交网络之中，拥有许多已经开始创业的朋友或家人，这些人更有可能拥有更多的沟通渠道和各种资源。信任关系是从社会交往中演化而来的（Gabarro，1978）。当企业家与其他企业家，以及地方政府、银行和其他投资者互动时，他们更有可能建立信任关系，从而在他们的企业创建过程中得到实际和情感方面的支持。因此，互动程度越高，新生企业家越容易发展信任，在企业家网络内就可以更容易地交换信息、资源和进行其他形式的交易（Liao & Welsch，2005）。同理，对于创业团队而言，团队内部成员之间以及创业团队与外界网络之间的联系越为密切，成员越处在社会网络中心位置，也就越容易形成关系资本。

其次，结构资本与认知资本正相关。组织社会化文献表明，非正式的社交互动可以帮助组织成员了解和适应他们的组织规范，价值和实践（Liao & Welsch，2005）。与此同时，这些社会化成员塑造并甚至为组织创造一套新的价值观、规范、目标和实践（Van Maanen & Schein，1979）。企业家作为企业家网络中的重要构成，很可能扮演双重角色。一方面，企业家的行为和实践可能会受到企业家网络的规范和价值观的影响。另一方面，创业网络中强大的社会联系和互动也在影响和塑造网络的共同规范和价值方面发挥关键作用。创业团队的成员作为社会网络中的一部分，会受到社会网络的影响，形成共同的规范以及价值观，即认知资本。这种对相互之间价值观的认可，也会进一步巩固团队成员之间的结构资本。

最后，认知资本有利于创业团队关系资本的提升。具有共同规范和信念的企业家网络将更有可能发展企业家之间以及创业者和网络中其他行为者之间的信任关系。他们更有可能交换信息，分享和借出资源，并进行交易（Liao & Welsch，2005）。对于创业团队成员而言，成员内部拥有共同的价值观和规范之后，对团队内部其他成员的行为会更加理解与信任，即创业团队的认知资本能够促进团队的关系资本的形成。正如欧茨（Ouchi，1980）指出的那样，"共同的价值观和信念提供了消除机会主义行为可能性的坚实基础"。

概括而言，社会资本的各个维度不是相互排斥而是相互关联的。结构资本是社会资本最基本的形式，也是关系资本和认知资本出现的根源。团队成员的结构资本所代表的社会网络联系会可能会促进创业团队关系资本的发展。当创业团队成员占据网络中心地位，拥有社会网络的优势之后，能够影响其网络行为人的价值规范，从而形成关系社会资本。

8.3　创业团队社会资本对新创企业发展的影响

创业团队的社会资本对新创企业发展具有重要影响，它是蕴含于、借助于或源自个人关系网络而获取的现实和潜在资源总和，是获取创业资源和提高企业绩效的重要手段，有节约交易与信息费用、约束企业家行为等功能。创业团队社会资本能增强其创业成功可能性，对企业发展与成长非常关键。有研究就明确强调，创业团队成员的政治网络和专业经验对企业创业绩效有促进作用；创业者社会资本通过个人信任和制度信任，有利于解决创业融资难的问题（徐超等，2014）。贝克（Baker，1990）就提出，社会资本对于企业经济表现影响大多数集中于管理环境所依赖的非市场机制上。在中国当前转型经济背景下，非市场机制的影响不可谓不突出。为此，中国背景下创业团队社会资本对新创企业发展的影响可能更为明显。

1. 创业团队社会资本有助于新创企业信息获取

新创企业可能由于经营与进入市场的时间较短，存在着信息的劣势。这种劣势，将使得新创企业在竞争中处在不利位置，如无法更快更准确地察觉市场的变化与最新动态走势等。信息的缺乏，可能会导致决策者在决策时做出错误判断，由此危及新创企业的发展。为此，决策者需要进行信息的获取，并且弥补信息缺失问题。

姜卫韬（2008）认为，创业企业家的结构资本所代表的特殊结点能够让企业家在网络中拥有更多享用信息的机会。创业企业家能够通过其关系资本获取正式渠道以及非正式渠道的信息（周小虎，2002），高水平的关系型社会资本还会促进机密和隐性信息的交流，并降低了交易伙伴机会主义行为的风险（Liao & Welsch，2005）。拥有大量关系资本的企业家，能够利用其关系，增加其接触新颖、多样化信息的可能性（姚小涛等，2008）。企业家在获取足够信息之后，才能对企业进行更为有效的经营管理。

这对于创业团队而言也同样如此。一方面，创业团队拥有的社会资本所带来的信息，可能对其创业活动及其新创企业的发展更为有用，此类信息的传播比正常渠道的信息传播更为快捷。另一方面，团队成员利用其社会资本获取信息之后，能够在团队内部进行信息的整合，综合判断，为其做出决策提供信息上的优势。并且，相较于单个企业家而言，团队成员拥有能够将彼此信息进行重新整合筛选的机会，从而能够甄别出更具有优势的信息。而其企业在拥有此类信息之后，能够先市场一步做出应对与调整，从而提高企业的绩效，提高企业的生存发展能力。

2. 创业团队社会资本有助于新创企业更好的资源获取

新企业的创立、生存和发展都离不开资源。资源是组织实现生存与发展的基础，企业能否稳定获得资源的能力决定了新创企业的发展潜能（张秀娥，2014）。但是由于新创企业前景并不确定，对于资源拥有者而言，提供资源可能会承担一定的风险，因而资源的持有者会更加信任也更乐意将资源提供给其社会网络中所熟知的对象（Batjargal & Liu，2004）。

社会关系网络的异质性、企业家的社会地位及其关系力量决定了新创企业所拥有的社会资源的数量和质量（Lin，1982）。而一个企业家的私人网络能够让企业家得到一些内部所不具备的资源（Ostgaard & Birley，1994）。社会资本能够通过加强网络中成员信任与信息交流，从而成为新创企业获取低成本资源，甚至是稀缺资源的重要途径（司公奇等，2008）。而对于创业团队而言，团队外部社会资本则扮演着网络间桥梁的作用，与组织外部有许多接触的团队较多获得与创业相关的多样化的知识（Chang et al.，2011），为新创企业提供了发现机会以及相关资源获取的可能性（Maurer et al.，2006）。由此，新创企业才更有机会打破资源困境，突破由于新进市场所伴随的资源的劣势。

3. 创业团队社会资本有助于新创企业更好的机会识别

创业者所面临的机会和潜在危险会显著影响新创企业的绩效（Li，2010），而机会识别与企业的绩效显著正相关（Zeki，2010）。研究表明，外部联系所提供的机会对创业有着极为重要的影响，很多机会都是在企业家社会网络中发现的。可以说，社会资本已经成为企业家发现和进入机会的重要渠道（赵文红，2008）。谢恩（Shane，2000）也认为社会网络关系的特性变化，将会影响到机会的发现、资源的获取与利用。因此，为了新创企业能够有较好的发展，摆脱过早"夭折"的厄运，创业团队需要把握好市场中的机会，充分利用团队的社会资本，识别出机会与危险，为新创企业保驾护航。

4. 创业团队社会资本有助于新创企业节约成本

社会资本还能节省信息费用。科尔曼（Coleman，1988）认为社会关系中，存在有一些信息，行为人从社会关系中获取信息较原始信息渠道而言更加方便，成本可能也会更低。关系网络成员之间的交易也因为相互之间的信任、合作而减少了讨价还价、契约制定与执行的费用（周小虎，2002）。在进行交易过程中，不可避免会遇到机会主义的交易对象，此时可能会给企业造成损失。但在关系网络内，交易双方将会去寻求长期的合作与长期的利益，由此形成良性循环，避免了一些寻找交易伙伴的成本。

概括而言，社会资本是决定新创企业绩效的一个极为重要的因素。创业团队的成员可以通过各自的社会资本为新创企业获取资源与信息，再加以整合和鉴别后充分利用，为企业赢得生存优势。与此同时，创业团队社会资本还能让团队成员更好地识别机会与风险、节省信息费用、节约成本，从而促进新创企业更好更快地发展。

8.4 创业团队社会资本对新创企业发展影响的综合管理模型

鉴于创业团队社会资本对新创企业发展的重要意义，创业团队需要主动促进团队社会资本的提升，为新创企业发展奠定良好的资源基础。在此，本研究提出了如图 8.1 所示的创业团队社会资本对新创企业发展影响的综合管理模型，以对新创企业的管理与发展有所借鉴。

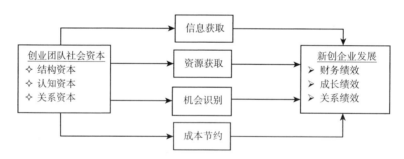

图 8.1 创业团队社会资本对新创企业发展影响的综合管理模型

首先，在存在市场失灵以及信息不对称的现实情况下，创业团队的社会资本能够让企业以更低廉的成本、更便捷的方式更快速地获取更有价值的信息，减少了用于搜寻信息的时间和金钱成本，网络成员之间的交易也因相互之间的信任、长期合作而节省讨价还价、契约制定和执行费用，由此能够提高企业的财务绩效。

其次，创业团队的社会资本有助于新创企业获取资源从而提高其成长绩效。巴尼（Barney，1991）将企业资源定义为"企业控制的、能够提高其效率和效益的所有资产、能力、组织流程、信息和知识等"。普利玛兰尼（Premaratne，2002）发现，资源获取对于新创企业绩效的提升有积极作用，这种影响呈现出动态加强态势。并且，企业拥有的资源的种类也会影响其绩效（Hetrman & Claryse，2004），知识资源和运营资源对新创企业的绩效有着正向影响（朱秀梅等，2010）。同时，企业对关键资源的获取能显著提升成长绩效（刘芳等，2014）。但是对于新创企业而言，能够拥有的初始资源极为有限，不具备在企业内部创造资源的能力。由于新创企业规模小，企业管理制度不完善等原因，影响资源所有者对于企业的评估，企业往往难以获取外部资源。进一步而言，即使企业家能够接触到很多的资源，这些资源也不一定能为企业所获取。至于是否能够为企业所用，则取决于资源所有者与企业家之间的信任程度（杨特等，2018）。因此，对于新创企业而言，如何利用社会资本获取并利用资源至关重要。程李梅等（2014）指出，创业企业的亲友关系规模和商业关系规模对其资源获取具有明显的推动作用。在早期成长阶段，基于亲友和熟人关系建立起来的强关系，是新创企业获取资源的重要纽带。在团队成员的社交网络之中，拥有许多已经开始新业务的朋友或家人，这些人更有可能拥有更多的沟通渠道和各种资源。因此，团队成员需要充分利用好社会网络，为新创企业争取必要的资源。

再次，创业团队的社会资本促进对创业机会更好地识别。创业团队的社会资本有助于企业获取信息，得到信息的真正价值，由此识别机会，进行决策。创业精神的相关研究认为：其一，创业活动的前提是存在创业机会，机会的出现是源自技术、市场和政策的变化；其二，机会的发现取决于人们寻求和识别机会的愿望和能力的差异，因此优秀的信息处理能力、寻求技术、审视行为使得一些人更有能力和愿望去发现机会；其三，新创企业家的社会关系网络有利于机会的发现、创业愿望的激发（赵文红，2008）。有结构洞的网络为创业行为提供了机会（Burt，1997）。而创业者的关系资本所涉及的联系人所拥有的学历背景、工作经历、知识和技术可能能够影响创业者识别特殊的机会（Tiwana，2008）。因此，对于创业团队成员，其所拥有的社会资本能够帮助企业获取有价值的信息，识别出机会的真正价值，在综合衡量各方条件之后，做出更为恰当的行为选择。

最后，创业团队社会资本通过节约成本促进新创企业更好发展。高质量的社会网络资本有助于创业团队更便利地获取信息和资源，同时避免不必要的监控，从而可以有效地节约成本，为新创企业有限资源的充分应用奠定了基础，实现了"好钢用在刀刃上"的目的，进而促进新创企业的发展。

总之，强的社会互动和关系对于创业团队在交换信息、识别商业机会、分享和交换资源时极为有利。除此之外，社会资本还能为企业集聚人才，能够使企业与员工、顾客、合作伙伴更好地联系在一起（周小虎，2002）。并且，由于创业团队一般由多个成员构成，成员之间的强关系能够铸就彼此间的信任、规范和承诺，有利于实现隐性知识共享，通过交流反馈产生可靠方案，有助于引进风险投资（Alguezaui et al.，2010），进而利于新创企业市场绩效、财务绩效的提升（谢雅萍，2014）。社会资本还能降低交易对象的机会主义风险（Liao & Welsch，2005），促进长期互惠互利交易的形成。在交易的过程中，受到利益的驱使，往往容易出现机会主义铤而走险的情况。当一方不守信时，就会攫取守信一方的利益，导致守信一方利益受损（隋敏等，2013）。网络具有传递信息的功能，不守信一方的投机行为会在社会关系网络中快速传播开来，其他的网络成员也会拒绝与其合作，由此对机会主义一方予以惩罚。因而可以说，基于互惠合作的社会资本是防范机会主义的一种极为有效的工具，能够增强企业与其外部利益相关者之间交易关系的持续性和稳定性，从而不断地强化机会主义防范机制（蒋尧明等，2011）。因而我们认为，创业团队的社会资本在新创企业发展过程中有着举足轻重的地位。创业团队可以通过社会资本的拓展和维护，包括结构资本、认知资本与关系资本，促进新创企业在发展过程中更好地获取信息与资源，发现和利用更好的创业机会。资源的恰当利用与成本的有效控制，会促进新创企业财务绩效、成长绩效以及可持续发展的关系绩效的有效提升。

8.5 本章小结

8.5.1 结语

社会资本理论的基本主张是社会关系提供资源和信息。社会资本分为结构资本、关系资本和认知资本。这三种维度的社会资本之间并非是相互独立，而是相互联系（Nahapiet & Ghoshal，1998），并且可以互相转换（Liao & Welsch，2005）。其中，结构资本是基础，也是关系资本和认知资本出现的根源，没有结构资本，企业家就不太可能发展关系资本，也会阻碍认知资本的形成，认知资本也对关系资本的提升有着促进作用。

创业团队社会资本对企业的绩效有着重要影响。第一，团队的社会资本能给帮助企业获得大量重要信息，成员还可通过其社会资本对信息进行甄别筛选，由此做出更为恰当的行为决策，以此提高新创企业的绩效。第二，创业团队的社会资本有助于新创企业打破资源壁垒，提高企业的发展潜能。第三，创业团队的社会资本还能降低交易中的机会主义风险，降低交易成本，促成长期稳定的良性交易。第四，创业团队的社会资本还能帮助企业识别创业和发展机会，辨别风险，提高新创企业的生存能力。正如廖和威尔兹（Liao & Welsch，2005）的研究结果就表明，高科技企业家可以从更高的关系资本以及通过这种关系可获得的信息和知识中受益。

不过，廖和威尔兹（Liao & Welsch，2005）基于那哈皮特等（Nahapiet et al.，1998）三维度划分的观点，在对新创企业家和普通大众研究后发现，新创企业家的结构资本和认知资本与普通大众相比，并没有显著区别，两类群体之间最大的差别在于其创造关系资本的能力。由此可见，虽然社会资本中的结构资本与认知资本是产生关系资本的重要基础，但是这种产生并非自动发生的。对于创业团队来说，重要的是如何利用他们的社会关系和相互作用（结构资本）来影响和塑造他们网络的规范和实践（认知资本），进而发展信任与可信度，并获得各种行动者的支持（关系资本）。总之，鉴于创业团队社会资本对于新创企业绩效的重要影响作用，创业团队有必要关注社会资本的发展与维护，特别是其中的关系资本的发展，以此更好地为新创企业发展服务。

8.5.2 研究展望

第一，创业者不同维度社会资本的相互关系机制研究。探讨社会资本每个维度如何积累的过程以及不同维度社会资本之间的相互促进机制，可以加深对多维度社会资本发展与相互关系的理论认识。从廖和威尔兹（Liao & Welsch，2005）研究中可以看出，将结构资本与认知资本向关系资本转换的能力是新生企业家与普通大众的一个重要区别。未来的研究可能集中于新生企业家社会资本利用机制，策略以及将结构资本转化为认知资本，并转而创造关系资本的战术。并且，由于现在团队创业模式盛行，创业团队作为一个整体的同时，团队成员也是独立的个体。创业团队以及团队成员个体在不同维度社会资本间的转化与利用方面可能与单个企业家存在一定区别。未来对此可以进一步深入探讨。

第二，创业团队社会资本与新创企业发展的动态关系机制。社会资本的动态发展可能具有一定的路径依赖（Granovetter，1992）。社会网络的初始状态可能会随着时间的推移对后续网络和关系的深刻变化产生影响。风险增长和社会资本的动态可能是一个共同进化过程，通过这个过程，创业表现会影响社会资本的动态变化，反之亦然。创业团队社会资本与新创企业发展之间的协同进化过程值得在未来的研究中进行探索。同时，社会资本是一个多维度的结构，未来可以进一步调查社会资本的不同层面如何影响创业过程以及最终的创业绩效。如可以通过阶段模型设计，实证检验结构资本、关系资本和认知资本在创业发展不同阶段的发展过程中所发挥的作用以及不同维度资本的内在动态转换机制。具体来说对于过程研究，可以探讨不同维度的社会资本和创业进程中发生的事件/活动之间的关联性。由此可以更好地理解创业活动发生的来龙去脉以及驱动创业活动的关系因素。

第三，信任在社会资本中有着极为特殊的地位，企业家与普通大众相比，其社会资本中最突出的就在于关系资本，很大程度上反映为信任关系资本。而且创业团队信任对于新创企业上下级信任可能存在一定的涓滴效应机制。在新创企业的发展过程中，也离不开上下级信任。企业家对员工的信任是充分授权的基础，员工对企业家的信任是参与管理的前提（周小虎，2002）。在国内的企业中，例如海底捞对其手下员工的授权，店铺员工拥有一定程度的签字免单权，这也加强了员工对于公司的归属感，被认为是海底捞成功的秘诀之一。新创企业的失败，其中一个很重要的原因就在于公司内部缺乏信任，特别是对于高层主管的不信任，大批人才流失导致其最终的失败。创业团队信任关系是否可能促进新创企业内部上下级信任关系的良性发展，并且其中的作用机制如何，可以在未来进一步探讨。如有研究表明，伦理型领导可能存在涓滴效应，即高层伦理型领导促进中层伦理型领导进而对员工行为产生积极影响。创业团队良好的信任关系氛围是否同样起着良好的示范或者引导作用，促进新创企业上下级互动中对信任关系发展的重视及主动发展，从而促进员工积极行为的投入，支持新创企业发展。这是未来基于关系资本视角探讨新创企业发展机制研究中可以深入挖掘的一个有趣切入点。

9 创业团队成员情绪、团队互动与团队绩效的关系模型构建

9.1 引言

大多数情况下，创业团队的优势使得创业活动的开展较为顺利，成员也会感受到团队的力量而保持积极乐观的情绪状态。然而，创业面临着极高的不确定性和失败率。因此，创业团队成员往往背负着巨大的压力，从而也可能会产生一些烦躁、焦虑等负面情绪。成员的负面情绪往往会导致工作效率的下降（Rothbard & Wilk，2011），因而很大可能会成为影响创业团队进一步发展的"毒瘤"。有研究表明，团队互动过程中，成员情绪对团队成员以及团队都会产生重要的影响（Liu et al.，2008）。

不过，虽然近年来情绪研究得到了极大的重视（Ashkanasy et al.，2011）。但是，创业团队成员情绪是通过什么样的方式作用于团队绩效也尚未得到明确地解释。因此，探讨创业团队成员情绪对团队带来的影响作用及其内在机制有着重要的意义。本研究在前人研究的基础上，研究了创业团队成员情绪对创业团队绩效的影响及其内在的中介传递机制，具体来说着重分析创业团队成员情绪通过影响团队互动进而影响创业团队绩效的路径。本研究顺应了国外情绪风暴的研究潮流，同时也为国内相对滞后的情绪研究引入新的研究视角。

9.2 创业团队成员情绪及其维度划分

情绪及其相关联的内容已成为组织行为学研究的一个核心问题（Weiss，2012；Madrid et al.，2014；Totterdell & Niven，2012）。情绪是一种有相对持久影响的个体主观的感受状态，如幸福、愤怒。情绪根据其基

调可以有不同的体现，因此对情绪的研究需要进一步细分不同的情绪状态。为此，不少学者对情绪的维度进行了相关探讨。

埃克曼等（Ekman et al.，1971）在他们的研究中提出，情绪可以分为六种，即愉快、悲伤、愤怒、恐惧、厌恶和惊讶。沃森等（Watson et al.，1984）认为情绪包括两个独立的维度：积极情绪和消极情绪。积极的情绪指能够增强生理活动机能以及增加主体愉悦度的情绪状态；消极的情绪指能够增强生理活动机能并且减少主体愉悦度的情绪状态（Watson et al.，1988）。弗雷德里克森（Fredrickson，2004）认为，积极情绪包括愉快、兴致、满意、爱、自豪、感激等状态；消极情绪包括焦灼、悲伤、气愤等。沃顿等（Wharton et al.，1993）等认为组织中的情绪表现分为正向、中立以及负向三种。拉塞尔等（Russell et al.，1999）提出的环形模型（circumplex model）中将核心情绪（core affect）划分为两个维度：愉悦度和强度，愉悦度分为愉悦和不愉悦，强度又分为中等强度和高等强度。

可见，对情绪进行维度区分是众多学者普遍采用的一个观点。相关学者主要依据情绪的基调将情绪进行高阶划分为积极情绪和消极情绪的二分法，或者积极情绪、中立情绪和消极情绪的三分法。不过，在实证研究中采用积极情绪和消极情绪的二分法较多采用。依此，本研究提出，创业团队成员情绪是团队成员相对持久的一种主观体验状态，可以进一步区分为积极情绪与消极情绪。

9.3　创业团队成员情绪与团队互动

积极情绪即正性情绪或具有正向效价的情绪。积极情绪扩展与建设理论认为，相对于中性状态，快乐、满意等积极情绪能够扩展个体的注意范围和思维活动序列（Fredrickson & Branigan，2005；Fredrickson，2003）。同时积极情绪对于思维活动序列的扩展促进了个体内资源和个体之间资源的建设，如增强心理和生理恢复力，增强社会联系，有利于个体积极主动地参加活动。弗雷德里克森等（Fredrickson et al.，2008）发现，积极情绪可以增强社会支持、个人目标等个人资源。在积极情绪对个体间资源的建设方面，研究发现积极情绪能够促进人际问题的解决，协商与谈判问题的解决（Isen，2002）。沃和弗雷德里克森（Waugh & Fredrickson，2006）研究发现，积极情绪体验多的大学新生人际互动意愿更强，表现出对他人更复杂的理解力。

由上述分析可以看出，个体的情绪状态对于资源的利用、社会支持的增强以及人际互动和人际理解等都有重要的影响，具体表现为积极情绪有助于人际互动与理解所需要的资源建设及资源扩展。在团队背景下，团队成员的情绪同样可能对团队人际互动产生不可忽视的影响作用。马科斯等（Marks et al.，2001）认为，团队互动是团队成员之间相互依赖，在协调完成任务过程中进行的认知、语言、行为等方面的活动。团队互动将团队的投入转化为产出，从而完成团队共同的目标。良好的团队互动是团队赖以维持和发展的基础。创业团队由于面对更为复杂的任务更需要良好的团队互动。鉴于团队成员情绪对人际互动所需要资源的重要意义，关注团队成员情绪对创业团队互动的影响就显得非常有必要了。

有研究表明，双方关系中体验到的情感，包括负面的如愤怒，正面的如喜爱，可能影响信任建立和维持的认知基础，进而影响双方的互动行为选择（Lewis & Weigert，1985）。基于此，创业团队成员的积极与消极情绪可能导致不同的信任认知基础，从而发展起不同水平的创业团队成员信任，又会进一步影响成员之间的互动行为。如琼斯和乔治（Jones & George，1998）研究揭示，拥有消极情绪的个体成员更有可能怀疑或不信任他人，并且会逐渐减少与其他成员之间的合作。如果团队内部充满焦虑或者消极情绪，那么很可能会导致成员积极互动能力下降（Barrick et al.，1998）。巴萨德（Barsade，2002）也发现，团队成员积极的情绪状态，将会增进团队合作，减少成员冲突。而在消极情绪下的个体，往往会批评他人观点来做负面的反馈，不愿意进行自我披露（Forgas，2002），从而可能导致相互间的友好互动难以维系甚至出现恶性互动。

另外，团队成员情绪不仅直接影响团队互动，还可能通过情绪的感染机制影响整个团队情绪状态，进而对团队互动产生重要影响。瑞伊（Rhee，2007）有关积极情绪的作用机制研究中发现，分享积极的情绪会促进团队内部的扩展和开拓性互动（broadening-and-building interactions）。因此，调动团队整体的积极情绪将有利于增加团队内部合作行为（Hermann et al.，2011）。基于此，创业团队不仅需要重视单个成员情绪对于其团队互动行为选择的直接影响，还需要关注团队情绪感染可能产生的对整个创业团队情绪氛围的影响以及相应的对整个团队互动氛围产生的弥漫性作用。

9.4 创业团队成员情绪与创业团队绩效

情绪对个体的行为会产生重要的影响作用。情绪渗透模型（AIM）表明，情绪会影响并融入一个人的认知和行为过程（Forgas & George，2001）。有研究表明，情绪反应在成员怠工行为以及组织公民行为活动中居于核心地位（Spector & Fox，2002）。消极的情绪增加或加剧了组织成员的怠工行为，而积极的情绪倾向则能够促进成员的组织公民行为。同时，长期暴露在情绪高涨的状态下，将加剧成员的上述行为反应。此外，当个人经历消极情绪，他们经常寻求别人帮助他们解决他们的负面情绪，而不是专注于手头的任务，从而导致绩效表现可能不尽如人意（Grawitch et al.，2003；Thayer et al.，1994）。费洛斯等（Farrows et al.，2008）指出，积极情绪不仅会促进个体的创新行为，而且会促进新颖想法的实现，从而有利于应对复杂的工作任务。

情绪对创业团队而言具有非常重要的意义。学者认为情绪在创业过程中发挥着至关重要的作用（Baron，2008）。已有研究证明，积极的情绪共享，正向影响团队绩效（Totterdell，2000）。当团队成员分享他们积极的情绪时，会使整个团队成员更加努力和坚持团队任务，会有利于团队绩效的提高（Romá & Gamero，2012）。阿马比尔等（Amabile et al.，2005）认为，积极的情绪能够促进团队的创造力。艾丁等（Aydin et al.，2001）发现，消极的情绪会对团队凝聚力产生负面影响。同时，情绪的稳定性与团队效率呈正相关关系。拥有消极情绪的成员在执行任务时更容易分心，可能会出现气馁甚至是急于退出的情况。艾利特等（Ayelet et al.，2007）强调，消极的情绪会在团队中传递负能量，对成员间的关系带来不利影响。

总之，创业团队背景下，成员情绪可能产生重要的影响。由情绪稳定的成员组成的团队容易形成一种和谐的工作气氛，有利于促进团队合作最终会减少成员的破坏性行为（Reilly et al.，2002）。然而，情绪不稳定的团队成员也会对团队气氛带来不利的影响，让成员很难在一起工作。创业团队成员的情绪会涉及他们对创业企业的感受和工作绩效，并且会影响到创业活动的进行和结果（Klotz & Neubaum，2015）。克里斯汀和艾里斯（Christian & Ellis，2011）研究发现，创业团队成员在创业过程中很容易产生烦躁、愤怒和厌恶等消极情绪。当成员产生消极的情绪时，很可能会失去创业的激情，并且会增加他们反生产行为（Ilies et al.，2006）。此外，情绪具有感染性，成员通过感染的方式在团队中分享他们的情绪（Menges & Kilduff，2015）。团队成员的情绪传递给其他的成员，在团队中进行扩散并且会影响到团队氛围的形成（Romá & Gamero，2012）。有消极情绪的个体成员会把消极情绪带入团队中，并且会在交往过程中影响到其他成员的情绪，这将会对团队的整体绩效产生负面影响（Jordan，Lawrence & Troth，2006）。

9.5 创业团队成员情绪、团队互动与团队绩效的综合关系模型

瑞伊（Rhee，2007）的研究表明，在情绪积极的团队中，分享积极的情绪会促进团队内部更广泛的建设性互动，而且这种团队互动会影响到团队的创造能力、团队成员的满意度以及团队成员的学习等。可见，创业团队成员情绪对于团队合作等互动过程有重要影响，并且最终可能影响团队的绩效相关变量。具体来说，创业团队成员情绪对团队互动和团队绩效有着重要的影响作用，而团队互动又对团队绩效产生重要影响。在这一过程中，创业团队成员情绪可能一方面直接影响创业团队绩效，另一方面则可能通过团队互动对团队绩效产生间接影响。基于此，本研究构建了如图9.1所示的创业团队成员情绪、团队互动与团队绩效的综合关系模型。

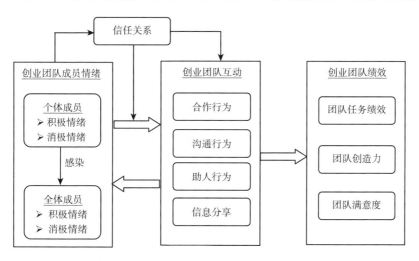

图9.1 创业团队成员情绪、团队互动与团队绩效的综合关系模型

1. 创业团队成员情绪直接影响团队互动质量

值得特别强调的是，创业团队成员情绪可能直接影响团队互动。人们常拥有对特定社会群体的强烈情感倾向（Jussim et al.，1995），这种倾向影响他们对群体成员的情感和判断。

研究者发现，情绪会对团队成员的助人行为产生影响。组织公民行为理论和人际帮助理论（interpersonal helping theory）认为，积极的情绪会增加个体的公民行为、助人行为以及人际吸引力（Miner & Glomb，2010）。巴萨德（Barsade，2002）认为，当团队成员经历积极的情绪时，将会有利于增进团队合作、减少冲突以及提高任务绩效的感知。消极的情绪会减少成员之间愉快的互动（Barsade & Knight，2015）。斯佩克特和福克斯（Spector & Fox，2002）提出的自愿行为（voluntary behaviors）模型表明：积极的情绪在员工行为的预测中居于中心地位，因为情感反应决定行为倾向。拥有积极情绪的成员能够以积极的态度去对待同伴，并且会主动地向同伴提供帮助（George & Brief，1992）。情绪不稳定的人往往喜怒无常，难以预测，会破坏团队的协作（Reilly et al.，2002）。持续的消极情绪会导致成员帮助行为减少，并且会把团队的问题归因到其他成员的过错中来（Jordan et al.，2006）。

除了成员个体情绪影响互动之外，个体情绪还可能通过感染过程发展成为团队情绪，进而通团队情绪影响团队整体互动。一些学者基于情绪感染理论指出，在群体成员中，当情绪感染表现为正面情绪时，群体内成员通常展现出更好的合作精神和更高的工作效率，同时更少出现冲突和摩擦（Barsade，2002）。相反，对于经常感受负面情绪的群体成员，就会使得整个团队表现糟糕。

2. 创业团队互动可能影响团队成员情绪

团队成员之间的不断互动也可能反过来影响团队成员情绪，如可能为创业团队成员间的情绪感染创造了有利的温床。团队的成员组合到一起形成一个整体，每个人的情绪特点会经过不断的任务互动，形成整体的团队情绪。所谓团队情绪是源于团队中个体的情绪特质和团队所在组织的情绪性环境整合而成的一种团队的情绪状态。

创业团队互动可能会加剧成员的积极情绪或者消极情绪，导致创业团队发展起相应的情绪氛围。在这一互动过程中，需要特别关注的是积极情绪的感染是有助于创业团队良好情绪氛围的形成，因此可以强化相应互动推进这一积极发展关系。但是如果团队互动导致的是消极情绪的感染，弥漫发展成为整个创业团队消极情绪氛围，则需要团队领导者特别进行干预，避免这一不良发展趋势。

3. 成员情绪通过影响信任进而对团队互动产生影响

琼斯等（Jones et al., 1998）认为"如果与一个陌生人相遇时，个体体验到高的负面情感，他可能开始就不信任那个人"。可见，在人际互动过程中，情感对信任产生有着显著的影响。而在团队背景中，成员情感也可能影响成员信任。研究表明，社会群体情感影响可信度信念和人际信任的发展。对一个人的群体成员身份的情感反应可能影响与信任发展相关的认知、动机和行为。人们对他们所属的群体产生情感（Brewer & Brown, 1998），对那些拥有他们所看重或者轻视的特征的群体（Smith, 1993）和那些能够促进或者威胁到他们目标实现的群体（Fiske & Ruscher, 1993; Smith, 1993）也会产生情感。人们对群体的情感接着会影响他们对群体中的个体的情感和知觉（Jussim et al., 1995），进而影响群体成员的初始信任水平以及随后果的信任发展过程。

社会归类与自我归类是群体成员身份影响信任发展的主要心理机制。社会归类（social categorization）指将自己或者他人归入与其他群体相对的一个社会类别的分类过程，如通过性别、种族或者专业进行分类（Turner, 1987）。社会归类过程是通过类别驱动的加工过程（category-driven processing）影响信任发展的，这是一种依靠先前拥有的信念而不是眼前的具体个人的信息进行一种认知捷径（cognitive shortcut）（Hilton & Von Hippel, 1996）。基于类别的驱动过程要求个体特征与相对应的类别的特征的高度知觉匹配或者重叠（Fiske & Taylor, 1991）。

人们往往对自己所属的群体产生积极的信念和情感（Brewer, 1979）。不过，对自己不在的其他群体产生的信任和情感则不确定，有可能是积极的，也可能是消极的或者中立的（Brewer & Brown, 1998）。导致这种差异的因素主要有两个：群体成员身份与群体间的相互依存关系。首先，群体成员身份会影响可信度知觉，相似的群体成员身份提高可信度，而不相似的群体成员身份则可能降低可信度。其间产生的是基于群体类别的情感和信念，会直接影响到对群体中具体每一个成员的可信度知觉。而组织背景中有多个因素会影响上述群体类别驱动的加工过程，如任务的模糊性、任务的非常规性、任务的时间压力、危机知觉、企业文化、奖酬制度以及组织成员的人口学构成特征等。在新发展的关系中，没有前期的互动历史，双方对于彼此的个人信息了解较为欠缺。在这样的情境下，如果有上述群体类型驱动的加工过程，个人信息的缺乏不会妨碍对彼此可信度的知觉。因为对于一个社会群体产生的相关信念和情感可以直接应用到其中的具体成员身上。不过，这些基于类别的知觉和情感反应可能会使对具体不熟悉的该类别成员的信任归因过程出现偏差，从而使得最初的可信度信念被强化，即使是有偏差的知觉也会被强化，影响信任的进一步发展。如可以检验两个群体间竞争或者合作的相互依存关系如何影响人们对群体成员的可信度信念和与他们的情感关系，随之，情感又如何通过不同途径影响人际信任的发展。

总之，情感反应影响人们对于他人的情感依恋和信任的评价，而情感依恋又形成了构建信任的关心和仁慈行动的基础，从而促进良性的人际互动。深信任（情感相连）更稳定，甚至在经历一定的信任违背后仍然保持。不过，情感影响深信任已经得到认可，但是情感对"浅"信任（基于认知的信任）的潜在影响力常常是被忽略的。然而，在一定程度上，情感影响判断、动机和思维过程。它可能确实影响所有阶段和所有类型的信任。琼斯等（Jones et al.，1998）认为情感可能影响与信任相关的认知：知觉、信念和判断。由此可见，创业团队成员情绪对于关系认知和判断均会产生重要影响，而不同关系定位又可能进一步影响团队互动状况，导致差异性的团队结果。

4. 积极创业团队互动提高创业团队绩效

群体行为理论认为，合作对团队有重要的作用并且对团队而言是必不可少的（孙卫等，2014）。研究表明，团队的绩效很大程度上取决于团队成员的合作状况（Puck & Pregernig，2014；Yang et al.，2011）。团队绩效模型表明，团队绩效是成员之间建立关系和互动的结果（Gersick，1991）。团队能否有效地运转很大程度上取决于团队成员的互动情况，因为团队成员之间的互动对团队绩效的提高有重要的作用（刘雪峰和张志学，2005）。因此，团队成员间的互动和交流对团队的发展和绩效提升十分重要（Bartsch et al.，2013）。

如有研究表明，团队互动的过程中的助人行为对于团队而言十分重要（Farh et al.，2004）。已有研究表明，团队成员的助人行为会促进团队绩效（Liang et al.，2015）。尤其是，团队成员自愿性的助人行为会提高团的整体绩效（Liao et al.，2008）。

哈珀（Harper，2008）认为，创业团队是一个创业团体，在这个团体中成员通过协调他们的创业行为来实现共同的目标。在一个团队中，成员的交流和互动越是频繁、公开和广泛，创业成员就越有可能自发的分享他们共同的创业愿景，来指引他们解决创业过程中的问题。并且，在应对创业问题的过程中创业团队成员会为彼此提供实际的支持，共同成就他们的创业目标（Lechler，2001）。

综上所述，情绪会影响团队互动，团队的互动又会影响到团队效能（Rhee，2007）。情绪的社会功能可以帮助个体更好地适应环境，并且促进个体之间的人际互动（Keltner & Kring，1998）。具体来说，积极的情绪将积极地促进团队内部的互动过程，比如会增加团队成员之间的合作（Barsade，2002）。而消极的情绪会使人增加竞争以及退出互动的动机（Kantor & Streitfeld，2015）。有效的互动不仅促进个体效能的发挥，而且能够加强团队成员之间的合作关系，增强团队的力量，提高团队资源利用率（Pieterse et al.，2011）。因此，若想有效地管理团队过程提高团队绩效，团队成员需要重视并且不断地改善消极情绪（Jordan et al.，2006）。基于此，创业团队需重视和恰当利用创业团队成员情绪—团队互动—团队绩效关系机制相关研究发现，更好指导创业团队内部治理。

9.6 本章小结

9.6.1 结语

近年来，随着创业团队研究得到进一步的重视，如何提高创业团队绩效毫无疑问地成为当前研究的重点。与此同时，组织或团队中的情绪作用的研究逐渐流行起来（Chen，2006）。创业团队成员个体情绪的研究逐渐上升到团队层面，同时团队情绪也渐渐成为理解创业团队过程的新视角。

大量的研究表明，情感和情绪会影响到人们的创造力（Amabile et al.，2005；George & Zhou，2007）、积极主动性（Bindl et al.，2012；Fritz & Sonnentag，2009）、组织公民行为以及反生产行为（Dalal et al.，2009；Ilies & Judge，2006）。情绪的稳定性与团队效率呈正相关关系。创业团队成员的表现有时候也会变得"情绪化"。创业团队成员的情绪效应值得特别关注。积极与消极情绪均可能作用于创业团队表现。积极的情绪状态下可能会带来更高的创业团队绩效，消极的情绪状态下则可能导致较低的创业团队绩效。

另外，创业团队成员情绪还可能通过团队互动对创业团队绩效产生影响。创业团队成员积极的情绪有利于团队互动进而对创业团队绩效产生正向影响。创业团队成员积极的情绪促进团队成员之间的互动，增加成员的合作行为、助人行为，从而对创业团队绩效带来积极的影响。相比之下，创业团队成员消极的情绪不利于团队互动进而对创业团队绩效产生负向影响。创业团队成员消极的情绪，会增加成员的怀疑并逐渐减少合作和助人行为对团队互动产生不利的影响，最终阻碍创业团队绩效的提高。

再者，情绪就像流行感冒一样具有传染性，往往在团队成员互动过程中不断地蔓延，其作用也会不断地扩大。创业团队成员情绪可能发展为团队情绪氛围，进而对创业团队互动和团队绩效产生影响。创业团队成员积极的情绪有利于积极的团队情绪氛围的形成进而对创业团队绩效产生正向影响。斯普尔和凯利（Spoor & Kelly，2004）就指出，群体内的情绪将会影响到群体内的团结和协作精神。一方面，团队正面情绪氛围通常会对群体内成员起到吸引激励的作用；另一方面，团队负面情绪氛围应当尽可能地避免，因为它将动摇群体成员间的和睦与团结（Felps Mitchell & Byington，2006；Walter & Bruch，2007）。如果创业团队能够形成积极的团队情绪则将积极地促进团队的互动过程，比如会增加团队成员的合作，进而更好地促进创业团队的发展。

9.6.2 管理启示

创业团队成员情绪对于创业团队具有重要影响。创业团队成员情绪既可能直接影响团队绩效，也可能通过团队互动的中介作用间接影响创业团队绩效。而且创业团队个体成员的情绪可能通过感染的过程发展成为团队层面的情绪氛围，进而影响创业团队整体发展。对于创业团队情绪、团队互动及团队绩效关系的研究有助于指导创业团队基于内部治理视角的团队管理实践。

首先，对创业团队情绪管理的启示。情绪对于团队而言，具有十分重要的作用。因此，对于团队中的情绪管理十分关键。个体成员的情绪会传染其他成员，并且会形成一个共享的情绪状态（Perry-Smith et al.，2011）。换句话说，团队成员把情绪带入团队，通过互动过程会整合成为团队情绪

（Barsade et al.，2007）。可见，成员的情绪会在团队内传染，并且会形成和谐或者不和谐的团队氛围。为此，创业团队需要时刻关注成员情绪，防止消极情绪带来的负面影响。不过虽然团队也开始重视成员努力规避消极情绪与负面的情感表达（Shepherd et al.，2011），以及对团队带来的负面影响（Stephens & Carmeli，2016）。但事实上，在创业团队中完全避免成员出现消极情绪十分的困难。由于负面情绪感染的可能性存在。在无法完全避免消极情绪的情况下，需要特别注意的是创业团队中个别成员的消极情绪如何避免感染其他成员而变成团队整体的消极情感氛围。同时，创业团队还要充分激发成员积极情绪的积极作用，在团队中形成和谐的团队氛围，这对于提高创业团队绩效有重要的指导意义。

其次，对促进创业团队互动的建议。在创业团队中，成员之间的互动是创业行程的重要推动力。团队成员的互动越是频繁、质量越高，那么创业行程会得到极大的推动，最终会促进团队的整体绩效提高。因此，创业团队需要不断地提高团队互动水平，增加团队成员的合作和助人行为。不仅会促进创业团队成员的关系的建立和稳定，同时互动过程会增加成员之间的沟通和协调，对于团队和团队绩效而言都具有十分重要的意义。由于创业团队成员情绪对于团队互动可能产生重要的影响。拥有消极情绪的个人更有可能消极地去感知和评估他人，相反拥有积极情绪的个人通常以积极和宽容的态度去评估别人（Jordan Lawrence & Troth，2006）。众多社会心理学研究已经证明，积极的情绪状态有利于培育和促进助人行为（Messer & White，2006）。为此，基于情绪观视角，管理创业团队成员情绪对于促进创业团队有效互动有着重要借鉴意义。

最后，对创业团队绩效提升的管理启示。创业团队成员积极的情绪促进和谐的团队情绪氛围的形成，在和谐的团队情绪氛围下，成员有着更高的工作效率。与此同时，积极的团队情绪有利于和谐关系的发展，因此会对创业团队绩效的提高起到积极的推动作用。与之相对，创业团队成员消极的情绪不利于积极的团队情绪的形成进而对创业团队绩效产生负向影响。具体表现为，创业团队成员消极的情绪会对和谐的团队情绪氛围产生不利影响。而且，在不和谐的团队情绪氛围下成员会出现怠工行为，对团队绩效的提高带来消极的阻碍作用。

9.6.3 未来研究展望

第一，创业团队成员积极情绪与消极情绪的差异性影响效应对比研究。目前国内对于情绪的研究仍然大多停留在个体层面，在团队和组织层面上，关于情绪如何影响团队绩效的研究较少。虽然有不少研究指出，团队积极的情绪对团队绩效产生积极的影响，而消极的情绪会对团队绩效产生消极的情绪。但是，也有学者认为消极的情绪并非完全消极的影响团队绩效。乔治和周（George & Zhou，2002）的研究发现，在某些情境下消极的情绪也有可能带来积极的影响，比如促进个体的创造力。此外，卡普拉（Capra，2004）发现在消极情绪下的人可能会表现出更多的互惠行为。因此，在未来的研究中可以进一步探讨创业团队在哪些情境下利用成员消极的情绪可以为团队带来积极的影响作用。

第二，创业团队成员情绪的驱动机制研究。鉴于消极情绪可能引发的负面效应，研究者认为缓解消极情绪十分重要（Rothbard & Wilk，2011）。因此，如何缓解成员的消极情绪也需要进一步的研究。由于创业活动具有更大的不确定性和难度，导致创业过程中产生消极情绪可能性较大，如何缓冲可能的消极情绪并避免个体消极情绪转化为团队消极情绪是创业团队面临的一大难题。

第三，创业团队成员情绪与创业团队绩效关系的内在机制研究。团队互动在创业团队成员情绪与团队绩效间可能发挥中介作用。但除此之外，创业团队绩效提升的研究发现，还有许多可能的因素会影响团队绩效。因此，在未来的研究中可以探索其他的中介变量，进一步丰富创业团队成员情绪对团队绩效的影响机制研究。如情感影响信任。情感依恋形成了构建信任的关心和仁慈行动的基础。情感反应影响人们对于他们对他人的情感依恋和信任的评价。团队成员信任作为一种涌现状态，可能如何受到创业团队成员情绪的影响进而对创业团队绩效发挥传递影响作用还需要进一步实证检验。

第四，团队创业激情的影响机制研究。激情（passion）是一种强烈的积极情感和有意义的身份联系（Perrewé et al.，2014）。激情对于个体、团队乃至组织均可能产生重要的影响作用（Albert，Ashforth & Dutton，2000；Brief & Weiss，2002）。为此，激情构念获得了大量的学术关注，学者们运用激情这一概念将组织中的情感与身份联系起来（Boyatzis et al.，2002；

Vallerand & Houlfort, 2003）。激情对于创业而言也是非常重要的因素。创业具有高度的人际互依性，在这一过程情感性特征是非常突出的。激情作为一种特殊的情感体验，具有积极性和强烈性（Baum & Locke, 2004; Houlfort et al., 2014）。卡顿和波斯特（Cardon & Post, 2017）指出团队创业激情（team entrepreneurial passion）是一种团队层面的构念，反映了对于创业团队的集体核心团队身份拥有的共享强烈积极情感的程度。究竟创业团队激情可能受到哪些因素影响，并且可能如何影响团队绩效都还需要进一步探讨。

第五，创业团队成员情绪与团队信任涌现状态相互因果关系机制研究。信任是影响团队有效性的一种重要涌现状态。情感影响信任的认知、动机和行为预测变量。情感对于信任发展的重要性已经得到认可，但是情感影响信任的机制还没有清晰的理解。另外，信任也可能影响情感。创业团队成员信任可能如何影响团队成员情绪并不明确。再者，情绪与信任可能是不断循环影响的一个回路。群体间的相互依存关系的知觉导致强烈的基于群体的情感，随之，可能影响对群体中的具体个人的可信度知觉，信任动机以及对该成员的亲社会行为。基于这一逻辑的研究将可能推进创业团队成员情绪与团队成员信任关系机制的理解，同时对创业团队涌现状态管理实践有所借鉴。

第六，在有外部团队竞争或合作条件下，创业团队成员情绪发展及影响机制的研究。如威廉姆斯（Williams, 2001）指出，在扁平化组织中工作经常需要跨边界的合作，如跨职能领域、跨部门等，通过跨群体边界与没有层级控制的个体合作。在跨群体互动过程中，可信度的信念常常与社会群体成员身份相联系。但是，相似信任、不相似不信任的变化图式对于理解不相似群体成员身份在人际信任上的作用并不总是足够的。因为不相似群体成员身份也能够与信任（McKnight et al., 1998）或不信任（Donnellon, 1996; Sitkin & Stickel, 1996）相联系。迈耶森等（Meyerson et al., 1996）描述了临时工作系统中工作的专业人员间信任的发展。他们提出不相似的专业群体成员身份与在这一背景中快速信任的发展相联系，因为个体对在这一项目中工作的其他专业群体成员的能力有积极的信念和"善意"的期待。在许多背景中信任的制度基础（对专业资格、道德和训练的信心）能够产生对一个群体可信度的积极信念——甚至当群体成员和合作者来自不相似的社会群体，或者对具体的群体成员的可信度的证明信息没有获得的情况下，促进信任发展的信念（McKnight et al.，1998）。具体地说，对于另一个群体（如专业，部门等）可能对自己的群体有帮助或者合作的预期产生对该群体成员可信度的积极的信念（Meyerson et al.，1996），而相反的预期——另外一个群体可能与自己的群体竞争——则产生可信度的负面信念（Fiske & Ruscher，1993）。究竟在有外部群体竞争和合作条件下，创业团队成员情绪发展的机制是什么，又会如何影响创业团队绩效等问题，还需要进一步研究。

10 创业团队成员积极情绪对团队绩效的影响：团队成员信任的中介作用

创业团队逐渐成为创业的主要载体，团队绩效是创业成功与否的重要评价尺度，而成员情绪是影响团队绩效的一个重要前因。创业团队成员积极情绪有助于提升创业团队绩效；团队成员情感信任和认知信任在创业团队成员积极情绪与团队绩效关系中可以发挥部分中介作用，即创业团队成员积极情绪一方面可以直接促进团队绩效发展，另一方面有利于团队成员情感信任与认知信任的提高，进而促进团队绩效提升。

10.1 问题的提出

个体情绪是社会学、人类学、经济学等多学科领域共同关注的话题。近年来情绪对组织中个体态度、行为的影响也开始成为管理学术和实践领域的重要研究议题（Rothbard & Wilk，2011）。已有研究发现，情绪对个体和组织都会带来重要的影响。就个人而言，情绪会影响个人的组织承诺、工作满意度等态度（Thoresen et al.，2003）；情绪还会影响个体的帮助、利他或互惠等行为（Madrid et al.，2014）。组织层面的研究发现，组织成员的情绪会影响到他们的工作态度和思想，并最终影响组织有效性（Barsade，2002）。

随着团队在组织中的普及，团队成员情绪对团队的影响作用也逐渐开始受到关注（Madrid, Patterson, Birdi, Leiva & Kausel, 2014）。如邱和谢尔温（Qiu & Scherwin，2014）通过实证研究发现，新产品开发团队个体成员情绪对团队的发展发挥着巨大作用，尤其是对团队绩效的影响最为重要。在"大众创业，万众创新"的社会潮流中，创业团队也随之增多，创业团队中成员的情绪同样会带来不容忽视的影响作用。已有研究表明，创业团队中的成员情绪在创业过程中是至关重要的（Baron，2008）。具体来讲，情绪会影响创业团队创造力、机会识别能力、获取资源的能力以及承受压力的能力。不过，创业团队中成员情绪与团队绩效的关系研究尚未达成一致意见。创业活动固有的不确定性以及高风险性，使得创业团队中成员情绪的影响作用可能更为突出，因此对创业团队中成员情绪和团队绩效关系的深入研究有着重要意义。另外，虽然情绪可分为积极情绪和消极情绪，在过去的情绪研究中，往往只重视消极情绪所带来的负面影响，对积极情绪研究相对较少（曾晖和赵黎明，2007）。然而，随着积极心理学的发展以及积极组织行为学（positive organizational behavior，POB）的兴起，人们越来越关注积极情绪的作用并掀起新的情绪研究热潮。为此，有必要探究创业团队背景下积极情绪的价值。

此外，创业团队成员的情绪如何影响团队绩效，或者说是通过什么样的途径作用于创业团队绩效的研究相对薄弱。在过去的研究中，情绪对绩效的影响机制主要关注凝聚力以及团队冲突等变量的中介作用。随着研究的推进，情绪与绩效的关系机制研究开始转向社会网络视角、个体行为视角以及自我控制理论视角。近些年来的团队研究中，越来越重视人际关系对绩效的影响作用。并且，无论是人际关系视角、团队合作视角还是团队治理视角都十分重视信任关系对团队绩效的影响。信任的双方渴望得到支持并且相信他们之间存在一种相互依存的关系。信任所带来的这种相互依存的关系不仅会影响团队的稳定，还可能影响到创业活动的成败。已有的研究发现，创业团队信任关系对团队十分重要，团队信任关系直接影响创业过程和创业绩效（Hempel et al.，2009）。基于此，本研究以创业团队为研究背景，引入团队成员信任作为中介变量，探讨创业团队成员积极情绪对创业团队绩效的作用机制。本研究首先基于积极组织行为学视角，以创业团队成员积极情绪为切入点探讨创业团队绩效的影响因素，为创业团队绩效研究提供了一个新的视角，同时也是对关注情绪研究发展趋势的一个有力响应。另外，本研究引入了创业团队成员信任这一中介变量，可以更深入地厘清创业团队成员情绪对创业团队绩效的作用机制，有助于拓展创业团队成员情绪影响机制理论研究。

10.2 理论与假设

10.2.1 创业团队成员积极情绪与创业团队绩效

创业团队是创业能否取得成功的关键因素。高阶理论认为，企业高层管理者的个性特征通过过程变量的中介作用，对团队产生重要的影响（Hambrick & Mason，1984）。情绪作为创业者极为重要的特征，可能会影响其创业认知和创业意愿进而影响到创业的结果。同样，在创业团队中，个体成员的情绪对成员工作绩效和团队创业活动都会带来重要的影响。

研究表明，个体情绪和工作满意度之间存在密切联系。如费舍尔（Fisher，2000）通过实证研究发现，积极的情绪促进工作满意度，而消极的情绪对工作满意度产生负面影响。与处于消极情绪状态之下的个体相比，处在积极情绪状态下的个体有着更高的工作满意度。有学者认为，积极的情绪能够提供积极的能量鼓舞成员的创新工作行为（Madrid，Patterson，Birdi，Leiva & Kausel，2014），从而会促进团队的创造力。相反，消极的情绪会增强个体自我为中心的意识（Isen，2001），从而不利于团队创造力的提升。据此，创业团队成员的积极情绪可能会提高成员的工作满意度，同时促进成员的创新工作行为和创造力，从而有助于创业团队绩效表现的提升。

韦斯和克罗柏扎纳（Weiss & Cropanzano，1996）提出的情感事件理论（affective events theory，AET）强调了个体情感体验的重要性。根据情感事件理论，工作事件导致的情感反应，会影响个体的工作态度和情绪驱动行为（affect-driven behaviors），例如绩效（Beal et al.，2005）。罗斯巴德和威尔克（Rothbard & Wilk，2011）发现，在组织中积极的情绪会提高员工的工作效率和服务质量，而消极的情绪则会对工作效率和服务质量产生不利影响。此外研究发现，积极的情绪促进个体任务绩效的提高，消极的情绪会减低个体任务绩效。在组织中，当员工经历消极情绪时，他们更不情愿为了实现绩效目标而主动地调节自己的努力和行为，从而导致任务绩效的降低。谢泼德等（Shepherd et al.，2009）提出，创业活动中引发的消极情绪反应，会降低成员学习的动力以及对组织的情感承诺。而成员降低对组织的情感承诺会负面影响成员个体绩效和组织绩效，甚至会让成员产生退出团队的动机。乔治和布里夫（George & Brief，1992）提出了组织自发性模型（a model of organizational spontaneity），并且将工作中的积极情绪视为该模型的关键构成要素。组织自发性（organizational spontaneity）是员工职责之外的一种自愿的行为，包括帮助同事、保护组织、建设性意见、发展自我、传播善意等，而且组织自发性行为对组织的绩效有积极的影响。组织自发性模型认为，员工的积极情绪是组织自发性的重要驱动力，处于积极情绪状态下的员工有着更高的工作热情和绩效。为此，创业团队成员的积极情绪可能通过提高成员的组织自发性，从而促进绩效提升。

概括而言，情绪可以根据取向分为积极情绪和消极情绪（Qiu & Scherwin，2014）。不同取向的情绪可能会产生不同的影响结果。如有学者指出，情绪会影响团队成员的工作目标设定，并且会影响成员对目标实现可能性的评估和判断（Vicente & Nuria，2012）。积极的情绪可能会导致积极的判断，消极的情绪可能会导致消极的判断。当团队成员拥有高水平的积极情绪时会提高他们实现任务的信心，并且会在此基础上设定更高的工作目标。消极的情绪会降低个体记忆过去重要信息的能力，并且会让他们感觉自己与工作团队是分离开的，甚至会逃避与其他成员有亲密的接触。实际上，团队成员情绪不仅影响成员个体的态度与行为，也会对团队整体表现产生重要影响。团队成员高水平的积极情绪，对团队绩效的提高产生推动作用。成员在积极的情绪状态下，会更愿意互相帮助和增加投入，因而会提升整体的效率（Rajah et al.，2011）。然而，消极的情绪可能会使团队成员关注他们的情感冲突，从而导致工作上的分心。随着负面情绪积累过多，成员会出现情绪疲惫从而会加剧他们退出团队的动机。乔丹等（Jordan et al.，2006）的实证研究就表明，消极的情绪会降低团队成员的凝聚力并且会增加成员对团队过程冲突的感知，这些因素都会对团队绩效产生不利影响。创业团队面对着高风险的创业活动和高不确定性的创业结果。创业团队成员积极情绪对创业认知判断和目标设定的积极影响效应可能会更为显著，进而对提升创业绩效有着更积极的作用。据此，本研究提出如下假设：

假设1：创业团队成员积极情绪正向影响创业团队绩效。

10.2.2 团队成员信任的中介作用

团队信任的划分最为常见的是根据迈克艾里斯特（McAllister，1995）的研究，划分为情感信任和认知信任。在创业团队成员信任的研究中，此类划分也极为普遍。情感信任是团队成员之间基于情感联系而产生的信任，而认知信任是团队成员基于对其他成员的评价和判断所产生的信任。研究表明，情绪与信任之间存在密切的联系，情绪状态会影响信任关系的发展（Lount，2010）。情绪反应，如快乐、舒适、愤怒或恐惧等，会影响对互动方的可信度的评价。消极的情绪会降低信任者对被信任者可信性的认知，进而负面影响信任评价。相反，积极的情绪如愉悦和感激等，会提升信任双方的信任感知从而促进信任关系的维护。团队成员之间的信任感知以及信任评价会影响到他们之间的认知信任，因此团队成员情绪很可能会影响成员认知信任。菲利普等（Philippe et al.，2010）指出，信任水平会受到个体情绪的影响，积极情绪状态下的个体更愿意去相信他人，也更可能发展起对他人的高水平信任；而消极情绪状态则会降低个体对他人的信任水平。邓恩和史怀哲（Dunn & Schweitzer，2005）分别利用快乐和悲伤的情绪来检验其对同事信任发展的影响。结果发现，与经历悲伤的情绪相比较，经历快乐的情绪时表现出更高的信任，即快乐的个体比悲伤的个体更信任自己的同事。劳特等（Lount et al.，2008）利用信任博弈范式，检验积极和消极情绪对信任行为的影响，结果发现积极情绪状态下的被试表现更多的信任行为，在信任博弈中向受托人送出更多的钱。国内学者翁清雄和张越（2015）也认为，当员工处于积极情绪时，更容易与其他员工建立相互信赖的关系，而消极情绪则会导致员工的极端行为，如敌对的行动、归咎他人的过错、口头或身体上的攻击。这些行为往往会导致成员之间感情的冷却，从而不利于情感信任的发展。

奥尔森（Olson，2006）利用心境一致性模型（mood-congruency models）探讨情绪与信任的关系，发现正向情绪会提高信任。顺应—同化模型（accommodation-assimilation model）也提供了一个理解积极情绪对信任影响的理论框架（Fiedler et al.，2003）。根据顺应—同化模型，当具有促进人际信任的目标线索时，积极的情绪能够促进更高水平的信任。此外，积极情绪的拓展—构建理论（the broaden-and-build theory of positive emotions）认为，积极的情绪能够拓展个体的思维与行动能力（Fredrickson，2001）。处在积极情绪状态下的个体更容易去积极地评价事件，因而会对其他成员产生积极的期望，促进团队信任感，进而有利于发展团队成员信任。依此逻辑，创业团队成员积极情绪可能正向影响团队成员可信性的认知评价，并有利于团队成员之间感情的维系，从而对团队成员信任发展产生积极影响。据此，本研究提出如下假设：

假设 2：创业团队成员积极情绪与团队成员信任显著正相关。

假设 2a：创业团队成员积极情绪与团队成员情感信任显著正相关。

假设 2b：创业团队成员积极情绪与团队成员认知信任显著正相关。

许多学者认为，团队成员之间的信任关系是研究团队效能的一个重要线索（Tanis & Postmes，2005），高水平信任，包括情感信任和认知信任，均有利于团队绩效的提高。首先，信任与合作密切联系，信任是促进和发展合作关系的一个重要的因素（Jones & George，1998）。同时，团队中信任关系能够促进成员的协作。如果团队缺乏信任会导致成员仅仅关注个人的绩效。而高水平的信任则可以促使成员之间更有效地合作，从而促进团队绩效的提高。其次，信任关系能够加强团队成员之间的沟通，增强凝聚力，减少内部破坏性冲突（Dirks & Ferrin，2001）。团队内部有效的沟通与信息共享，有利于团队绩效的提高。再者，信任关系增加成员之间的相互了解并且减少了对其他团队成员的怀疑（Chen & Wang，2008）。团队成员之间高水平的信任关系增强了个体风险承担的意愿，减少对团队其他成员可能的机会主义行为的担心，从而可以把更多的精力聚焦于绩效提升行为，而不用浪费资源在对其他成员的监督上，最终更好地提高团队绩效表现。并且情感信任也将促进成员更多主动地投入团队工作之中，提升团队绩效。

可见，信任关系会影响到团队成员的互动合作行为、团队满意度、态度承诺。信任还可能直接影响团队成员的努力和绩效。此外，团队中成员之间的信任，能够进一步增强团队成员之间知识信息的分享（Higgs et al.，2005），最终会有利于团队绩效的提升。正是基于此，创业团队成员信任也可能对创业团队绩效有显著的影响作用。信任水平较高的团队成员会表现出更多的积极行为，会更加重视团队的凝聚力，团队成员之间的互动更为有效。相反，如果缺乏信任，团队成员会减少互动行为，以尽力保护自己免受其他成员行为的损害。这意味着信任有助于团队资源的最优利用，从而促进团队目标更好的实现（Khan et al.，2015）。基于此，本研究提出如下假设：

假设 3：创业团队成员信任与创业团队绩效显著正相关。

假设 3a：创业团队成员情感信任与创业团队绩效显著正相关。

假设 3b：创业团队成员认知信任与创业团队绩效显著正相关。

概括而言，创业团队成员积极情绪可以促进创业团队成员信任的发展，而团队成员信任又会对创业团队带来极大的影响。情绪是影响信任关系的一个关键因素，积极的情绪更有利于促进人际信任的建立，而消极的情绪不利于信任关系的建立甚至会导致关系的破裂。团队成员信任是创业团队稳定和发展的推动力，缺乏信任会导致创业团队的解散以及创业活动的失败。此外，创业团队成员之间信任水平存在动态变化的现象，积极情绪作为创业团队成员重要的一种特征直接可能影响到成员之间的信任水平。由于创业团队中成员的积极情绪往往会带来更高水平的信任关系，而高水平的创业团队成员信任又会有利于团队绩效的提高。因此，创业团队成员积极情绪可能通过促进团队成员信任发展，包括情感信任与认知信任，进而提高创业团队的绩效表现。据此，本研究提出以下假设：

假设4：创业团队成员信任在成员积极情绪与创业团队绩效之间发挥中介作用。

假设4a：创业团队成员情感信任在成员积极情绪与创业团队绩效之间发挥中介作用。

假设4b：创业团队成员认知信任在成员积极情绪与创业团队绩效之间发挥中介作用。

综上，本研究提出如图10.1所示的理论模型。

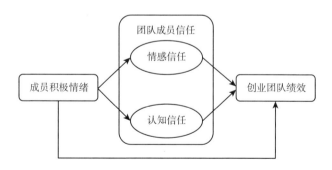

图10.1 本研究的理论模型

10.3 研究方法

10.3.1 被试与调查程序

本研究以创业团队成员为研究对象，调查对象来自广西、河南、山东、江苏等地，行业涉及制造业、服务业等。根据创业团队的定义，本研究所选取的创业团队需要满足以下三个条件：团队中至少有两位成员；团队成员对企业的建立和发展拥有决策权；创业团队所建立的企业仍在经营中。

本研究采用问卷调查的方式进行数据收集。问卷通过实地发放和Email 问卷两种形式进行。问卷设计采用配对方式进行，分为团队成员问卷和团队问卷，其中，团队成员问卷是由创业团队成员对成员积极情绪和成员信任进行自我评价，团队问卷由创业团队负责人对团队绩效进行评价。本次调查总共发放创业团队成员问卷 411 份，团队问卷 136 份，最后获得 127 个创业团队有效问卷，包括团队成员问卷 369 份，问卷有效回收率为 89.78%。在创业团队成员调查样本中，男性占 63.7%，女性占36.3%；30 岁以下占 66.4%，31~45 岁占 25.5%，46 岁以上占 8.1%；本科人数所占比例最高，为 40.4%，其次为大学专科，占 27.1%。

10.3.2 变量测量

（1）成员积极情绪。参考沃森等（Watson et al., 1988）编制的 PA-NAS 情绪量表。PANAS 原始问卷包括十个条目测量积极情绪，本研究选取其中 4 个项目。积极情绪分别选取"开心""充满热情""积极活跃""富于灵感"。本测量采用 Likert 7 点量表的形式，从"1 = 非常不符合""到 7 = 非常符合"。在本研究中积极情绪量表的 Cronbach's α 值为 0.93。

（2）团队成员信任。对团队成员信任的测量包括团队成员情感信任与认知信任，主要参考了迈克艾里斯特（McAllister, 1995）关于团队信任的测量量表，这份量表的成熟度很高，而且被国内外众多学者借鉴使用。本文对此量表进行了相应的修订和完善，正式施测共有 8 个题目，其中情感信任 4 个项目，认知信任 4 个项目，代表性的题目分别如"如果我对其他成员分享我的问题，他会给予我积极的回应和关注""在我们团队成员的工作关系上，我们都进行了相当大的情感投资"。本测量采用 Likert 5 点量表的形式，从"1 = 非常不同意"到"5 = 非常同意"。在本研究中团队成员情感信任与认知信任量表的 Cronbach's α 值分别为 0.88 和 0.86。

（3）团队绩效。借鉴相关实证研究的问卷，团队绩效量表采用团队成员的主观感知评价团队绩效（Lvina et al., 2015）。参考梵和邦德森（Van & Bunderson, 2005）所设计的团队绩效量表，代表性题目"团队成员的合作满意度""团队的运行效率"。石书德等（2016）使用该量表取得了较高的信度。本测量采用 Likert 7 点量表的形式，从"1 = 非常不同意"到"7 = 非常同意"。在本研究中团队绩效量表的 Cronbach's α 值为 0.91。

（4）控制变量。邱和斯库温（Qiu & Scherwin，2014）的研究发现，成员情绪对于团队绩效的影响可能受到团队的规模的影响。此外，有研究将团队规模和团队任期作为控制变量（González-Romá & Gamero，2012），以控制其对团队绩效的影响。团队规模是指团队成员的数量，团队任期是指成员在一起工作的时间。由于本研究基于团队层面的探讨，在此选择了创业团队的规模以及团队任期作为控制变量。

10.4 研究结果

10.4.1 验证性因子分析结果

在对研究假设进行检验之前，本研究运用 Lisrel 9.2 对团队成员调查的成员积极情绪、成员情感信任、成员认知信任变量进行验证性因素分析，检验变量的结构效度。结果如表 10.1 所示，相比单因子模型（成员积极情绪、成员情感信任、成员认知信任合并为一个因子）和两因子模型（成员情感信任与认知信任合并为一个因子），三因子模型（成员积极情绪、成员情感信任、成员认知信任）具有更好的拟合指数，GFI、IFI 和 CFI 均大于 0.90，RMSEA 小于 0.080。因此，本研究具有较好的结构效度，团队成员调查包含了成员积极情绪、团队成员情感信任和成员认知信任三个维度。

表 10.1　　　　创业团队成员调查变量的验证性因素分析

模型	χ^2	df	χ^2/df	GFI	IFI	CFI	RMSEA
虚模型	2174.837	66					
单因子模型	1674.95	60	27.916	0.515	0.236	0.234	0.270
两因子模型	373.28	53	7.043	0.832	0.849	0.848	0.128
三因子模型	115.80	51	2.271	0.951	0.969	0.969	0.059

10.4.2 数据的聚合分析

本研究通过问卷调查的方法收集到的成员积极情绪与成员信任的数据是创业团队中个体成员自我报告所获得的个体数据，但是本研究要进行团队层面的分析。因此，需要对创业团队中个体成员层面的数据进行分析和聚合，从而获得团队层面成员情绪与成员信任的数据。

在聚合之前首先要对个体的数据进行一致性检验，检验数据聚合的可行性和有效性。本研究采用 r_{wg} 系数来检验团队成员积极情绪与成员信任数据的一致性。结果表明，创业团队成员积极情绪的 r_{wg} 均值和中值分别为 0.922、0.951，ICC（1）与 ICC（2）分别为 0.321、0.579，方差分析（$F = 2.377$，$P < 0.01$）。成员情感信任的 r_{wg} 均值和中值分别为 0.915、0.946，ICC（1）与 ICC（2）分别为 0.333、0.592，方差分析（$F = 2.448$，$P < 0.01$）。成员认知信任的 r_{wg} 均值和中值分别为 0.929、0.952，ICC（1）与 ICC（2）分别为 0.267、0.514，方差分析（$F = 2.064$，$P < 0.01$）。总之，本研究中成员积极情绪、成员情感信任和成员认知信任的 r_{wg} 均大于 0.70，ICC（1）小于 0.40，ICC（2）大于 0.50，且方差分析均显著。因此，本研究可以将创业团队成员积极情绪、成员情感信任、成员认知信任个体评价数据聚合为团队层面的数据，即将创业团队内成员的均值作为团队层面的观察值，进行团队层面的分析。

10.4.3　描述性统计分析结果

本研究变量的描述性统计分析结果如表 10.2 所示，创业团队成员积极情绪和团队成员情感信任（$r = 0.553$，$P < 0.01$）、认知信任（$r = 0.421$，$P < 0.01$）均显著正相关，成员积极情绪与创业团队绩效显著正相关（$r = 0.449$，$P < 0.01$），成员情感信任（$r = 0.478$，$P < 0.01$）和认知信任（$r = 0.433$，$P < 0.01$）均与团队绩效显著正相关。因此，可以进一步检验研究假设。

表 10.2　　　　　　　　　　研究变量的描述性统计

模型	均值	标准差	1	2	3	4	5	6
1. 团队规模	2.91	0.840						
2. 团队任期	4.409	1.836	0.278 **					
3. 成员积极情绪	5.162	0.771	− 0.069	− 0.192 *	(0.93)			
4. 成员情感信任	4.164	0.509	− 0.046	− 0.064	0.553 **	(0.88)		
5. 成员认知信任	4.256	0.408	0.075	− 0.059	0.421 **	0.594 **	(0.86)	
6. 团队绩效	4.687	1.018	− 0.007	− 0.098	0.449 **	0.478 **	0.433 **	(0.91)

注：* $P < 0.05$，** $P < 0.01$。对角线括号内数据 Cronbach'α 系数。下同。

10.4.4 假设检验结果

本研究采用SPSS21.0进行层级回归，对研究假设进行层级回归分析，结果见表10.3。本研究假设1提出创业团队成员积极情绪正向影响创业团队绩效。层级回归分析首先加入控制变量团队规模和团队任期，其次加入自变量创业团队成员积极情绪。如M2所示在控制团队规模和团队任期之后，创业团队成员积极情绪正向影响团队绩效（$\beta = 0.447$，$P < 0.01$）。因此，假设1得到支持。本研究假设2提出创业团队成员积极情绪与团队成员信任显著正相关。层级回归分析结果见M5和M7，表明在控制团队规模和团队任期后，创业团队成员积极情绪正向影响团队成员情感信任（$\beta = 0.561$，$P < 0.01$）和认知信任（$\beta = 0.427$，$P < 0.01$）。因此，假设2a以及假设2b得到支持。本研究假设3提出创业团队成员信任与创业团队绩效显著正相关。M3表明，成员情感信任（$\beta = 0.232$，$P < 0.05$）和成员认知信任（$\beta = 0.193$，$P < 0.05$）均显著正向影响创业团队绩效。因此，假设3a和假设3b得到支持。

表10.3　　　　创业团队绩效对成员积极情绪与成员信任的层级回归分析结果

模型		创业团队绩效			成员情感信任		成员认知信任	
		M1	M2	M3	M4	M5	M6	M7
控制变量	团队规模	0.022	0.029	0.014	−0.031	−0.021	0.099	0.106
	团队任期	−0.104	−0.020	−0.030	−0.056	0.049	−0.086	−0.007
自变量	成员积极情绪		0.447**	0.235*		0.561**		0.427**
中介变量	成员情感信任			0.232*				
	成员认知信任			0.193*				
	ΔR^2	0.010	0.193**	0.100**	0.005	0.304**	0.012	0.175**
	ΔF	0.623	29.727	8.689	0.312	53.995	0.783	26.537

本研究假设4提出创业团队成员信任在成员积极情绪与创业团队绩效间发挥中介作用。根据中介效应检验程序，中介效应成立的条件是：第一，自变量显著影响因变量；第二，自变量显著影响中介变量；第三，在加入中介变量后，自变量对因变量的影响不显著，则存在完全中介作用，如果自变量对因变量的影响仍然显著但明显下降，则存在部分中介作用。

M3 显示，在加入中介变量团队成员情感信任和认知信任后，自变量成员积极情绪对创业团队绩效正向影响显著（$\beta = 0.235$，$P < 0.05$）但是影响效应减弱，同时情感信任和认知信任对创业团队绩效正向影响也显著（$\beta = 0.232$，$P < 0.05$；$\beta = 0.193$，$P < 0.05$），说明团队成员情感和认知信任在成员积极情绪与创业团队绩效间的关系中起到部分中介作用。因此，假设 4a 和假设 4b 得到部分支持。

10.5　本章小结

10.5.1　结果讨论

过去的情绪作用研究往往是聚焦于对组织绩效的影响，相比之下情绪对团队绩效的影响研究较少，在创业情境下的团队情绪研究就更为少见。伴随着团队研究的兴起，团队中成员的情绪对团队绩效的影响受到关注。而且，近年来创业热潮愈演愈烈，使得创业团队成员情绪对团队绩效的研究有着更重要的现实意义。虽然，创业团队绩效会受到许多因素的影响，比如团队成员的能力、内部协作、团队凝聚力等。但是目前的研究中，成员情绪对绩效的影响多局限于个体水平。创业团队成员情绪对创业团队绩效的影响作用是什么，其机制如何，仍然没有明确的答案。

本研究实证检验了创业团队成员情绪与创业团队绩效之间的关系，研究了积极情绪对创业团队绩效的影响。结果表明，创业团队成员积极情绪对提高创业团队绩效有积极影响，这与麦尼戈赫（Meneghel，2016）的观点相一致。创业团队成员积极情绪促进个体成员的工作投入以及团队内部互动，同时减少团队内部冲突，因而对创业团队绩效的提高有着重要的作用。此外，已有的研究分析了个体成员情绪与个体层面的绩效的关系，本研究把个体情绪对绩效的影响扩展到了团队层面，因此具有重要的突破和贡献。

另外，本研究实证检验了团队成员信任对创业团队成员积极情绪与创业团队绩效之间关系的中介作用。在信任关系的影响因素方面的研究中发现，影响人际信任的因素有很多，如文化因素、人格因素、社会交往因素以及个体对风险的知觉等，其中个体的情绪也是影响人际信任的重要因素之一。近年来，情绪已被证明是影响人际关系的重要因素（Blay et al.，2012）。并且，情绪对信任关系的影响尤为重要。顿和史怀哲（Dunn &

Schweitzer，2005）发现，甚至是无论信任者处于何种状况，情绪都会对信任产生影响。积极的情绪有利于更好的人际交互，有利于建立和维护团队成员之间的关系。而负面的情绪很可能会破坏成员之间的关系，甚至会导致关系破裂。由此可知，团队成员积极情绪极有可能通过影响团队信任进一步影响团队绩效。然而，在创业情境下，团队成员情绪与创业团队成员信任的关系，以及如何作用于创业团队绩效等问题缺乏足够的认识。因此，集中地解释这些问题，具有重要的理论意义，同时也是进行此项研究的主要原因。正是基于此，本研究引入了信任变量，从团队层面探讨其在团队成员情绪与团队绩效间的可能中介作用。结果发现，创业团队成员信任在成员积极情绪与创业团队绩效间的关系中起到部分中介作用。首先，创业团队成员情感信任和认知信任，对团队绩效产生显著的积极影响。创业团队成员信任促进团队合作、信息共享等，有利于创业团队绩效的提高。其次，创业团队成员积极情绪对团队成员信任产生积极影响，积极的情绪正向影响团队成员情感信任和认知信任。最后，创业团队成员积极的情绪有利于团队成员信任进而对团队绩效产生积极的影响。本研究回答了创业团队成员积极情绪与团队绩效的关系，以及成员积极情绪通过团队成员信任作用于创业团队绩效。因此，本研究为创业团队成员情绪与团队绩效的关系研究中，注入新的中介变量，对全面理解创业团队成员情绪的作用有重要意义。此外，在重视关系的中国文化背景下，信任的作用可能尤为突出。中国背景下创业团队信任关系对于团队绩效的表现可能较西方更为突出。因此，探讨中国情境下的创业团队成员情绪与团队绩效的关系更具代表性。

10.5.2　管理启示

本研究对创业团队的日常管理具有一定的警醒意义。创业团队要重视成员的情绪对团队带来的影响，同时要注意不同的成员会有不同的情绪反应。德费朵夫和哥斯（Diefendorff & Gosserand，2003）实证探讨了个体的大五性格对情绪调节的影响，其中随和性是作用于情绪的一个重要的性格特质。随和性的成员，往往在很大程度上是善良的、温柔的、合作、宽容、乐观的。与此相比之下，非随和型的成员或多或少地存在易怒、无情、可疑、不合作、僵化的特点。因此，非随和型的成员往往会产生精神倦怠和抱怨，引发效率低下的问题。而且，持续的消极情绪会阻碍的团队成员之间的互动。随和型的成员积极地去帮助其他成员，他们更加信任其他成员的意图和诚实。与非随和型的成员相比较，随和型的成员可能会被附上任劳任怨的标签。成员在工作中，常常会由于一些因素而体验到消极情绪，随和型的成员也不例外。随着时间的积累，成员的消极情绪如果长时间得不到合理的疏解可能会变得不随和，甚至会影响到工作绩效。如果团队成员没有意识到或无法控制团队中普遍的负面情绪，那么团队的运行和团队绩效会受到不利的影响。因此，创业团队在组建时就要注意成员的特性。对非随和型的成员进行积极引导的同时，也要对随和性的成员加以肯定和安抚，以最大限度降低消极情绪的滋生。因此，成员有效调控负面情绪是消除成员消极怠工的关键。

另外，本研究对于创业团队如何促进积极情绪，规避消极情绪带来的影响，以及增强团队成员信任也具有一定的参考价值。在工作团队中由于各种工作事件时常发生，成员会经历着复杂的情绪状态，再加上情绪的影响作用愈发的不容小视，因此团队成员情绪的研究逐渐得到研究者的重视。有研究指出创业团队成员情绪不佳可能导致团队成员退出以及中途撤资等问题，并最终造成了创业的失败（周小虎等，2014）。众所周知，团队绩效对团队而言十分重要。因为团队绩效往往是衡量团队成功与否的关键尺度。在一些研究中甚至把信任关系作为团队绩效和有效领导的核心。实际上，创业团队进行创业活动失败是一件常见的事情，许多创业企业的寿命不超过 5 年。团队成员缺乏信任，很容易会导致团队解散，甚至会威胁企业的生存。与此同时，信任危机会随着团队内部冲突日益凸显，严重阻碍创业团队的进一步运作。因此，创业团队成员情绪以及信任对企业的成功发挥着重要的作用。虽然成员消极的情绪在创业过程中不可避免，但是团队需要知道如何规避消极的情绪带来的负向效应，本研究建议创业团队要关注成员的情绪，一旦发现成员存在消极的情绪，立刻采取措施去排解成员的消极情绪。例如，通过团队活动增强成员的归属感和安全感，及时地了解成员消极情绪的来源，帮助成员解决问题等，这些对于成员解决消极情绪，增加积极情绪进而提高团队成员之间的信任，对创业团队的发展具有重要意义。

10.5.3　研究局限与展望

本研究在以下方面也存在着不足，还需在未来的研究中进一步完善。

　　第一，本研究初步探讨了创业团队成员积极情绪对创业团队成员信任以及团队绩效的影响。成员积极情绪促进团队成员信任，而且有利于团队绩效。但是，成员情绪与团队绩效可能不是一个简单的线性关系，而是存在一个倒 U 型关系。换句话说，虽然过多的情绪可能会破坏团队绩效，但是情绪性太少也可能是有害的，因为它会降低一个人的动机来实现团队目标。这表明，成员适度的情绪性有助于提升团队绩效（Jordan，Lawrence & Troth，2006）。因此，情绪的度也值得进一步考察。另外，消极情绪如何影响团队绩效，是否所有的消极情绪都会消极的影响团队信任和团队绩效？什么情况下消极的情绪会为团队带来积极影响，等等问题都十分有意义，可以在未来的研究中进一步的探讨和分析。

　　第二，探讨创业团队成员工作情绪的关键影响要素，为创业团队成员情绪控制研究提供借鉴。由于创业活动的不确定性，使得创业团队成员的情绪更容易受到影响，而负面情绪的增多会进一步地扩大其对成员和团队所带来的负面影响。如谢泼德等（Shepherd et al.，2013）发现，团队成员情绪会受到创业行动的成功与否的影响。那些经历多次创业行动失败的成员，会积累更多的负面情绪。虽然创业失败学习是连续创业者创业成功的关键，但其潜在的创业负面情绪累积效应如何避免是未来需要进一步深入研究的一个重要主题。

　　第三，本研究仅仅选取了团队成员信任作为创业团队成员情绪与团队绩效之间的关系的中介变量。实际上，在创业团队的研究中，还有其他因素也可能中介创业团队成员情绪与团队绩效的关系，如团队承诺等。创业团队成员情绪与团队绩效间的关系机制还有哪些也是未来可以进一步研究的主题。

11 积极情感基调对创业团队绩效的影响机制：知识分享和团队认同的作用

随着创业研究的深入，情感视角备受关注，学术界更是掀起了"全球性的情感风暴"。时至今日，积极情感对创业个体及创业过程的影响作用得到了大量的研究。虽然创业团队是由多个创业个体所组成，但团队远非个体"1+1"的简单累加。积极情感是否在团队创业过程中发挥同样重要的作用，其作用机制是什么，等等问题以往的研究还没有明确的回答。因此，创业团队层面的积极情感基调影响机制研究亟待深入的探索。基于此，本研究在梳理相关文献基础之上，将 IPO（输入—过程—输出）理论与社会身份理论相结合，构建起积极情感基调与创业团队绩效的关系模型。最后，采用问卷调查研究方法对该模型进行实证检验。本研究基于团队层面的积极情感视角探讨了创业团队绩效的前因，并对其中的影响过程进行了深入挖掘，分析了团队认同和团队知识分享在两者关系之间发挥的作用，充分地扩展了研究的广度和深度。此外，本研究证实了积极情感基调对创业团队绩效的影响作用和过程机制，与过去的研究相比，提出了更为全面的团队绩效模型。另外，通过数据分析检验本研究所提出的假设，并对实证结果展开讨论，帮助管理者更好地理解积极情感基调与创业团队绩效的关系，从而进一步丰富和完善提升创业团队绩效的治理机制，并为企业和团队提高创业成功率提供了实证支持和有效指导。

11.1 问题的提出

"大众创业、万众创新"的时代背景下，团队创业受到了越来越多的关注。在现代经济中，创业团队成为一个"无处不在的现象"，并且被视为创建新企业的主要催化剂（Lechler，2001）。俗话说："三个臭皮匠，顶个诸葛亮"，团队创业往往比个体创业更为顺利，而且创业团队比单个创业者有着更高的成功率。在现实社会中，团队创业极为普遍（Zhou et al.，2014），大多数的创业企业都是由创业团队所建立的。因此，对于创业团队的管理研究十分有必要。团队绩效的提升被认为是团队管理的首要任务，它影响着整个组织或企业的效能（Huang，2009）。而且团队绩效关乎团队工作的成功与否，有学者甚至将提升团队绩效比作是团队管理的终极目标（Lin et al.，2016）。同样地，创业团队绩效直接关系着创业企业的发展，为此探求提高创业团队绩效的方法十分有必要。

在过去的研究中，团队效能前因的探索如火如荼，创业团队绩效的影响因素得到了不同视角下的实证研究，比如团队构成、团队过程、团队环境视角等（Schjoedt & Kraus，2013）。然而，自21世纪以来"情感暴风"盛行，组织行为研究的学者对情感的作用越来越重视，不约而同地对情感的影响效应展开了实证研究，并得到了许多重要的结论。譬如，学者们普遍认为情感会影响个体的态度、认知和行为（Tsai et al.，2012）。尤其是积极的情感对个体的健康、社会行为、创造力、谈判、冲突解决、判断和决策过程都会带来好处（Hmieleski et al.，2010）。随着个体情感研究的进一步深入，越来越多的学者转向团队情感这一层面，并发现团队中普遍存在着情感趋同的现象，该现象被称为团队情感基调（倪旭东、周琰喆，2017）。由于置身于同一个团队环境之中，团队成员往往会经历相似或相同的情感体验（Lin et al.，2016），再加上情感的分享性和传染性，使得情感基调普遍的存在于各类组织和团队中。大多数的研究认为团队情感基调对团队效能有着重要的影响，因而对于团队情感视角下的创业团队绩效研究将成为一个新的切入点。

团队情感基调分为积极和消极情感基调，相比之下积极的情感基调对团队结果的影响更为直接和普遍，而消极的情感基调多在特定的事件情境下才能发挥作用，因此积极的情感基调对团队的影响作用更为重要（倪旭东、周琰喆，2017）。积极的团队情感基调是在个体成员情感交融的过程中所形成，是积极情感在团队成员之间的传播和蔓延所引发的群体情感同质的状态。有学者将积极的情感基调视为团队的"财产"，由此可见积极情感基调的价值之大。此外，一项较新的团队绩效研究发现，与其他要素相比积极情感基调在危机的情境下对团队绩效起到更为重要的预测作用（Kaplan et al.，2013）。由于创业活动有着较高的不确定性和风险性，创业团队往往面临着巨大的挑战和困难，从而会时常陷于危机状态之中。再加上，技术的进步、信息交换的速度加快、全球竞争愈演愈烈等因素无疑增加了创业团队面对不可预见性危机的可能性。因此，在创业情境下，积极情感基调可能对团队绩效发挥着举足轻重的影响作用。

虽然许多研究开始关注积极情感基调与团队结果之间的关系，但其中的机制仍然需要进一步地探索。过去对于创业团队绩效的研究，广泛应用的是麦格拉斯（Mcgrath）在1964年所提出的IPO（输入—过程—输出）理论模型（Mathieu et al.，2008）。该模型强调了团队过程的影响作用，并倡导要重视团队过程在团队输入与团队结果之间可能发挥的中介效应。大量的研究将团队过程划分为三个阶段，即过渡阶段、行动阶段以及人际交往管理阶段（Carter et al.，2015）。总结过去的研究发现，积极情感基调对团队过程的影响效应中，行动阶段的团队合作和人际交往管理阶段的团队冲突得到了大量的实证研究（Lin et al.，2016；Schjoedt & Kraus，2013），而对过渡阶段的团队知识分享重视度较低（Tsai et al.，2014）。团队成员之间的知识分享十分重要，大量的学者认为知识分享不仅是提高团队创造力的重要驱动力，并且还是团队能否获得成功的重要因素（刘宁和贾俊生，2012）。此外，研究发现，积极的情感能够影响团队成员的知识分享意愿和行为（Tsai et al.，2014；汤超颖等，2011），而团队成员的知识分享行为又会有利于团队效能的提升（Alsharo et al.，2011）。因此，团队知识分享很可能是积极的团队情感基调作用于创业团队绩效的重要路径。

在中国情境下，大多数的创业团队是由个性差异较大的成员组成，因而把所有的成员有效地捏合在一起很有必要。实际上，目前团队管理实践中极为重视构建团队成员与团队之间的心理纽带，这种心理纽带的核心便是认同（Mesmer-Magnus et al.，2015）。基于社会身份理论（social identity theory）认为，团队成员一旦形成强烈的认同感，他们的态度和行为就会与团队的要求保持一致，并且会努力去维护自己的身份（Ashforth et al.，2011）。成员高度认同他们的团队时，更容易为了团队的利益采取积极的行为，甚至牺牲个人利益来实现团队目标（Lin et al.，2016）。同时，在高团队认同的情境下，团队成员将会以积极的态度参与团队互动和合作中（Cremer et al.，2008），并且会为了团队做出更多的努力（栾琨和谢小云，2014）。在低团队认同情境下，结果与此相反。由此可以发现，团队认同与积极情感基调同样都可能会对团队过程和创业团队绩效带来积极的作用，两者之间可能会存在一些替代效应。此外，研究发现高度的团队认同往往伴随着高度的团队信任，而高度的团队信任会削弱积极情感基调的正向作用，甚至会导致积极情感基调对团队带来负向影响（Tsai et al.，2012）。况且已有研究表明，团队情感与团队行为之间的关系会受到团队认同的调节作用（Shin，2014）。据此，本研究认为团队认同可能是积极情感基调影响创业团队绩效的一个重要的边界条件。

综上所述，本研究探讨了积极情感基调与创业团队绩效之间的关系，并且基于 IPO 理论和社会身份理论分析了团队知识分享在两者之间发挥的中介作用和团队认同所发挥的调节作用。一方面，揭示了积极情感基调影响创业团队绩效的过程机制，丰富了积极情感基调与创业团队绩效的相关理论；另一方面，积极响应团队创业热潮，寻求提升创业团队绩效的方法，对提高创业团队管理效能和促进创业成功有着重要的现实意义。

首先，本研究的理论意义主要表现如下：随着创新创业的难度、复杂性和负荷已经超出了个体创业者能胜任的程度，团队创业早已成为主流。创业团队的主要优势在于能够将拥有不同资源的单个创业者聚集在一起，汇聚力量，共同推进创业进程。对于创业团队而言，团队绩效的水平往往是创业企业能否有效运转的重要体现。因此，如何促进创业团队绩效是一个重要的探究主题。近年来学术界掀起"情感风暴"，群体情感的研究受到极大重视。再加上，当前积极组织行为学兴起的背景下，基于积极情感视角来探究创业团队绩效的前因是一个较新的切入点。与此同时，积极情感基调的影响效应研究大多集中在国外，所得的研究结果能否适用于国内亟待考证。本研究将积极情感对创业过程的影响从个体层面扩展到了团队层面，并对中国文化情境下的积极情感基调研究结果进行了补充和完善。此外，通过明确提出并检验积极情感基调是创业团队绩效的重要前因，以及积极情感基调通过团队知识分享的中介对创业团队绩效的影响，丰富了积极情感基调与创业团队绩效之间相互作用关系的理论研究，得出了积极情感基调和团队知识分享影响创业团队绩效的路径关系，有助于揭示中介作用的"黑箱"。另外，针对团队认同对积极情感基调与创业团队绩效之间的关系所产生的被团队知识分享中介的调节效应研究，进一步揭示了积极的团队情感基调影响创业团队绩效的路径和过程。这些重要的结果对于阐释在创业团队情境下，积极情感基调对团队绩效的作用机制做出了积极贡献，并为深入研究创业团队绩效的其他前因提供了一个极具价值的理论参考。

其次，本研究的实践意义主要体现在：在现实社会中，创业有着较高的风险性和不确定性，因而创业团队面临着极高的失败率。在经济全球化的背景下，市场竞争更是愈演愈烈，创业团队能否得以存活，关键还是保证较高水平的团队绩效。对于创业团队而言，发挥积极情感基调推动创业团队绩效提升的效用十分关键。本研究的结论可以更有效地指导创业团队发挥积极情感基调的作用，以此来促进团队知识分享，而有效的团队知识分享将会促进创业任务的完成，进而会提升创业团队绩效。此外，本研究发现团队认同削弱了积极情感基调的正向作用。与团队认同水平高的情境相比，在团队认同水平低的情境下，积极情感基调的正向作用更强。对于创业团队而言，不能忽视团队认同的作用。在团队认同水平低时，要充分发挥积极情感基调的作用，以提升创业团队的绩效。而在团队认同水平高时，如果还一味地只依赖高水平的积极情感基调促进团队绩效有时并不能达到预期的效果，反而会得不偿失。因此，要综合考虑两者之间的关系，采取适当的调整措施，选择最佳的组合方式，使投入获得更大的收益。

本研究的创新点主要有以下两个方面：第一，本研究引入积极情感基调来探讨其对创业团队绩效的影响，即基于创业团队情境下来分析积极情感基调对团队绩效的影响，将情感研究扩展到了创业团队层面。创业活动愈发复杂和困难，创业团队面临着失败和解散的危险，创业团队绩效的提升是十分重要而艰巨的任务。本研究旨在从团队情感视角探讨创业团队绩效的影响因素，并提出帮助创业团队有效提升绩效的管理建议与策略。第二，本研究结合 IPO 理论模型和社会身份理论探索了团队层面的积极情感对创业团队绩效的影响过程，即团队知识分享在积极情感基调对创业团队绩效影响中所起的中介作用以及团队认同所起的调节作用，构建并实证检验了一个被中介的调节机制模型。尝试打开了积极情感基调影响创业团队绩效的机制"黑箱"，补充和发展了积极情感基调、团队知识分享、团队认同和创业团队绩效的相关理论。

11.2 理论基础与研究假设

11.2.1 核心概念界定

11.2.1.1 创业团队的概念界定与特征分析

创业团队的研究从 20 世纪 90 年代以来一直是热点话题，学术界对于创业团队概念的界定也逐渐地清晰和完善。康姆等（Kamm et al.，1990）最早提出创业团队的概念，创业团队是由两个或更多的个体成员组成，成员共同投入到创业活动中并建立起一个公司，而且成员在公司中拥有财务权利。基于该定义高德纳等（Gartner et al.，1994）进一步提出，创业团队成员是指那些对公司战略选择有直接影响的人。在此之后，艾斯里等（Ensley et al.，1998）结合了两种定义重新界定了创业团队，他指出创业团队需满足三个标准：成员共同建立一个公司；成员之间有经济利益关系；成员对创建和经营公司的战略选择有直接的影响。

静态视角下的创业团队概念在后续的研究中一直得到学者们的认可。直到21世纪初，哈伯（Harper，2008）从动态的角度重新赋予创业团队新的概念，创业团队是一群人为了共同的目标而进行协作，以克服创业活动中的困难。申克尔和加里森（Schenkel & Garrison，2009）进一步补充认为，创业团队是由一群有着共同的目标并一起创建企业的个体所组成，团队成员需要进行战略选择、战略更新以及鼓励创新。斯佳德和克劳斯（Schjoedt & Kraus，2013）在研究中指出，创业团队由两个或更多的人组成，他们对创业企业的未来和成功都十分有信心，同时团队成员拥有共同的目标和高昂的冒险精神，而且他们在工作任务上相互依存。国内学者吴钊阳等（2016）在此基础之上认为，中国情境下的创业团队是指在创业初期就已经存在的两个或两个以上的个体，他们为了实现共同的目标和利益联合在一起。

此外，一些学者认为创业团队成员就是那些对创业团队和企业负责的人，例如在创业企业的初期阶段，团队成员就是拥有执行权利的高管团队（Zhou et al.，2014）。但根据创业团队和高管团队的定义可以发现，创业团队与高管团队有着明显的不同。高管团队是由拥有高层管理头衔的个体成员组成的，而不管成员是什么时候加入公司、是否是创始人，创业团队则与此不同。创业团队和高管团队之间虽存在重叠，因为大多数的创始人都拥有高层管理的头衔，但这两种类型的团队在概念上是不同的。

实践表明，在经济全球化的格局中，团队创业是显著的时代特征（Schenkel & Garrison，2009）。由于全球化的发展和市场环境的复杂性，使越来越多的创业者放弃"单打独斗"的念想，而选择"拉帮结派"的形式进行创业。创业企业能否得以生存关键得看创业团队的优秀与否（吴钊阳等，2016），因此团队的人员配置无疑是影响团队发展的首要因素（Zhou et al.，2014）。创业研究中，团队的多样性和复杂性也同样备受关注。创业团队具有双重复杂性，即复杂的生存环境和复杂的创业任务。创业团队身处复杂的外部环境中，面临着极高的风险，创业进程的推进无疑是一项艰巨的任务，因此创业团队往往有着较高的失败率。

另外，创业团队成员往往具有异质性，例如经验、知识、技能和能力等方面都存在差异。成员异质性在一定程度上有利于人力资本上的互补，因而可以帮助团队实现群策群力。然而，创业团队成员不同的背景和行为方式，使得合作动机也可能会有所不同。在创业过程容易出现团队协调困难、步调不一致等问题，这使得创业团队的合作存在较高的不确定性（Foss et al.，2008）。而且创业团队在创业的过程中部分成员容易"搭便车"，因而可能存在管理不善、效率不高的问题（石书德等，2016）。除此之外，创业团队成员在认知、偏好等方面存在差异，在创业的过程中机会主义行为极易发生。"人为财死，鸟为食亡"，如果成员不能抵制私利的诱惑就会使得团队内部人际关系变得十分不稳定（Blatt，2009）。

综上所述，在创业团队中如果不能避免机会主义行为和协调问题，便可能出现"各自为政""各自打自己的小算盘"的状态，不利于团队合作和人际关系的维持，甚至会导致团队的解体。因此，提高创业团队成员的情感承诺，以及共同承担风险的意愿十分重要（Schjoedt & Kraus，2013）。"人心齐，泰山移"，只有团队成员更好地协调一致、和衷共济，才能更加有效地管理风险和应对复杂的外部环境。

11.2.1.2 积极情感基调的内涵与特征分析

学者们对群体情感的研究可分为情感同质和情感异质两个方向（Barsade et al.，2000；Bartel，2000），但在现实中发现团队情感往往是同质的，因而学者对团队情感同质性的研究颇为重视。乔治（George，1990）在研究群体行为的过程中发现群体成员的情感状态往往是趋同的，并首次提出群体情感基调这一概念。在群体情感基调概念的基础之上，学者们进一步延伸出团队情感基调的概念。团队情感基调指的是团队中个体成员的情感状态同质的现象（Lin et al.，2016），是成员们相似情感的聚合（Sy et al.，2005），是团队中一致、同质的情感反应。团队情感基调一般被划分为积极情感基调和消极情感基调（Tsai et al.，2012）。过去的研究证明，与消极的情感基调相比，积极的情感基调对团队的影响更为普遍和显著（Collins et al.，2016）。因此，本研究聚焦于积极情感基调以及其对团队带来的影响效应。

积极情感基调是指团队成员都经历着积极的情感体验。存在积极情感基调的团队其成员都比较兴奋、热情、充满活力（Lin et al.，2016；Tsai et al.，2012；Shin，2014；Collins et al.，2013）。也有学者认为，积极的情感基调是团队成员所表现出的积极情感的平均水平（Shin，2014）。以往的研究中容易将情感基调与情感氛围混为一谈，其实两者相类似但有着较为明显的差异。团队情感基调仅仅涉及团队情感的同质性，即只涉及情感状态，而团队情感氛围还涉及情感特质，因此团队情感基调与团队情感氛围相比较为狭义（倪旭东、周琰喆，2017）。与此同时，积极情感基调、团队心理安全和团队活力都与积极的情感相关有时也难以区分。实际上，与另外两个变量不同的是积极情感基调可以作为团队的输入变量，而且能够影响团队的过程和团队的结果。而团队的心理安全和团队活力反映了团队内部的过程、交互和动能，而且是由团队输入而产生，并最终转化为团队结果的变量。

通过人际互动和交流，团队成员往往会对工作中的事件和现象产生共同的看法，这种对团队事件类似的看法导致了团队成员情感反应同质的现象。情感上的同质是指人们受到他人的影响，在情感状态上变得更加相似（Lin et al.，2016）。团队情感基调之所以存在，群体情绪感染理论给予了有效的解释（Forgas，1995）。情感的传染性和易感染性是团队层面的情感研究的重要切入点（Johnson，2008），已有研究证明情感的传染性和易感染性使得个体情感能够影响其他成员乃至整个团队的情感状态（Ilies et al.，2007）。随着团队成员频繁互动，在情感方面的相互影响加深，就会诱发情感上的趋同，从而产生团队情感基调（Tsai et al.，2014）。

目前，对于团队情感基调的形成过程有两种不同的观点。一种观点是团队成员情感趋同是由情感传染、人际互动和社会化所引起（Shin et al.，2016）。具体来说，团队成员情感基调的形成的过程包括四个方面。首先，团队成员可能会通过无意识的情感传染或情感印象管理策略使得他们的情感聚集起来（Barsade et al.，2000）。其次，团队成员被某种情感所感染时便会选择该情感状态并维持下去。再次，社会化促使所有的成员将此情感状态作为必须遵守规则。最后，团队成员由于会经常受到类似的情感刺激，再加上人际交往的过程中情感会不断地蔓延和加深，导致了团队成员情感状态的一致性。另一种观点是团队情感基调往往是通过情感传染、比较和移情三个过程而产生。具体而言，团队成员之间的情感趋同是因为情感具有传染性和易感染性，个体成员的情感不仅会影响他人的情感，并且会通过情感传染机制造成情感趋于一致（倪旭东、周琰喆，2017）。首先，情感传染是将一个人的情感传递给他人的过程（Chi et al.，2011）。被感染的个体会携带着"情感病毒"进一步传染给更多的成员，进而促进群体情感的一致。其次，情感比较是一种更为主动的情感传递过程，是一种有意识地促进团队情感趋同的过程。个体通过与其他成员的情感进行比较，以达到与他人情感保持一致的目的。最后，共情过程是指个体通过观察他人的情感表现，认为自身的情感来源于他人。共情可以促进个体成员的情感同构，进而影响团队情感基调的建立。

11.2.1.3　团队知识分享的内涵

知识是经验、价值、信息和专家见解等元素的集合，它代表了分享的基础（Srivastava et al.，2006）。知识可以被看作是一个有价值的资源，由个体所分配，并通过分享逐渐成为团队的财产。森奇（Senge，1999）认为，知识分享实质上是一种行为，是指个体在学习过程中帮助其他个体学习知识并获得相关能力的行为。文荷温（Wijnhoven，1998）指出，知识分享往往发生在社会交往之中，它是一种通过媒介来实现知识传递的过程，是知识传播者与接受者之间的互动行为。

斯塔瓦（Srivastava，2006）等在知识分享概念基础之上，将团队知识分享界定为个体成员之间传播、交流与团队工作任务有关的观念、信息、思想等知识元素的过程。玛丽安和凯林（Marianne & Karin，2006）进一步提出，团队知识分享是团队成员之间的互动过程，他们彼此依靠、互相依存，运用知识资源合力达成共同的目标。大量的学者认为，缺乏知识分享就会导致团队认知资源无法有效地利用。由此可见，知识分享不仅是团队学习的基本元素，也是团队过程中的关键要素之一。团队过程指的是团队的活动，是团队成员一起工作将团队的输入转化为团队结果的过程，团队过程在群体动力中发挥着关键性的作用（Zhou et al.，2014）。知识分享作为团队过程中过渡阶段的重要环节，受到了越来越多国内外学者的关注，并逐渐成为团队知识管理研究中的一个重要的话题（周健明等，2015）。

11.2.1.4　团队认同的内涵

近些年来，研究者给予团队认同相当程度的关注（赵祁、李锋，2016）。不同的学者，对团队认同的内涵做出了不同的阐述。认同是一种认知过程，一种对自我身份的感知（Korte，2007）。弋瑞等（Gray et al.，2012）认为团队认同是指个体成员对所获得的团队身份的接纳程度，以及对一个团队的依恋程度。唐等（Tang et al.，2012）提出团队认同是组织认同的一种形式，是一种群体的归属感，能够使团队成员感觉到自己的命运与团队的命运紧密相连。伊里默斯等（Ellemers et al.，2013）认为，团队认同反映了团队成员对其团队的认可情况，包括对团队的目标、团队领导、团队中的其他成员以及团队的管理等方面的认可，而且它是促进团队发展的重要因素。赵祁和李锋（2016）的研究中指出，团队认同是指成员对团队的归附感，是对团队身份同一性的感知度。纪巍和毛文娟（2016）提出团队认同是指团队成员在思想、观念、行为上与其所在的团队保持高度的一致，团队成员依附其所在的团队，并对团队有着极高的责任感和归属感，因而会为了团队的发展付出自己的努力。

团队认同主要源自社会身份理论，该理论认为个体都会想办法建立和强化积极的自尊并且为了维持积极的身份，会对团队做出有利于自己的积极的区分（Ellemers et al.，2013）。社会身份理论还强调，社会类别（social category）是自我心理的一部分，成员们根据这个类别来定义自己的身份（Lin et al.，2016）。人们倾向于互相比较，并努力去获得自尊，因此他们会把自己融入那些更容易获得自尊的群体中（Tang et al.，2014）。个体的自我概念不仅受到自身特征的影响，还会受到团队的影响。俗话说"物以类聚，人以群分"，团队成员认同自己所在的团队时就会把自己与其他成员归为同一类人，进而认为集体的利益与自身利益相一致，因而会主动维护团队的利益。然而，当团队成员对团队身份没有一致的看法时，就很难形成强烈的认同感。

11.2.1.5　创业团队绩效的内涵

创业团队的研究虽然一直是热点领域，但创业团队绩效的内涵却未达成一致意见，过去的研究多以创业情境下的团队绩效结果来定义创业团队绩效。哈克曼（Hackman，1987）在其研究中指出，创业团队绩效是团队开展创业活动所取得的成果，是团队完成计划的程度，例如团队的产量等指标。这一概念受到了后续学者的认可和广泛应用，国内学者谢永平和郑倩林（2016）在此基础上认为，创业团队绩效是创业团队成员基于共同的目标而进行合作，在努力完成创业任务、保证创业企业高效运转等方面所取得的整体性成就。

　　尽管绩效是一种被广泛应用于创业研究的变量，但绩效维度的划分在不同的研究中有所不同。过去的研究中将团队绩效分为任务绩效和关系绩效，任务绩效是指与团队任务、目标相关的绩效，而关系绩效是指团队成员之间维持良好的人际互动关系的情况。由于创业团队具有任务性和协作性两种特征，因此也有部分研究按照任务绩效和周边绩效的划分方法来衡量团队绩效（祁恋雅、金中坤，2016）。实际上，创业团队绩效有狭义和广义之分，狭义的创业团队绩效是团队成员完成任务和目标的情况，而广义的创业团队绩效除了上述情况之外，还包括团队的满意度、团队的创新能力以及团队的协作情况等内容（谢永平、郑倩林，2016）。

11.2.2　积极情感基调对创业团队绩效的影响

　　积极情感基调的影响效应得到了越来越多的关注和重视（Collins et al.，2013）。现有关于积极情感基调的影响效应的研究主要分为团队行为、团队效能、团队创造力三个方面。首先，团队行为。研究表明，在积极情感基调下，团队成员会有较高的团队情感承诺以及较高的满意度（Herrbach，2006），因此他们会更加的忠诚于所在的团队，并表现出更多的主动行为和组织公民行为（Barsade，2002）。梅森和格里芬（Mason & Griffin，2003）的实证研究发现，积极情感基调会降低成员的缺勤行为，从而有利于降低团队缺勤率。沃尔特和布鲁赫（Walter & Bruch，2008）通过情感的相似性吸引机制的视角，提出情感的相似会使团队成员互相产生好感，并主动增加促进人际关系的良性互动行为。此外，西等（Sy et al.，2005）的实证结果显示，积极情感基调会促进成员之间的信任，进而有利于团队关系的改善，从而促进成员执行更多合作行为，并减少团队关系冲突。其次，团队效能。大量的研究证明，积极情感基调更容易促进高水平的团队效能（Knight，2014）。积极情感基调既能直接影响团队效能，并且会通过影响团队成员的行为进而间接影响团队效能。林等（Lin et al.，2016）通过对141个混合虚拟团队的调查研究发现，积极情感基调正向影响团队效能，并且会通过增加团队合作进而有利于团队效能的提升。希等（Chi et al.，2011）以85个销售团队为对象的研究结果表明，积极情感基调通过团队过程（团队目标承诺、团队满意度、团队帮助行为）间接正向影响团队效能。最后，团队创造力。积极情感基调对创造力影响的结论存在不一致的情况。许多学者发现积极情感基调能够促进创造力，但也有一些学者并不赞同此观点（Walter，2008）。诗（Shi，2014）的实证研究发现，积极情感基调不仅会正向影响团队创造力，而且会通过团队反思、促进型调节定向间接正向影响团队创造力。然而，蔡等（Tsai et al.，2012）研究发现，积极情感基调并不会对团队创造力带来直接影响，而是通过团队信任的调节二者才会存在相关关系。具体而言，团队信任水平高，积极情感基调负向影响团队创造力；团队信任水平低，则积极情感基调正向影响团队创造力。由此可见，积极情感基调对团队创造力的影响受到来自其他因素的边界效应。

可见，积极情感基调对于团队而言是一种积极的体验，往往对团队成员的积极行为带来正向影响，并且给团队带来诸多的好处。因此，大部分的研究倡导充分发挥积极情感基调的积极作用。积极情感的研究分为两个层面，即个体层面和团队层面。过去几年，个体层面积极情感的作用得到了大量的探究，并得到了许多颇有价值的结论。具体来说，积极的情感可以对个体的认知、判断产生重要影响（Chi et al.，2011）。当个体处于积极的情感状态下时，他们将更加充满信心，并对未来的成功有积极的期望。同时，积极的情感会激发个体回忆起更多积极的记忆，并对目标的实现更加乐观。除了能够影响个体的感知能力之外，积极的情感也是决定行为和结果的一个重要因素。蔡等（Tsai et al.，2007）研究发现，积极的情感能促进个体的亲社会行为，因为处于积极情感状态下的个体更积极地看待外界事物和他人，从而更可能从事助人行为，并参与更多的人际互动。戴维斯等（Davis et al.，2017）发现，当个体经历积极的情感状态时，他们可能会实施更多的主动工作行为，采取更多的行动来保证工作任务的顺利执行。

总结近些年来创业团队绩效的研究发现，创业团队绩效的影响因素主要可以分为创业团队构成和团队过程两个方面。第一，在团队构成方面。周等（Zhou et al.，2013）的研究发现，团队信息多元性、团队功能多样化、管理技巧的多样性都会对创业团队绩效产生影响。威廉姆斯等（Williams et al.，1998）通过实证研究发现，成员异质性有助于新颖想法的产生，进而会提升创业团队绩效。石书德等（2016）通过团队治理的视角分析了创业团队绩效的前因，发现创业团队成员所拥有的社会资本和网络资源都会有利于创业团队绩效的提升。汤勇（2013）基于社会资本理论视角的研究发现，获取有效的社会资本能够帮助创业团队提升绩效水平。第二，在团队过程方面。斯杰特等（Schjoedt et al.，2013）的研究表明，团队冲突和团队沟通是影响创业团队绩效的重要因素。汉布里克等（Hambrick et al.，1996）研究发现，团队任务冲突有利于新奇想法的产生，进而有利于创业团队绩效的提高，而团队情感冲突会破坏人际关系，从而不利于创业团队绩效的提高。雅卡纳等（Vyakarnam et al.，2005）的研究证实，团队沟通是提高创业团队绩效的有效途径，团队沟通不仅会直接正向影响创业团队绩效，还会通过降低团队情感冲突间接正向影响创业团队绩效。

随着个体层面的积极情感的研究逐渐加深，引发越来越多的学者开始关注团队层面的积极情感基调。研究发现，积极情感基调对团队行为有着重要的影响，积极情感基调往往能够促进团队正面行为，减少团队负面行为。梅森和格里芬（Mason & Griffin，2003）发现积极的情感基调会影响到团队成员的工作体验和工作动机，进而会影响团队缺勤行为。当积极情感基调水平较低时，成员就会以更高的缺勤行为作为应对团队内部负面环境的一种手段，而当积极情感基调水平较高时，团队成员会由于积极的工作体验而主动减少缺勤行为。巴萨德（Barsade，2002）的研究表明，积极的情感基调能够促进团队协调性，增加团队合作并减少团队冲突。赫里斯基等（Hmieleski et al.，2011）提出，积极情感基调会激发成员从事更多的组织公民行为。此外，积极情感基调还有利于构建团队共享心智模式。构建团队共享心智模式将会有利于指导后续的团队决策和行动，并加快团队对外界环境的反应（Kaplan et al.，2013）。相反地，缺乏积极的情感基调，将不利于团队构建共享的心智模式。缺乏共享心智模式的团队其成员往往会消极地看待问题而不是以一种协调的方式来解决问题，不仅增加了团队决策的时间成本，还会增加团队成员处理意见分歧的难度，从而导致额外的情感负担（Jordan et al.，2006）。

积极情感基调不仅会影响团队行为，还会作用于团队的效能（Tsai et al.，2012），积极的情感基调往往预示着更好的团队效能。托德戴尔（Totterdell，2000）以运动团队为研究对象发现，积极的情感基调与团队成员的表现有着显著的正向关系。巴萨德（Barsade，2002）通过对学生团队进行的实验研究发现，积极的团队情感基调有利于成员任务绩效的提升，进而促进团队目标的实现。此外，当团队面临危机时积极的情感基调还有利于团队问题的解决，并帮助团队成员减少负面的情感（Kaplan et al.，

2013）。具体来说，积极的情感基调为团队成员营造相对安全的环境来商讨危机的解决方案，从而有利于防止团队冲突的进一步扩大。相反，缺乏积极情感基调的团队其成员在危机中通常经历着悲观、失落、伤心等负面情绪，因而会引发强烈的不满，最终不利于危机的解决和团队绩效的提升。与此同时，消极的情感在创业团队中肆无忌惮的蔓延，就会形成消极的情感基调。消极的情感基调往往诱发成员之间的矛盾加深、互相排斥，从而不利于产生团队向心力和团队共识。而且，消极的情感基调会导致团队"内斗"现象严重，使得成员把精力过度花费在处理人际冲突中，长此以往就会阻碍团队任务的完成，并导致团队创业活动的失败。

综上所述，积极情感基调可能会促进创业团队的绩效。首先，积极的团队情感基调能够减少团队成员的缺勤、早退等负面行为（Mason & Griffin, 2003），并且会促进亲社会行为、助人行为、利他行为主义等正面行为（Lin et al., 2016），这些都有利于提升创业团队协调性，进而保证创业企业的有效运行。其次，积极的情感基调提高了团队决策的质量，帮助团队克服阻碍和困难（Kaplan et al., 2013），在创业团队面临着危机和挑战时，保证创业团队的稳定和创业活动的开展。最后，积极的情感基调促进团队成员之间构建积极的人际关系，并且有利于营造一个更安全、少争议的人际互动环境。良好的人际互动关系有利于释放团队成员的认知资源，从而使他们能够全身心地投入到团队工作中，并时刻关注团队所处的创业环境，因而有利于规避创业过程中的人际关系危机，进而保证创业团队发挥高水平的集体效能。

基于以上分析，本研究提出如下假设：

H1：积极情感基调对创业团队绩效有正向影响。

11.2.3 团队知识分享的中介作用

团队知识分享的影响因素有很多，概括而言可分为以下四个方面：首先，团队社会资本。在团队中，知识分享的一个关键驱动力是社会资本，社会资本能够促进团队成员之间的协调与合作，从而有利于知识分享。马鸿佳和张倩（2014）通过创业团队的视角发现，团队社会资本正向影响团队知识分享。柯江林等（2007）实证研究表明，团队成员的社会互动、社会网络密度都会积极影响团队知识分享。蔡等（Tsai et al., 2012）以虚拟团队为研究对象，发现团队社会互动正向影响团队知识分享。黄（Huang,

2009）以 R&D 团队为研究对象，发现团队成员的关系资本会影响交互记忆系统（transactive memory system）进而对知识分享产生重要作用。其次，团队多元性。普佳尼等（Pinjani et al.，2013）通过实证的研究发现，团队功能多元性（functional level diversity）会直接负向影响团队知识分享，并且还会通过团队信任的中介作用进而对团队知识分享产生不利影响。玛库达等（Maccurtain et al.，2010）通过对 39 个高管团队的研究发现，团队年龄的多元性正向影响团队知识分享。再次，团队心理安全。已有研究发现，心理安全是影响团队成员知识分享动机的重要因素（杨俊辉、宋雁，2016；Nooteboom & Bogenrieder，2014）。在心理安全高的团队环境之下，团队成员之间的知识分享会更加成功和有效（Zellmer & Gibson，2006）。凯塞尔等（Kessel et al.，2012）研究发现，团队的心理安全氛围越高，成员就越大胆地把内心的想法表达出来，敢于指出团队和同事的不足，而且成员会主动开展知识的交流和交换。最后，团队领导。知识分享往往不会自发的在团队中形成，团队的领导者在实现这一过程中扮演着重要的角色。实证研究结果表明，不同类型的领导对团队知识分享产生不同的作用（Srivastava et al.，2006）。例如，授权型的领导与专制型的领导形成鲜明的对比，授权型的领导能够增加成员的知识分享，专制的领导抑制了团队成员的知识分享。蔡亚华等的研究发现，一致性的变革型领导正向影响团队知识分享，而个体差异性的变革型领导负向影响团队知识分享（蔡亚华等，2013）。

研究表明，知识分享的过程会将个体成员的知识优势削弱，并且会导致缺点暴露无遗，甚至还会丧失竞争优势进而威胁到其团队身份。因此，团队成员在从事知识分享行为时会承担很大的风险，只有在适宜的条件下，团队成员才会自愿主动地进行知识交流和交换。根据情感传染模型，在充满复杂和模糊的环境状态下，情感对积极寻求建设性的处理策略方面有着重要的作用（Forgas，1995）。创业团队工作具有复杂的内在特征，个体成员独自完成工作任务较为困难，因而会加重他们的认知复杂性。积极的团队情感基调有助于减少团队成员的认知复杂性，从而成为驱动团队知识分享的一个重要力量。团队情感基调如何影响团队成员的信息加工取决于情感的效价（Cole et al.，2008）。与消极的情感基调相比，积极的团队情感基调会加快知识、信息的整合，进而帮助团队迅速解释和积极应对所面临的问题（Tsai et al.，2014）。因此，当团队有着较高水平的积极情感基调时，团队成员就会以乐观的态度看待事物，并且对其他成员产生好感（Ilies et al.，2006），从而更加积极主动地与其他成员分享知识。

社会分类理论认为，人们会与他人比较彼此之间的某些特征，通过比较将自己与他人进行分类（刘宁、贾俊生，2012）。由于知识的分享需要团队成员之间有密切的互动，以及较强分享意愿。因而，当团队成员认为彼此之间差异过大时，可能会缺乏分享知识的意愿，进而不会从事分享知识的行为。拥有积极情感基调的团队，其成员往往普遍具有积极情感，团队成员会由于情感的相似而将自己和同事归为一类。因此，积极情感基调高的团队中，成员会更加自主地表达观点，主动进行知识经验的分享，实现知识汇集和传播。

总的来说，积极的情感基调不仅影响了团队信息的处理，还影响了团队中的知识分享行为。在积极的团队情感基调影响下，团队成员将更愿意与其他团队成员分享他们的想法，并与其他团队成员交换知识和信息（Wu & Wang，2015）。

基于以上分析，本研究提出如下假设：

H2：积极情感基调对团队知识分享有正向影响。

过去的研究中，团队知识分享的影响效应得到了许多有价值的结论。团队知识分享不仅会影响团队成员积极的体验，而且能够对团队的创造力产生影响。除此之外，许多学者从不同的情境视角下探讨了团队知识分享对团队绩效的影响作用，包括对团队成员体验、团队创造力和团队绩效的影响。就对团队体验影响而言，研究表明，团队知识分享越是有效，团队成员的任务执行越是更加顺利，因此会提高成员的自我效能感（Malhotra & Majchrzak，2004）；在虚拟团队的情境下发现，团队知识分享有利于团队成员满意度的提高（Pinjani & Palvia，2013）。就对团队创造力而言，有研究发现，团队知识分享与高新技术团队创造力之间有显著正向关系（蔡亚华等，2013）；以高管团队为研究对象，研究结果表明团队知识分享有利于团队创造力的提升（Carmeli & Paulus，2015）；基于高科技企业团队的调查研究显示，知识分享对成员创新行为具有显著的正向预测作用（曹科岩，2015）；知识分享正向影响团队成员的创新意愿（Akturan et al.，2016）。就对团队绩效的影响而言，研究揭示，基于团队共享心智模型和交互记忆系统理论提出团队知识分享将有利于团队绩效的提高，并以酒店服务团队为研究对象证实了这一设想（Srivastav et al.，2006）；团队知识分享正向影响团队承诺进而影响团队绩效（柯江林等，2007）；通过对 60 个 R&D 团队中 290 名成员的调查研究发现，团队知识分享正向影响 R&D 团队绩效（Huang，2009）；团队知识分享有利于团队创新绩效的提高（Kessel，2012）；通过对 139 个研发团队的实证调查研究，发现知识分享与产品创新绩效之间有着显著的正相关关系（周健明等，2015）；团队知识分享会促进团队信任、团队合作，进而有利于团队绩效的提高（Alshar et al.，2017）。

知识被广泛认为是一种具有极大价值的组织资源，它有利于维持和改进组织的产品或服务，提高市场份额、组织创新能力以及在行业中的竞争地位。与其他组织资源不同，知识通常储存于团队成员的思想中，并且只在使用期间调用（Tsai et al.，2014）。因此，成员之间存在知识分享行为时，思想之间的沟通会进一步促进知识的高效利用。知识往往分散在团队的个体之中，只有通过分享才可以促进知识的整合，进而提高知识的利用效率（Alsharo et al.，2017）。具体而言，知识分享能够集合团队成员所拥有的知识资源（Van et al.，2014），并帮助团队减少信息的缺失，从而有利于扫清团队创新的障碍，进而促进团队创造力的提升。与此同时，知识分享能够减少团队成员信息搜索和处理的成本，从而使团队工作更加高效，为实现团队目标打下良好的基础（Tsai et al.，2014）。此外，知识分享能够促使团队充分利用知识资源并且发挥知识和信息多样化的优势，真正提高团队的竞争实力（蔡亚华等，2013）。团队内部的知识分享有助于团队得到多样化的信息，成员通过不同的视角对待共同面临的问题，将有助于形成更好的解决方案。并且，通过成功的知识交流，团队可以发展他们的知识基础，并结合这些知识来开发新的解决方案（Marianne & Karin，2010）。另外，团队内部的知识分享为成员之间的相互学习提供了机会（Srivastava et al.，2006）。通过互相学习，团队成员之间共享相关的经验和信息，将有利于新知识的创造和团队目标的实现（Lin & Joe，2012）。相反，如果无法有效地促进知识分享，团队中可用的认知资源就不能得到充分利用，从而不利于团队目标的实现。实际上，已有研究证实，团队长期缺乏知识分享，其竞争地位和团队效率就会受到严重的负面影响（Lin，2007）。

知识管理研究表明，知识分享将对团队绩效产生积极的影响（Choi et al.，2010）。因为，团队所拥有的知识与团队绩效之间有密切关系

（Huang，2009），一个群体获得的知识越多，其绩效就会越好。莫伊和朗格夫兰德（Moye & Langfred，2003）以 38 个学生团队为研究对象，发现团队知识分享可以减少任务和关系冲突，对团队绩效的提高有重要的作用。英格拉姆和西蒙斯（Ingram & Simons，2002）在一项纵向分析研究中发现，信息和经验的共享提升了团队整体的绩效表现。李和陈（Lee & Chen，2007）在新产品开发团队研究中发现，团队信息等知识元素的共享对团队绩效有着积极的作用。此外，知识分享帮助团队减少重复的探索，在遇到同样的问题时"不必再另辟蹊径"，这有助于避免团队重复过去的错误。同时，团队知识分享有利于成员之间互相提升，实现专业技术知识的互补（Zhu，2016），促进新知识创造，这从长远来看有助于提升团队的竞争力。另外，通过成员专业知识的分享，能够对团队难题进行有效的处理，从而实现任务和决策的高性能，进而有利于提升团队的运行效率。相比之下，缺乏知识分享，团队的工作效率将会降低，因为知识搜索、知识误解、错误解释等都可能造成决策的失误，从而导致更高的任务执行的失败率。

事实上，在创业团队情境下，团队知识分享对团队绩效的提升也会有所帮助。首先，创业团队往往是由不同背景的成员组成，知识背景的多样性较为明显。然而，知识背景的多样性是任务冲突的关键来源，并且会影响团队绩效（Huang，2009）。由于创业团队成员拥有不同的知识背景与资源，他们可能对任务或决策持有相悖的观点和想法，而且不同的知识资源很容易导致团队成员争论的增加。通过在与任务相关的辩论中分享知识或观点，团队成员可以讨论分歧并促进学习，从而形成对任务判断或决策的共同理解。因此，通过改进知识分享，可以很好地管理团队任务冲突，进而促进创业团队取得更好的绩效表现。其次，创业是复杂的。如果没有知识分享，不同的成员就会重复面对同样的问题。在知识分享的团队中，由于个别成员已经掌握了解决问题的方法并分享给其他成员，就会极大改善团队处理问题的整体效率。再次，通过分享知识，团队可以避免冗余的知识生产，在解决问题时通过运用多个成员的相关知识，极大地降低了团队成本。最后，通过分享知识，团队成员还可以讨论和综合其他成员的不同或互补的技能和观点，进而调整他们的技术或方法以改进他们的工作方式，从而有利于提高他们的工作效率，并最终对创业团队的整体性绩效带来积极的影响作用。

基于以上分析，本研究提出如下假设：

H3：团队知识分享对创业团队绩效有正向影响。

基于拓展－构建理论（broaden-and-build theory），积极的团队情感基调有利于增加团队成员之间互动分享行为，进而带来更高水平的团队效能（Collins et al.，2016）。具体而言，积极情感基调对团队互动过程有着积极的影响作用（Paulsen et al.，2016），能够增加团队成员之间的合作行为（Barsade，2002）、助人行为（Chi et al.，2011），并且有利于提高团队主动性（Wu & Wang，2015）。而知识分享需要团队成员之间有着密切的人际关系以及频繁的互动和交流，同时知识分享还取决于成员分享知识的意愿和能力（刘超等，2016）。由于积极的情感基调能够使团队成员之间的良性互动更加频繁，因而为团队知识分享创造有利条件。此外，积极情感基调能够激发团队成员的正面行为，从而有利于在团队中形成良好的安全氛围，进而提升成员主动分享知识的意愿。由此可见，具有积极情感基调的创业团队，其成员会从事更多的知识分享行为。

团队知识分享是团队成员之间进行知识转移和知识传播的过程，它是提升团队效能的重要驱动力，也是树立企业核心竞争力的重要方式（Haas et al.，2015）。团队知识分享能够使团队中拥有不同专业、背景、经验和技能的成员的知识整合到一起，打破知识独占的屏障，并实现知识在团队中的高效流动（曹科岩，2015）。知识传递和流动的过程中会激发创业团队成员的潜力，并有利于提升成员的创造力。团队成员之间频繁的互动和启发，使得整个创业团队的绩效得以提升。

综上所述，积极的情感基调促进团队知识分享，而团队知识分享又会影响创业团队绩效。根据 IPO 理论模型，积极情感基调作为团队输入，很可能会通过团队知识分享这一团队过程，进而转化为创业团队绩效输出。

基于以上分析，本研究提出如下假设：

H4：团队知识分享在积极情感基调与创业团队绩效之间起到中介作用。

11.2.4　团队认同的调节作用

近些年来，学术界逐渐将研究重点从组织认同向团队认同转移，与组织认同相比团队认同对成员的影响更为直接（纪巍、毛文娟，2016）。团队认同是一种集体动机，是影响团队过程和团队结果的重要因素（栾琨、谢小云，2014）。过去大量的研究对团队认同与团队过程、团队结果的关系开展了富有成效的探讨。

第一，团队过程。克莱莫等（Cremer et al.，2008）发现，当团队认同水平高时，团队成员就会倾向于认为自我利益与团队利益相互交织、毫无差别，因而会以团队主人的姿态对待自己的任务和工作，并投入更多的互动和合作行为。在这种情况之下，团队认同水平越高，对激励团队成员努力工作的效用就越强。伯鲁科娃等（Bezrukova et al.，2009）发现，当团队成员之间感知到彼此高度认同团队时，他们就会积极努力地达成一致意见，并主动地调整他们的行为、确定共同的信念以及交换知识信息。赫斯特等（Hirst et al.，2009）发现，团队认同会影响个体成员创新的意愿，团队认同往往有利于激发团队成员的创新行为。钱宝祥等（2016）认为，团队认同不仅影响成员利他主义行为、主动行为和助人行为等，还会影响成员的工作满意度和工作绩效。此外，团队认同还会正向影响团队凝聚力、组织公民行为，促进情感反应、积极价值以及团队的持续发展（Cunningham & Chelladurai，2004）。另外，团队认同能够促使团队成员主动承担在实现团队目标过程中所面临的风险或代价（栾琨、谢小云，2014）。相反，在低团队认同下，团队成员便会认为个体的目标与团队目标相矛盾。在这种情况之下，团队成员便会减少与其他成员的互动和工作投入。

第二，团队结果。事实上，已有大量的研究证明团队认同与团队效能之间有着密切的联系。纪巍和毛文娟（2016）的研究发现，团队认同是促进团队高产出的重要因素。具体而言，当团队成员对自己所在的团队有着较高的认同时，就会将团队赋予的身份作为自己生命的一部分，并且会把一起合作的其他成员视为构建自我定义的重要元素，从而会付出更多的努力去实现团队目标来维护自己的团队身份。此外，高团队认同还是发挥集体效能的重要驱动力，而在团队认同低的情况下往往不能发挥团队的集体效能（栾琨、谢小云，2014）。因为，当团队认同水平低时，团队成员无法将团队的目标与自身的目标紧密地联合在一起，或者是认为团队的利益与自己的利益无关。在这种情况之下，便会引发成员出现动机损失。动机损失往往会导致社会惰性化，使得成员减少工作的付出，从而不利于团队效能的提升。

综上所述，理论研究证实了团队认同所发挥的重要作用，团队认同不仅会影响团队成员的行为，而且会影响团队结果（Vegt & Bunderson，2005）。具体来说，当团队成员认同他们的团队时，会更加愿意为团队的发展付出努力，而且会更加地忠诚于所在的团队，并主动为团队提供帮助和支持。高水平的团队认同能够约束和减少团队成员的负面行为，促进成员为了团队绩效付出更多的努力。相比之下，当团队认同水平低时，团队成员的忠诚度和满意度会较低，甚至会萌生退出团队的动机。此外，高水平的团队认同有利于增加成员的组织公民行为、合作行为和创造性行为，对成员的工作表现有着积极的影响。总的来说，拥有高水平认同的团队往往有着更高的绩效表现（Lin，2016）。

　　创业活动具有高不确定性和风险性的特征，为了消除成员的创业恐惧感以保证创业活动的顺利开展，就需要发挥团队认同的作用以充分调动团队成员的心理资源，来促进团队成员之间的知识分享行为。自我归类理论（self-categorization theory）认为，团队认同是团队有效运行的"黏合剂"，也是成员间互动的基础（Herrbach，2006）。大量的研究证明了团队认同发挥了"黏合剂"的作用，不仅有效地防止了团队"四分五裂"的状况，还有利于团队效能的提高。当团队认同水平高时，团队成员会进行自我的再分类，在此过程中团队成员会积极避免团队中的偏见，并积极寻求一致意见，从而有利于提升团队凝聚力，并促进团队的可持续发展（Kane，2009）。此外，团队成员往往有着文化、背景、经验、技能等方面的差异，团队多元性十分普遍，这种多元性一方面能够为团队带来更多的经验和知识，使团队成员达到互相弥补的效果；另一方面，团队成员之间的差异可能会阻碍团队沟通，而且意见的不一致容易引发团队冲突和矛盾，导致团队合作的减少，进而不利于团队的发展（Bezrukova et al.，2009）。当个体成员认为大家是一个共同的团体时，滋生利益小集团和内部偏见的概率就会被最小化。由此可得，团队认同有助于克服成员自私自利的行为，增强团队沟通的同时能够减少团队成员之间的冲突，并有利于良好互动氛围的形成，因而是知识分享的重要驱动力（Tang et al.，2014）。

　　基于群体动机理论（group motivation theory），团队动机具有激励作用，当团队认同水平高时，个体成员就会受到激励并且会将团队的目标与自己的目标融合在一起，因而个体成员会积极追求团队目标的实现（Lee et al.，2011）。团队认同感高的个体成员，会为了维护团队的利益主动迎接困难和挑战，从而有利于团队应对高不确定性和风险性（汤超颖等，2011）。团队认同被视为连接个体成员和团队的精神纽带，是将团队目标和个体成员目标连接在一起的桥梁（Carmeli & Paulus，2015）。团队认同感高时，团队成员会对团队的任务目标产生较高的共鸣，这种共鸣会促使他们更积极地参与互动。具有高水平团队认同感的个体成员往往会积极地为团队工作和目标做出贡献，并更愿意分享自己所拥有的知识。实际上，激发团队成员的知识分享行为往往比激发其他行为更为困难。因为团队知识分享不但要求成员自愿投入更多的资源，执行更多的牺牲性行为，而且要求成员主动承担分享知识所带来的风险和代价（Liang et al.，2012）。当团队成员将团队目标内化成为自我目标时，就会为了团队的发展从事更多积极分享的行为，尽管这些行为可能会让他们承受极大的风险，他们也会在所不辞。因此，高水平的团队认同不仅能够将所有成员紧密地联系在一起，凝聚成一股强大的力量，共同致力于实现团队的目标，而且能够促进团队知识分享。此外，在团队认同高的情境下，个体成员会意识到自己与团队的荣辱密切相关，往往是"一荣俱荣、一损俱损"。此时，团队成员会为了团队的成功和发展付出更多的努力，进而会努力提升自己的绩效表现。

情感趋同的研究表明，趋同的过程是十分强大的，并且可以迅速和自发地形成。由于创业团队任务具有互依性，使得成员之间的互动十分频繁，因而情感转移在所难免，情感蔓延势不可当，情感基调便会在短时间内产生。尽管积极情感基调被认为是一种涌现的群体状态，但是随着时间的推移它具有相对稳定的特征（Wu & Wang，2015），并且不断地作用于团队过程，进而会影响团队输出（Peralta et al.，2014）。与情感趋同相类似，已有研究发现团队成员的认同水平会随着时间的推移而趋同（Vegt & Bunderson，2005）。事实上，团队的情感基调和团队认同都可以被看作是团队概念特征（group defining characteristics）（Tanghe et al.，2010）。然而，团队认同与积极情感基调在影响团队过程和团队绩效的过程中可能会出现一定的替代效应。更确切地说，在高团队认同条件下，团队成员会更加专注于团队目标，因而会主动增加知识分享行为，忽略团队的情感状态。而当团队认同水平低时，情感相似吸引机制使得团队成员依靠情感来聚集（Walter & Bruch，2008），此时积极情感基调便会充当团队的一种"黏合剂"，从而对团队知识分享产生重要的推动作用。基于此，团队认同可能会干预积极情感基调发挥其正向影响效应。

除此之外，团队认同是促进成员之间构建信任的重要因素。研究发现，当团队认同水平高时，团队信任水平也会较高（Harms & Han，

2010）。事实上，已有研究指出团队信任会减弱积极情感基调正向影响作用的发挥，甚至会导致积极情感基调对团队带来负向影响。比如，蔡等（Tsai et al.，2016）研究证实，当团队成员之间有着较高水平的信任关系时，积极的情感基调可能会对团队的创新绩效造成不利影响。具体而言，当团队同时拥有高度的积极情感基调和高度的信任关系时，团队成员会过分地顺从于集体，就会主动减少不一致的观点，从而导致创造性想法的减少，最终对团队的发展带来不利影响。由此可得，在高团队信任下，具有高水平积极情感基调的团队更容易成为一个单调的实体，将团队成员的思维固定化，从而不利于应对复杂任务。研究人员还指出，积极的情感基调有时候会导致成员过度自信和努力的减少（Collins et al.，2016）。

综上所述，团队认同会削弱积极情感基调对团队知识分享的正向作用。一方面，研究发现，团队认同感高的成员会以积极的态度对待其他成员，并且会主动参与团队知识的交流（Kane，2009）。因此，积极情感基调与团队认同在促进团队知识分享方面可能存在一定的替代效应。当团队认同感低时，团队成员互相猜忌，此时在积极的情感基调的驱动下，他们才会愿意为了团队的发展而努力和奉献，从而推动团队知识分享。反之，团队认同感高时，团队成员便认为自己的目标与团队目标一致，便会把所有的精力放在工作中，从而会忽视团队成员的情感，此时积极情感基调对团队知识分享积极作用便会减弱。另一方面，高团队认同与高积极情感基调的组合未必会带来最高水平的团队知识分享。因为，在高团队认同和高积极情感基调的影响之下，成员互相信任并对实现团队目标充满信心，很可能会使团队成员出现盲目乐观。团队成员对团队目标的实现产生的过度自信会导致上进心的减弱，进而可能会使成员增加较少的知识分享行为，从而不利于整个创业团队知识分享水平的持续性提升。

基于以上分析，本研究提出如下假设：

H5：团队认同在积极情感基调与团队知识分享之间起到调节作用，即团队认同水平越高，积极情感基调对团队知识分享的正向影响越弱，反之越强。

由于团队认同会弱化积极情感基调对团队知识分享的正向影响，降低了积极情感基调对创业团队绩效的有利影响，而且团队知识分享又会正向影响创业团队绩效。因此，本研究认为，团队认同对积极情感基调与创业团队绩效之间正向关系的弱化，会通过团队知识分享的中介作用产生。换句话说，团队认同对积极情感基调与创业团队绩效之间关系的削弱，很大程度上是由于团队认同使积极情感基调对团队知识分享的正向影响作用下降，而团队知识分享的下降又削弱了创业团队绩效。

基于以上分析，本研究提出如下假设：

H6：团队认同负向调节积极情感基调与创业团队绩效之间的正相关关系，并且这种负向调节效应会通过团队知识分享的中介作用影响创业团队绩效。

11.2.5　本研究的理论模型

本研究主要分析积极情感基调对创业团队绩效的影响作用，并探索其中的影响过程。本研究的主要目的如下：第一，从中国情境下的创业团队入手，基于 IPO 理论框架分析积极情感基调对团队绩效的影响作用，并探求团队知识分享在积极情感基调与创业团队绩效之间发挥的中介效应。第二，基于社会身份理论注入团队认同这一调节变量，即探讨团队认同在积极情感基调影响创业团队绩效过程中的边界效应，并在此基础上检验被中介的调节模型。本研究所得出的结果将有利于丰富和完善积极情感基调与创业团队绩效之间关系的理论研究。

本研究在对以往相关文献进行系统梳理和总结的基础上，基于 IPO 理论框架和社会身份理论将团队知识分享作为中介变量、团队认同作为调节变量，构建起积极情感基调与创业团队绩效关系的被中介的调节模型。与过去的研究相比，本研究深入挖掘积极情感基调对创业团队绩效的影响作用和过程，进而提出了更为全面的团队绩效模型。本研究的理论模型（如图 11.1 所示）清晰地展示了所涉及变量之间的关系。

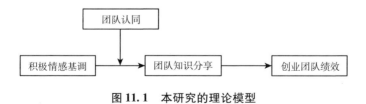

图 11.1　本研究的理论模型

11.3 研究方法

11.3.1 研究对象与程序

本研究以新创企业的创业团队为研究对象，调查对象来自上海、深圳、浙江、江苏、山东、辽宁、天津等新创企业集中地区的 223 个创业团队，行业主要涉及制造、零售、服务和互联网企业。根据新创企业的创业团队的定义（Zahra & Ireland，2000；潘清泉、韦慧民，2016），本研究所选取的创业团队需要满足如下三个条件：创业团队至少有两名成员；创业团队成员对企业的建立和发展拥有决策权；创业团队所建立的企业在 8 年以内且仍在经营中。本研究的正式调研时间为 2017 年 8～12 月，为此将 2010 年 1 月以后成立的企业作为新创企业样本。本研究采用问卷调查的方式进行数据收集，主要涵盖积极情感基调、团队知识分享、团队认同以及创业团队绩效 4 个方面。通过创业团队成员对积极情感基调、团队认同、团队知识分享和团队绩效进行评估以获取创业团队的数据。问卷采用实地调查、邮寄和网络三种形式进行发放与收集，主要通过企业实地走访、委托第三方机构以及高校 EMBA 学员合作的方式开展调研。为了降低同源误差问题，在被试填写问卷之前，向他们承诺所收集的数据仅作为科研使用，结果和过程完全保密，使他们能够更加没有顾虑、如实地回答问题。将问卷以团队为单位进行编号，保证每个团队至少有两名成员参与到评估中，最后将同一团队编号的个体成员数据结果进行整理汇总。

本次调查总共发放问卷 760 份，回收问卷 681 份，问卷的回收率为 89.61%，其中有效问卷 612 份，问卷的有效率为 91.19%。样本的具体情况见表 11.1 所示，在调查样本中，男性占 40%，女性占 60%；30 岁以下占 28.8%，30～40 岁占 46.6%，41～50 岁占 16.3%，50 岁以上占 8.3%；大专以下占 5.9%，大专占 30.9%，本科占 57.8%，研究生及以上占 5.4%；工作年限 1 年以下占 5.6%，1～5 年占 32.8%，5～10 年占 39.9%，10 年以上占 21.7%；团队规模 5～10 人比例最大，占 37.2%，其次是 11～15 人，占 30.9%；团队成立时间 3～5 年比例最大，占 35.4%，其次是 1～3 年，占 30%。

表 11.1   样本的基本情况

特征	特征值	频数	频率	累计频率
性别	男	245	40.0	40.0
	女	367	60.0	100
年龄	30 岁以下	176	28.8	28.8
	30～40 岁	285	46.6	75.3
	41～50 岁	100	16.3	91.7
	50 岁以上	51	8.3	100
教育程度	大专以下	36	5.9	5.9
	大专	189	30.9	36.8
	本科	354	57.8	94.6
	研究生及以上	33	5.4	100
工作年限	1 年以下	34	5.6	5.6
	1～5 年	201	32.8	38.4
	5～10 年	244	39.9	78.3
	10 年以上	133	21.7	100
团队规模	5 人以下	13	5.8	5.8
	5～10 人	103	46.2	52.0
	11～15 人	69	30.9	83.0
	15 人以上	38	17	100
团队成立时间	1 年以下	15	6.7	6.7
	1～3 年	67	30.0	36.8
	3～5 年	79	35.4	72.2
	5～7 年	41	18.4	90.6
	7 年以上	21	9.4	100

11.3.2　变量的测量

为了保证测量工具的效度和信度，本研究选用国内外成熟的量表来测量变量。

（1）积极情感基调。对于积极情感基调的测量，采用瓦卡基等（Van Katwyk et al.，2000）开发的积极情感基调分量表，赫姆里斯基等（Hmieleski et al.，2010）的调查研究中已经证实了该量表具有较高的信度。包括 3 个项目，代表性的题目如下："团队成员在工作中都感到精力充沛""团队成员在工作中都感到富有灵感"。选用 Likert 5 点量表对积极情感基调进行测量，其中 1 代表"非常不同意"，5 代表"非常同意"，得分越高说明创业团队中积极情感基调水平越高。在本研究中，该量表的 Cronbach's α 值为 0.70，信度检验较好。

（2）团队知识分享。对于团队知识分享的测量，采用黄等（Huang et al.，2010）开发的团队知识分享量表，国内学者刘宁等（2012）基于中国情境下的调查研究中已经证实了该量表具有较高的信度。包括 5 个项目，代表性的题目如下："团队讨论问题的时候，成员通常会尽自己所能地提供个人意见""团队的成员有问题询问同伴时，同伴都会尽可能地回答其问题""大部分的团队成员对新的观点或思考方式采取接纳的态度"。选用 Likert 5 点量表对团队知识分享进行测量，其中 1 代表"非常不同意"，5 代表"非常同意"，得分越高说明创业团队知识分享水平越高。在本研究中，该量表的 Cronbach's α 值为 0.71，信度检验较好。

（3）创业团队绩效。团队的绩效是一个多维度的变量，采用单一度量标准的研究往往不能捕获复杂的创业团队，因此对创业团队绩效的测量一直处于探索阶段。一些研究使用公司层面的指标来评估团队绩效（Ensley et al.，1998），通常采用了一种跨层次的设计，这种设计往往不能很好的解释团队层面的绩效（Davidsson，2007）。因为公司的绩效受到广泛因素的影响，其中许多因素不能反映团队的特性。团队绩效的数据采集的方式有两种，分别是团队主观评价和客观衡量（Mesmer et al.，2015；Chowdhury，2005）。在团队的研究中，客观和主观的绩效评估都被运用到了（Zhou et al.，2014）。虽然一些研究中倾向于采取客观的指标，比如财务和会计方法，但当研究的重点是考察创业团队的绩效时，主观评价法可能更为合适。因为，对利润的追求往往被视为创业研究中的次要问题，而部分主观的因素例如团队合作情况等对创业团队绩效的反映更为重要。对于创业团队来说，客观的企业业绩指标可能并不能直接反应团队现状，并且创业团队绩效目前没有现成的公开数据，因此对于创业团队绩效的测量多采用主观测评方法（石书德等，2016；Foo，2011）。本研究采用瓦吉特和邦德森（Vegt & Bunderson，2005）开发的创业团队绩效量表，国内学者石书德等（2016）基于中国情境下的创业团队调查研究中证实了该量表具有较高的信度。包括 4 个项目，代表性的题目如下："团队合作总体上比较满意""团队目前取得的成绩非常不错""团队总是能产生较多创新性或新的想法"。选用里克特 7 级量表对创业团队绩效进行测量，其中 1 代表"非常不同意"，7 代表"非常同意"，得分越高说明创业团队绩效水平越高。在本研究中，该量表的 Cronbach's α 值为 0.754，信度检验较好。

（4）团队认同。对于团队认同的测量，采用张可军（2009）开发的团队认同分量表，国内学者陈星汶等（2015）基于中国情境下的调查研究中已经证实了该量表具有较高的信度。包括 6 个项目，代表性的题目如下："团队成员都愿意为了完成团队目标付出努力""团队成员对团队有强烈的感情依赖""团队成员视团队困难如同自己的困难""团队成员感觉自己是团队大家庭中的一员"。选用 Likert 5 点量表对团队认同进行测量，其中 1 代表"非常不同意"，5 代表"非常同意"，得分越高说明创业团队成员认同水平越高。在本研究中，该量表的 Cronbach's α 值为 0.754，信度检验较好。

（5）控制变量。已有研究发现，团队规模的大小可以影响团队的过程和绩效，团队规模过大往往会对团队的互动带来负向影响（Zhou et al.，2013）。因为，团队的规模越大其凝聚力就会越低，而且团队规模过大也可能影响团队内部资源的合理配置，这些情况都会影响创业团队的绩效。此外，研究发现团队成立的时间也是影响团队过程和绩效的重要因素（刘宁、贾俊生，2012；Tang et al.，2014；Guan et al.，2013）。因此，根据已有研究的建议，本研究将团队规模和团队成立时间作为控制变量，以促进研究模型更加完善和科学，使研究结果更具说服力。

11.4 统计结果分析

11.4.1 数据聚合分析

本研究的对象为创业团队，因而需要获取团队层面的数据来进行相关的实证检验。由于本研究所发放的调查问卷是由创业团队成员来填写，得到的是成员个体层面的数据，因而无法直接应用到后续的实证分析之中。根据目前团队研究中数据分析的主流方法，通过聚合的方式将所收集的个体数据处理成团队层面的数据（刘小禹、刘军，2012）。但在聚合处理之前需要分析数据聚合的有效性，r_{wg} 系数、ICC（1）、ICC（2）系数以及方差分析中的 F 统计量是检验数据聚合有效性的重要指标。根据国内外相关研究的建议，r_{wg} 系数需大于 0.70 的临界值，ICC（1）需小于 0.50 的临界值，ICC（2）需大于 0.70 的临界值，而 F 统计量需大于 1 的临界值且方差分析显著（刘小禹和刘军，2012；James，1982）。

表 11.2 结果显示，积极情感基调的 r_{wg} 均值和中值分别为 0.8433、0.8571，ICC（1）与 ICC（2）分别为 0.4657、0.7094，方差分析（F = 3.444，P < 0.01）。团队知识分享的 r_{wg} 均值和中值分别为 0.9282、0.9524，ICC（1）与 ICC（2）分别为 0.4806、0.7214，方差分析（F = 3.593，P < 0.01）。团队认同的 r_{wg} 均值和中值分别为 0.9389、0.9677，ICC（1）与 ICC（2）分别为 0.4927、0.7311，方差分析（F = 3.722，P < 0.01）。创业团队绩效的 r_{wg} 均值和中值分别为 0.9288、0.9455，ICC（1）与 ICC（2）分别为 0.4558、0.7011，方差分析（F = 3.344，P < 0.01）。本研究中所涉及变量的 r_{wg} 均大于 0.70，ICC（1）均小于 0.50，ICC（2）均大于 0.70，方差分析均显著且 F 值均大于 1。因此，本研究可以将积极情感基调、创业团队绩效、团队知识分享以及团队认同的个体成员数据聚合成为创业团队数据。也就是说，本研究将采用创业团队内成员的平均值作为团队层面的观测值，进行下一步统计分析。

表 11.2　　　　　　　　　　　　　　**聚合分析结果**

变量	r_{wg} 均值	r_{wg} 中值	ICC（1）	ICC（2）	F	P
积极情感基调	0.8433	0.8571	0.4657	0.7094	3.444	< 0.01
团队知识分享	0.9282	0.9524	0.4806	0.7214	3.593	< 0.01
团队认同	0.9389	0.9677	0.4927	0.7311	3.722	< 0.01
创业团队绩效	0.9288	0.9455	0.4558	0.7011	3.344	< 0.01

11.4.2　验证性因素分析

为了测试是否存在共同方法偏见，根据已有研究的建议，采用 Harman 单因素分析进行探索性因素分析和验证性因素分析（Podsakoff & Mackenzie，2003；韦慧民、鲁振伟，2017）。首先，采用 SPSS 21.0 进行探索性因素分析。探索性因素分析结果共产生了 4 个因素，第一个因素只解释了总方差的 28.254%，在可接受范围以内。

其次，为确保研究变量之间的区分效度和建构效度，采用 AMOS 21.0 结构方程模型进行了验证性因素分析。表 11.3 结果表明，四因子模型对数据有着更好的拟合度（χ^2/df = 2.033 < 3，CFI = 0.949 > 0.90，GFI = 0.953 >

0.90，IFI = 0.949 > 0.90，TLI = 0.939 > 0.90，NFI = 0.904 > 0.90，RMSEA = 0.041 < 0.050），而单因子模型、二因子模型和三因子模型的拟合指数均较差。基于以上结果说明，本研究所获取的数据不存在严重的同源误差。

表 11.3　　　　　　　　验证性因素分析结果（$N = 612$）

模型	χ^2	df	χ^2/df	RMSEA	GFI	IFI	CFI	TLI	NFI
单因子模型	828.901	135	6.140	0.092	0.845	0.734	0.732	0.696	0.698
二因子模型	741.009	134	5.530	0.086	0.855	0.767	0.765	0.732	0.730
三因子模型	471.201	132	3.570	0.065	0.912	0.870	0.869	0.848	0.828
四因子模型	262.232	129	2.033	0.041	0.953	0.949	0.949	0.939	0.904

注：单因子模型：积极情感基调 + 创业团队绩效 + 团队知识分享 + 团队认同；
　　二因子模型：积极情感基调 + 创业团队绩效、团队知识分享 + 团队认同；
　　三因子模型：积极情感基调 + 创业团队绩效、团队知识分享、团队认同；
　　四因子模型：积极情感基调、创业团队绩效、团队知识分享、团队认同。

11.4.3 描述性统计分析

在假设检验之前，本研究对所涉及变量进行了相关性检验。表 11.4 所示，积极情感基调与创业团队绩效正相关（$r = 0.524$，$P < 0.01$），与团队知识分享正相关（$r = 0.511$，$P < 0.01$），与团队认同正相关（$r = 0.402$，$P < 0.01$）；团队知识分享与创业团队绩效正相关（$r = 0.495$，$P < 0.01$），与团队认同正相关（$r = 0.393$，$P < 0.01$）。相关性分析结果初步支持了本研究所提出的假设，故可以进行下一步的层次回归分析。

表 11.4　　　　　　　　描述性统计分析（$N = 223$）

模型	均值	标准差	1	2	3	4	5
1 团队规模	2.59	0.838					
2 团队成立时间	2.94	1.064	0.345**				
3 积极情感基调	3.794	0.605	0.088	0.129			
4 团队知识分享	4.082	0.470	0.039	0.104	0.511**		
5 创业团队绩效	5.609	0.739	0.098	0.192**	0.524**	0.495**	
6 团队认同	3.233	0.610	0.090	0.102	0.402**	0.393**	0.426**

注：* $P < 0.05$，** $P < 0.01$。

11.4.4 假设检验

1. 积极情感基调影响创业团队绩效的主效应检验

本研究运用 SPSS 21.0 进行层次回归分析（hierarchical regression modeling，HRM），对假设进行检验。为了避免研究潜在的多重共线性问题，根据已有研究的建议对相关变量进行了去中心化处理（高展军、江旭，2016）。方差膨胀因子（VIF）值是检验多重共线性问题的重要指标，如果 VIF 值小于 3 的临界值说明不存在严重的多重共线性问题。本研究所进行的回归分析中自变量的 VIF 值最大为 1.457，小于 3，因而不存在严重的多重共线性问题。层次回归结果如表 11.5 所示。本研究 H1 认为积极情感基调对创业团队绩效有正向影响。如表 11.5 M4 所示，在控制团队规模和团队成立时间之后，积极情感基调显著正向影响创业团队绩效（$\beta = 0.508$，$P < 0.01$），因此 H1 得到支持。

表 11.5　　　　　　　　　**层次回归分析：主效应与中介效应**

变量		团队知识分享			创业团队绩效		
		M1	M2	M3	M4	M5	M6
控制变量	团队规模	0.030	−0.022	0.036	0.011	0.034	0.021
	团队成立时间	0.103	0.046	0.180*	0.123*	0.120*	0.102
自变量	积极情感基调		0.507**		0.508**		0.287**
中介变量	团队知识分享					0.580**	0.436**
	R^2	0.011	0.263	0.038	0.291	0.371	0.431
	ΔR^2	0.011	0.252**	0.038*	0.253**	0.333**	0.140**
	ΔF	1.209	74.834	4.348	78.099	115.930	53.726

注：$*P < 0.05$，$**P < 0.01$。

2. 团队知识分享的中介效应检验

本研究 H2 认为积极情感基调对团队知识分享有正向影响。如表 11.5 M2 所示，在控制团队规模和团队成立时间之后，积极情感基调显著正向影响团队知识分享（$\beta = 0.507$，$P < 0.01$），因此 H2 得到支持。本研究 H3 认为团队知识分享对创业团队绩效有正向影响。如表 11.5 M5 所示，在控制团队规模和团队成立时间之后，团队知识分享显著正向影响创业团队绩效（$\beta = 0.580$，$P < 0.01$），因此 H3 得到支持。

本研究 H4 认为团队知识分享在积极情感基调对创业团队绩效的影响中起中介作用。根据中介效应检验三步骤方法，需满足的条件如下：第一，积极情感基调对创业团队绩效有显著影响；第二，积极情感基调对团队知识分享有显著影响；第三，在创业团队绩效对积极情感基调、团队知识分享的回归中，团队知识分享的系数显著。若满足上述三个条件，则说明团队知识分享的中介效应显著。如表 11.5 M6 所示，在控制团队规模和团队成立时间之后，团队知识分享显著正向影响创业团队绩效（$\beta = 0.436$，$P < 0.01$），而积极情感基调正向影响创业团队绩效，但显著性明显减弱（$\beta = 0.287 < 0.507$，$P < 0.01$）。因此，团队知识分享在积极情感基调与创业团队绩效之间起到部分中介作用，H4 得到初步支持。由于中介效应三步骤方法存在些许不足，为此本研究运用 Bootstrap 方法进一步检验团队知识分享的中介作用。表 11.6 的结果显示，积极情感基调对创业团队绩效的间接影响效应检验结果（LLCI = 0.1482，ULCI = 0.4404，$P < 0.01$）不包含 0，表明团队知识分享的中介效应显著。因此，H4 得到进一步的支持。

表 11.6 积极情感基调对创业团队绩效的间接效应

变量	创业团队绩效					
	Indirect Boot Indirect Effect	Boot SE	Z	P	LLCI	ULCI
积极情感基调	0.2682	0.0742	5.5706	< 0.01	0.1482	0.4404

注：选取样本量 = 2000，置信区间 = 95%。

3. 团队认同的调节效应检验

本研究 H5 认为团队认同调节积极情感基调与团队知识分享之间的关系。如表 11.7 M8 所示，在控制团队规模和团队成立时间之后，积极情感基调与团队认同的交互项显著负向影响团队知识分享（$\beta = -0.169$，$P < 0.01$）。为了进一步分析团队认同在积极情感基调与团队知识分享之间所发挥的调节作用，本研究利用简单斜率方法绘制调节效应图。图 11.2 所示，在高团队认同（+SD）下，积极情感基调对团队知识分享的影响相对较弱，而在低团队认同（-SD）下，积极情感基调对团队知识分享的影响更强。因此，H5 得到支持。

表 11.7 调节效应回归分析结果

变量		团队知识分享		创业团队绩效		
		M7	M8	M9	M10	M11
控制变量	团队规模	− 0.031	− 0.026	0.001	0.004	0.014
	团队成立时间	0.038	0.025	0.113	0.104	0.094
自变量	积极情感基调	0.419 **	0.406 **	0.409 **	0.400 **	0.244 **
中介变量	团队知识分享					0.384 **
调节变量	团队认同	0.223 **	0.294 **	0.251 **	0.301 **	0.188 **
交互项	积极情感基调 * 团队认同		− 0.169 **		− 0.121 *	− 0.056 *
	R^2	0.304	0.328	0.343	0.356	0.454
	ΔR^2	0.294 **	0.024 **	0.305 **	0.012 *	0.111 **
	ΔF	46.011	7.745	50.672	4.147	21.994

注：表中数值为标准化回归系数，＊$P < 0.05$，＊＊ $P < 0.01$。

本研究 H6 认为团队认同负向调节积极情感基调与创业团队绩效之间的正相关关系，并且这种负向调节效应会通过团队知识分享的中介作用影响创业团队绩效。根据已有研究的建议（温忠麟等，2006），被中介的调节效应（mediated moderation）的检验步骤如下：第一，因变量（创业团队绩效）对自变量（积极情感基调）、调节变量（团队认同）、交互项的回归中，交互项的系数应显著；第二，中介变量（团队知识分享）对自变量（积极情感基调）、调节变量（团队认同）、交互项的回归中，交互项的系数应显著；第三，因变量（创业团队绩效）对自变量（积极情感基调）、调节变量（团队认同）、交互项、中介变量（团队知识分享）的回归中，中介变量（团队知识分享）的系数应显著。如表 11.7 M8 所示，在控制团队规模和团队成立时间之后，积极情感基调与团队认同的交互项显著负向影响团队知识分享（$\beta = -0.169$，$P < 0.01$）。如表 11.7 M10 所示，在控制团队规模和团队成立时间之后，积极情感基调与团队认同的交互项显著负向影响创业团队绩效（$\beta = -0.121$，$P < 0.05$）。如表 11.7 M11 所示，在创业团队绩效对积极情感基调、团队认同、交互项、团队知识分享的回归中，团队知识分享的系数显著（$\beta = 0.384$，$P < 0.01$）。因此，满足被中介的调节效应存在的条件，H6 得到支持。

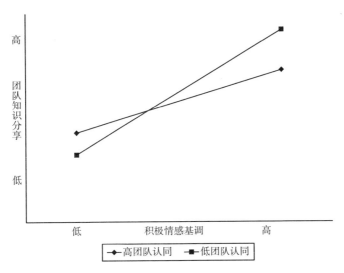

图 11.2 团队认同对积极情感基调和团队知识分享关系的调节效应

11.5 本章小结

11.5.1 研究结论

创业团队虽然比个体创业者有着更多的优势，但团队创业的过程也并非一直是顺风顺水，创业团队同样也面临着较高的失败率。因此，了解影响创业团队成功的因素具有非常重要的意义，并且已成为当前组织行为研究的热点话题。创业环境的复杂性和波动性日益增加，保证创业团队绩效的持续性提升成为团队管理的重要任务（Zhou et al.，2014）。在现代组织中，主动改变环境提升团队绩效被认为是至关重要的。顺应这一潮流，越来越多的学者倡导开展实证研究探讨影响创业团队绩效的因素（Collins et al.，2016）。

近些年来，积极情感视角下的团队绩效研究得到了越来越多的关注（Tsai et al.，2014）。以往的研究已经全面地揭示了积极情感基调形成的原因（Shin，2014），以及其对团队所发挥的影响效应。尽管先前的研究已经证实了在虚拟团队、高新技术团队等情境下，积极情感基调与团队绩效之间的联系（Collins et al.，2016），但是所得出的结论是否适用于创业团队情境尚不得知。再加上创业团队与其他类型的团队有着明显的差异，积极的情感基调是否显著作用于创业团队绩效以及其中的过程机制如何亟待进一步深入探索。为此，本研究针对上述问题开展了实证研究，基于 IPO 理论框架和社会身份理论构建起积极情感基调与创业团队绩效的关系模型，并采用问卷调查方法对模型进行了验证。

研究主要得出以下三个结论。第一，积极情感基调对创业团队绩效呈现显著正向相关关系。具体来说，积极情感基调促进了创业团队绩效的提高，积极情感基调水平越高，就会越有利于创业团队绩效的提升。第二，团队知识分享在积极情感基调影响创业团队绩效的过程中发挥部分中介作用。积极情感基调不仅对创业团队绩效带来直接的正向影响，还会通过促进团队知识分享进而间接影响创业团队绩效。第三，团队认同在积极情感基调影响创业团队绩效的过程中发挥负向调节作用，并且这种负向调节效应会通过团队知识分享的中介作用影响创业团队绩效。具体而言，当团队认同高时，积极情感基调对团队知识分享的正向影响作用较弱；当团队认同低时，积极情感基调对团队知识分享的正向影响作用更强。同时，团队认同会通过负向干预积极情感基调对团队知识分享的正向影响作用，进而削弱创业团队绩效。

1. 积极情感基调对创业团队绩效的影响

过去的研究对积极情感基调的影响效应进行了详细的阐述，概括而言，积极情感基调与团队行为和团队效能有着密不可分的关系。积极的情感基调会促使团队成员之间的互动更加有效，进而给团队效能带来积极影响（Collins et al.，2013）。具体来说，积极情感基调增加团队合作行为（Lin et al.，2016）、团队帮助行为（Chi et al.，2011），从而有利于团队的有效运行。同时积极的情感基调有助于提升团队凝聚力，使团队成员步调一致（Tsai et al.，2012），而且有利于促进成员的效能感，进而影响团队效能（George & Zhou，2007）。除此之外，巴萨德等（Barsade et al.，2000）所提出的情感相似吸引机制认为，团队成员由于情感的相似会互相产生好感并相互吸引，在这种情况之下，团队成员会建立良好的人际互动关系，增加协作的同时减少矛盾和冲突，从而更加的齐心协力。另外，近年来，学者们对情感动力学在创业中所扮演的角色表现出了浓厚的兴趣，对创业者情感的研究受到越来越多的青睐。研究发现，从事创业的个体往往有着较强的冒险精神和更强烈的情感反应，而且其情感对创业过程产生重要的作用（García et al.，2015）。这些成果都为未来研究提供了重要的指引和理论支撑。

　　不过，在创业团队情境下的情感基调研究尚存在不足之处。虽然有研究指出，团队成员积极情绪有利于团队效能的提高（汤超颖等，2011）。然而该研究主要关注个体层面的积极情感，无法有效地解释团队层面的情感对团队绩效的影响。此外，已有的文献中探讨团队层面的情感对团队效能的影响以虚拟团队、研发团队及高新技术企业团队情境为主（Lin et al.，2016；Chi et al.，2011；Collins et al.，2016），而在创业团队情境下的研究较少。卡普兰等（Kaplan et al.，2013）指出，经常处于危机状态下的团队，其积极情感基调对团队绩效有着更为重要的影响。创业面临着极高的不确定性和失败率，因而会经常面临危机和挑战，因此在创业团队中情感的作用可能会更重要。然而，积极情感基调与团队绩效之间的关系到目前为止还没有在创业团队的实证研究中得到检验。"情感风暴"的盛行，使得情感视角下的前因需要得到深刻的思考。对创业团队绩效前因系统化的认知，仍然需要进一步地深入探索和实证。创业团队高失败率现实下，积极的情感基调能否成为驱动团队绩效提高的"发动机"，或者是创业团队的"救命稻草"？是本研究拟解决的问题所在。

　　大多数的研究认为，积极的情感基调有利于团队绩效的提升。例如，乔治（George，1990）的研究发现，积极的团队情感基调与销售团队绩效有显著的正向关系。梅森和格里芬（Mason & Griffin，2005）也指出，具有积极情感基调的团队往往有着更好的绩效表现。同时，积极情感基调对团队绩效的间接影响，过去的研究也有所涉及。首先，积极情感基调有利于提升团队目标承诺（Seo et al.，2004），当团队成员经历积极情感时，愉快的感觉会让他们更加期望团队任务的完成，并更加忠诚于团队的目标。而高水平的团队目标承诺促进团队成员投入更多的精力来克服团队障碍并完成团队任务，从而实现更高的团队绩效水平（Chi et al.，2011）。因此，积极的团队情感基调将会增加团队成员的目标承诺，进而又会提高团队绩效。其次，积极的团队情感基调能够增强团队成员的满意度（Mason & Griffin，2005）。当团队成员对他们的团队感到满意时，他们倾向于采取有利于团队发展的行动来报答团队，从而有利于团队绩效水平的提高。最后，积极情感基调促进团队助人行为，而助人行为往往是提升团队绩效的重要因素。因此，积极情感基调会通过增加团队助人行为来提高团队绩效。此外，情感会影响团队成员的认知过程，进而影响团队绩效（Paulsen et al.，2016)。在具有积极情感基调的团队中，成员往往会主动制定工作目标，并激励自己去实现目标。这样的提升倾向将会在团队层面上得到促进，因为积极的团队情感基调会提高团队内部协调与合作水平，进而有利于团队的高效运转以及团队绩效水平的提升(Sy et al.，2005；Wu & Wang，2015)。

本研究的结果证实，在创业团队情境下积极情感基调正向影响团队绩效，因而与过去大多数的团队绩效研究结果相一致(Lin et al.，2016；Chi et al.，2011；Mason & Griffin，2005)。实际上，积极的情感基调普遍被认为会有利于团队或组织的发展，因此近些年来受到了国外学者的重视(Kaplan et al.，2013；Shin，2014；Collins & Jordan，2016)。相比之下，国内的情感研究多以情绪智力(张辉华、黄婷婷，2015)、情感氛围(刘小禹、刘军，2012)为主，而关于群体情感基调的实证研究相对滞后和缺乏。此外，对于积极情感基调的研究大多集中在西方国家。由于东西方文化差异较大，所得出的结论对国内的适用性尚不得知(倪旭东、周琰喆，2017)。本研究探索了中国情境下的积极情感基调对创业团队绩效的影响效应，为积极情感基调的研究提供了新的证据，并将团队层面的情感扩展到了创业研究领域，与西方情感研究理论接轨的同时，有利于形成中国本土的团队情感管理理论。

2. 团队知识分享的中介作用

团队知识分享作为团队过程的重要元素，其对团队工作而言十分重要。团队知识分享有助于新颖想法的产生，激发新奇的思维方式。拥有不同知识的成员之间的交流会带来高水平的创造力，因此有效的知识分享可以促进团队取得优异的成绩(Hirst et al.，2009)。如果团队成员之间缺乏知识分享，团队的潜能就无法有效挖掘(Srivastava et al.，2006)。此外，过去的研究表明，知识分享在不同情境下都会对团队绩效表现有积极的影响(Choi et al.，2010)。这些研究结论为后续的探索具有重要的引导作用。

不过，情感基调作为团队输入通过团队过程影响团队输出的研究虽多，但团队过程中的知识分享备受忽视。学者将团队过程分为：过渡阶段、行动阶段和人际交往管理阶段。以往积极情感基调对团队过程的影响研究中，行动阶段中的团队合作和人际交往管理阶段中的团队冲突得到了大量的实证研究(Lin et al.，2016；Schjoedt & Kraus，2013)，但过渡阶段中的团队知识分享受到了忽视（Tsai et al.，2014）。斯里瓦斯塔瓦等（Srivastava et al.，2006）认为，团队知识分享是团队过程中的关键要素，如果知识无法分享就会导致团队认知资源无法得到有效利用。同时，团队知识分享能够帮助成员产生更加深刻的见解和独创性的观点，从而利于成员取得更好的工作成效，进而促进团队得到更好的产出（Kessel et al.，2012）。此外，阿尔萨罗等（Alsharo et al.，2017）的研究也证实了团队知识分享将有利于团队效能的提升。然而目前，对于积极情感基调是否通过团队知识分享间接影响创业团队绩效尚不得知。为此，本研究将探索团队知识分享在积极情感基调与创业团队绩效之间可能发挥的中介作用。

本研究发现，积极情感基调作为团队输入能够促进团队知识分享这一团队过程，而团队知识分享又会对创业团队绩效产生积极影响。扩展建构理论（broaden-and-build theory）认为，积极情感可以拓展个体的注意力、认知和行动，并有利于个体建立持久的生理、心理、智力和社会资源（Fredrickson，1998）。同理，积极的团队情感基调通过成员之间的互动交往，可以扩展团队成员的注意力、认知和行为（Chi et al.，2011），帮助团队成员建立持久的社会资源、心理资源和生理资源，从而有利于提升成员分享知识的意愿。除此之外，情感即信息理论（feelings-as-information theory）认为，人们的情感状态会影响他们的认知判断和认知过程（Boyatzis et al.，2015），以及对周围环境的积极评估（Paulsen et al.，2016）。积极的情感往往促进成员更加积极地对待他人，并主动从事更多的亲社会行为，因而有利于形成促进团队知识分享的良好氛围。因此，积极情感基调是团队知识分享的重要驱动力。团队知识分享被视为影响团队输出的重要团队过程之一（Allen & Hecht，2004）。过去的研究，通过多个视角对团队知识分享的作用进行了剖析。例如，知识分享有助于创建共享的心智模型和交互记忆系统，从而使团队成员能够更好地协调一致（Srivastava et al.，2006）。与此同时，知识分享对团队协作有积极的影响作用，并且能够促进团队各种资源的整合，进而促进团队的发展。另外，知识分享不仅可以增强单个成员的知识和技能，带来累积创新（incremental innovation）效应，而且随着知识分享不断地扩宽团队的知识存量，还可以增强团队层面的创造力。由此可得，团队知识分享往往能够带来更好的创业团队绩效。

IPO 理论模型对创业团队绩效的研究有着重要的基础作用，该理论十分强调团队过程在团队输入转化为团队输出中的重要性（Mathieu et al.，2008）。本研究结果证实，团队知识分享在积极情感基调与创业团队绩效之间起到部分中介作用，积极情感基调作为团队输入会通过团队知识分享这一团队过程间接影响创业团队绩效这一团队输出，这与 IPO 理论框架的推论相一致。此外，近几年以来，越来越多的研究支持积极情感基调对团队绩效的影响（Tsai et al.，2012）。然而，很少有研究解释了积极情感基调和团队绩效之间的影响机制（Lin et al.，2016）。本研究填补了以往积极情感基调研究的不足，分析了团队知识分享在积极情感基调影响创业团队绩效过程中所发挥的中介效应，对于更加清晰地认识积极情感基调与创业团队绩效之间的关系形成了积极的贡献。

3. 团队认同的调节作用

团队认同对团队行为有着极为重要的作用，当个体成员认为自我与团队是一致的时候，他们对团队的热爱就会增加，从而有利于培养团队合作（Mesmer et al.，2015）。同时，团队认同有助于增强团队的凝聚力和团队满意度（Eisenbeiss & Otten，2008），有利于提升个体成员对团队的支持和承诺，进而增加团队利他主义行为。巴雷托和伊里默斯（Barreto & Ellemers，2000）的研究表明，团队认同越高，团队成员为了促进团队发展而付出努力的意愿就越强，相比之下认同水平低的团队，其成员大多是不情愿为了团队而消耗自己的体力和精力。除了上述作用之外，团队认同还被认为是一种十分重要的内在动机，对那些具有风险性的行为有着积极的激励作用，尤其是会影响团队过程中的知识分享行为，往往是其他激励因素无法替代的（Liao et al.，2012）。另外，研究发现当团队面临分裂的威胁时，团队认同可能会成为一种防止团队解散的"黏合剂"（Bezrukova et al.，2009）。这些研究成果为未来的研究奠定了良好的基础。

值得特别强调的是，积极情感基调影响团队输出的研究结果存在分歧和争议，边界条件的解释急需补充和完善。虽然，过去大多数的研究认为积极的情感基调有利于团队输出（Lin et al.，2016），但也有研究发现积极情感基调会对团队输出带来负面影响（Tsai et al.，2012），因此对于积极情感基调的研究结论方面所存在的分歧需要进行合理的解释。而且，学者对于积极情感基调作用于创业团队绩效的影响机制的解释并不清晰，影响了创业团队相关理论的完整性。此外，对于积极情感基调的研究多集中在国外，国内的实证研究较少（倪旭东、周琰喆，2017）。由于，国内外文化差异较大，国外的研究结果在国内的适用性如何尚不得知，直接照搬国外的研究结果应用到现实社会中风险很大，稍有不慎便会造成巨大的偏差和损失，因而急需在国内情境下进行实证检验，使理论更好地指导实践。基于此，本研究引入团队认同作为调节变量，将进一步完善在中国情境下积极情感基调影响创业团队绩效的边界条件。

创业团队成员不仅面临着创业失败的风险，并且面临着参与知识分享会失去自我相对竞争优势的风险。在高风险的压力下，团队成员可能不愿承担代价，因而不会主动分享所拥有的知识。尤其是在积极情感基调低的情况下，团队成员往往不会"毫无戒备之心"地将自己的知识分享给其他成员。此时，便十分需要团队认同将团队成员黏合在一起。团队认同体现了个体成员与团队的"心理融合"，这促使团队成员根据团队的特征进行自我定义。研究发现，更高的团队认同可能会导致团队成员的行为更加符合团队的规范（Tanghe et al.，2010）。并且当团队认同水平高时，团队成员会把团队的困难作为自己的困难，因而会主动寻求解决问题的方法，并愿意与其他成员同甘共苦。因此，那些对团队有着高度认同的成员会感到自己是团队的一部分，并自愿与他们的同事分享自己所拥有的信息和知识（Tang et al.，2014；Choi et al.，2010）。然而，当团队认同水平低时，团队成员的归属感会较弱，往往不会为了团队和其他成员牺牲自己，更谈不上与其他成员"生死与共"。此时，积极的情感基调便会成为促进团队知识分享的重要工具。因为积极的情感基调使得成员互相吸引并产生好感，进而有利于建立良性的互动关系（Walter & Bruch，2008）。成员之间的互动越是频繁和有效，他们从事知识分享的行为就会越多。由此可以发现，积极情感基调与团队认同在激发团队成员知识行为这一方面存在一定的替代效应。

本研究结果证实，团队认同负向调节积极情感基调与团队知识分享之间的关系。具体来说，当团队认同水平低时，积极情感基调对团队知识分享的正向影响较强，而当团队认同水平高时，积极情感基调对团队知识分享的正向影响较弱。并且，在高团队认同和高积极情感基调的组合之下，并不会带来最高水平的团队知识分享，这与群体思维视角（group-centrism perspective）下的研究结论相呼应（Tsai et al.，2012；George & Zhou，2007）。此外，本研究还发现团队认同负向调节积极情感基调与创业团队绩效之间的正相关关系，并且这种负向调节效应会通过团队知识分享的中介作用影响创业团队绩效，验证了被中介的调节模型。本研究结论对于深入认识团队认同的作用过程具有十分重要的意义。首次从社会身份理论的视角探讨了团队认同在积极情感基调作用于创业团队绩效的过程中所发挥的负向调节作用，从而有利于认清团队认同在团队管理中的作用，并且对未来相关研究的理论分析与模型构建具有重要的指导意义。

11.5.2 管理启示

1. 加强团队情感的管理，充分发挥积极情感基调的作用

情感的管理对团队而言十分的必要，因为团队的情感基调会影响团队的发展，甚至会关系到团队的生死存亡（Carboni & Ehrlich，2013）。因此，团队要加强情感的管理，并尽可能地激发积极情感基调为创业团队带来积极的效用。

第一，管理者应该了解和重视积极情感基调对团队成员和创业活动的重要作用。拥有高水平积极情感基调的团队其成员将更主动地接受新信息，而且容易产生新的想法，并且能够迅速地识别到潜在的机会。因为在具有高水平积极情感基调的团队中，成员更有可能在工作中经历到积极情感体验，因而具有更高的认知灵活性和识别新事物的能力（Wu & Wang，2015）。与此同时，积极的情感基调会促使团队成员时刻注意与工作相关的问题，这有助于对团队过去的绩效和成就进行反思（Shin，2014），进而有利于总结创业经验，为后续的创业活动打下良好的基础。这些方面都说明，积极情感基调对团队和成员都有着重要的影响作用，因此必须对其加以重视。

第二，成功的团队应该尝试管理团队的情感基调，要发挥积极情感基调的正面效用。首先，借助积极情感基调来提升创业团队自信。积极的团队情感基调能够帮助创业团队成员建立生理和心理资源，从而增强成员韧性和乐观精神。而且积极的团队情感基调可能会使团队成员专注于正面的经验和信息，从而使团队成员在实现团队目标上树立起高度的信心（Gibson & Earley，2007）。其次，运用积极情感基调来压制团队成员消极的情感。基于情感事件理论认为，工作事件会导致团队成员产生积极或消极的情感，进而影响他们对工作反应的强度和形式，从而影响整体机能和绩效（Hmieleski et al.，2010）。创业团队工作十分复杂，创业活动有着较高的失败率，成员会经常体验到消极的情绪。消极的情绪往往会使成员受到打击而失去信心，并可能产生退出创业团队的动机。为了防止消极的情感在创业团队中"兴风作浪"，就必须对此加以重视并采取合理的对策。积极的情感基调虽不能"包治百病"，但确实是能够预防团队消极情感滋生的"一剂良药"，是保证创业团队进一步发展的重要动力。最后，发挥积极情感基调促进团队主动性（team proactivity）的作用。在团队中，主动性是非常重要的，因为它可以帮助团队有效地应对环境的变化和不确定性（Wu & Wang，2015）。积极的团队情感基调是团队主动性的一种激发机制。因为，积极的情感会增加成员的认知和行为资源，这些资源对成员主动调整自己的行为以保持团队协调性等方面有着重要的推动作用。

第三，要意识到积极情感基调可能会对创业团队带来的负面效应。在团队信任水平高的情况下，高水平的积极情感基调会导致团队过度的模式化，使成员故步自封、不敢创新，最终导致团队创造力的下降（Tsai et al.，2012）。与此同时，团队成员积极的评价团队所处的环境以及团队的表现，可能会导致他们不愿付出更多的努力，久而久之便会影响团队的可持续发展（倪旭东、周琰喆，2017）。此外"乐极必生悲"，过高水平的积极情感基调可能会在某些情境下阻碍团队的发展。虽然大多数情况下，积极情感基调提高了信息处理的效率和成员参与创造性任务的能力，并且积极的情感有利于开发新想法、新观念以及创造力（Paulsen et al.，2016）。然而，并非所有积极的情感都会带来积极的结果。例如，满足可能会导致安于现状、故步自封，从而不利于创新；兴奋可能导致放松警惕，从而无法察觉到潜在的危机，不能做到未雨绸缪；过度的乐观可能会导致团队成员盲目自信，过分夸大团队的能力，产生"人多必然力量大"的思维定式。当团队发展迅速但面临潜伏的危机时，团队成员往往无法看透本质，并且容易被眼前的"繁华景象"所迷惑，进而可能会增加投机行为。鉴于此，团队的管理者应该时刻警惕，保持适当水平的积极情感基调，并且要避免积极情感基调可能给创业团队带来的负面影响。

2. 重视团队互动过程，促进团队知识分享

创业团队的发展离不开建设性的团队内部互动。因为良好的团队互动有利于形成良好的内部人际关系，为团队成员建立友谊、增进情感推波助澜。随着创业团队成员情感的发展，就会在团队中形成相互信任、相互扶持的团队氛围。同时，良好的互动还能缓解团队冲突，提升团队成员协作的意图，进而保证创业团队的高效运转。团队知识分享作为团队互动过程

的重要元素，对创业团队绩效的提升有着重要的促进作用。知识分享使得经验较少的成员在执行团队任务时更加有效率，从而提高了整个团队的效能。并且成员可以通过分享经验和学识来提高他们的技能和潜力，从而提升整个团队的竞争力（Numprasertchai & Igel，2005）。因此，团队要积极维护良好的团队互动过程并且要大力推进团队知识分享。

第一，团队管理者应该注重塑造良好的团队氛围以促进成员从事更多的知识分享行为。许多研究已经将知识分享视为一种互惠活动，团队的氛围必须为知识分享提供有力的支持（Choi et al.，2010）。知识分享的过程会将个体成员的知识优势削弱，并且会导致缺点暴露无遗，甚至还会丧失竞争优势威胁到其团队身份。因此，团队成员在从事知识分享行为时会承担很大的风险。只有在适宜的条件下，团队成员才会愿意进行知识交流和交换。已有研究发现，心理安全便是影响团队成员知识分享动机的重要因素（杨俊辉和宋雁，2016）。在心理安全高的团队氛围下，团队知识分享和团队学习将会更加有效。团队的心理安全氛围越高，成员就越大胆地把内心的想法表达出来，并敢于指出团队和同事的不足，而且会主动开展知识的交流和交换。因此，塑造良好的团队心理安全氛围对成员的知识分享行为有积极的推动作用。

第二，为团队成员从事知识分享行为创造更多的条件。首先，给予成员更多的组织支持。大量的研究表明，团队知识构建可以提高团队的绩效（Huang，2009），而团队内部知识建设需要通过有效的组织支持来鼓励知识的分享，才能达到更好的业绩（Mcadam et al.，2008）。其次，要对团队成员的知识分享行为进行奖励。基于社会交换理论，知识的分享行为是在社会交换中发生的，在社会体系中，人们普遍对未来充满期望，但回报却是未知的（Alsharo et al.，2017）。分享可以被看作是一种广义的社会交换形式，人们分享他们的知识，并且没有明确的期望，除非建立长期的相互关系。分享知识也具有很大的成本，由于特有知识的公开导致个体失去了相对优势。为了激励知识分享的行为，团队可以通过分享知识的奖励制度鼓励团队成员，如果他们拒绝分享所拥有的知识，就会无法获得团队的奖励。最后，要谨防团队中的对内领地行为。对内领地行为是指个体成员仅期望完成个人任务、达成个人目标，而实施的针对团队中其他成员的行为（刘超等，2016）。对内领地行为包含多种具体的行为，例如故意隐瞒重要的信息资料、对文件进行加密、独自霸占工作空间等，都会给团队带来极大的伤害。实际上，对内领地行为大多数情况下是由于成员之间不信任所导致的。因此，在团队中要尽可能地帮助成员维护信任关系，防止成员对内领地行为。

第三，管理者需以身作则、树立榜样，起到分享知识的带头作用。从本质上说，知识的传递能够显著促进群体的效能。但是，促进知识分享是一项艰巨而复杂的任务，因为团队成员有时不愿意与同事分享他们的知识。团队的管理者往往是成员学习和模仿的对象，团队管理者主动分享知识的行为便会是成员的典范。当成员能够从团队和领导那里获取知识时，便会心存感激，从而会与团队建立起高度的情感承诺（柯江林等，2007）。此时，成员为了报答领导便会主动地在团队中增加知识分享行为。实际上，个体往往以他人对待自己的方式来对待他人（Wu et al.，2006）。知识分享行为亦是如此，当个体成员向同事分享知识时，同事也会向他分享知识以此作为回馈（蔡亚华等，2013）。随着越来越多的团队成员参与到互动中来，整个团队知识分享水平便会得到极大提高。

3. 提升团队认同，合理借助团队认同的工具性效用

团队的整体产出并非完全取决于单个成员的努力工作，单个成员的工作表现虽然会影响团队的表现，但是能够带来更高水平的团队效能的关键是发挥团队的整体作用。为了团队目标的实现，所有的团队成员共同的努力以及有效的互动与协作才能发挥团队的力量，实现"1 + 1 > 2"的效果。实际上，团队认同在充分发挥群体动能方面起到重要的影响作用。团队认同不仅能促进团队的有效运转，并且能激励团队成员主动协调一致，自觉调整自己的行为。然而，团队成员不可避免地存在一些差异，团队小利益集团现象十分常见。如果团队认同水平低，就会使团队形成不同的"派别"，导致团队内部分化严重，从而阻碍知识的传播与整合。团队成员无法劲往一处使，使得团队目标的实现变得难上加难。此外，团队认同的作用也常常展现在现实社会中。例如，2016 年里约奥运会，中国国家女子排球队时隔 12 年重回世界巅峰，团队成员共同努力、攻克艰难最终夺得奥运金牌，一时间"女排精神"风靡全国。被广大群众所认可的"团结精神""集体荣誉"都是团队认同在现实社会中的重要体现。毫不夸张地说，只有所有成员认同自己所在的团队，才能达到齐心协力、众志成城的效果。否则，团队便会变成一团散沙，最终导致整个团队"全军覆没"。因此，对于团队的管理而言，需要重视和发挥团队认同的作用。

第一，积极培养团队成员认同感。团队成员的认同感实质上是一种期望、反应、矫正的过程，可以通过科学的方法加以引导和培养（汤超颖等，2011）。首先，考虑到团队认同对团队发展带来的影响，创业团队可以通过树立良好的团队声誉来促进团队认同。良好的团队声誉往往使成员更加信任自己所在的团队，并且外界对团队的积极评价会使成员对自己所在的团队更加满意，因而会产生更强的依赖感和认同感。创业团队还可以采取凸显成员身份的措施，来提高他们的认同感。中国是一个有着深厚文化底蕴的国家，人们往往会追求"面子"，并偏好于从事"门面"的工作。与此同时，人们喜欢在大众面前凸显自己的身份。当团队赋予成员"高贵身份"时，成员就会认为在团队中工作是一件非常值得的、有"面子"的事情，进而会对团队产生强烈的认同感。其次，改变管理者的领导风格，提高成员对团队管理的认可。变革型的领导往往有利于团队认同的提高（Tsui，2010），因此团队管理者可以尝试采用变革型的领导风格来提升团队成员的认同感。再次，构建合理的团队报酬结构。团队报酬结构也是影响团队认同的重要因素，越合理的报酬结构越有利于成员在社会化的进程中产生认同（Homan et al.，2008）。接着，要积极的营造相互尊重的团队氛围，增强团队成员的受尊敬感，进而增强他们的认同感。最后，构建团队规范是加强团队认同的一种重要方式。因为共同的目标、人际交往或共同的经历可能会影响到个体认同团队的程度。构建团队规范有利于团队成员建立起共同的目标，当成员感知到他们的目标是相互交织、相互依赖的，就会提升其对团队的认同。

第二，团队认同并非百利而无一害，要合理运用团队认同的工具性效用。团队认同感高的成员会为了维护自己的身份，时刻以团队原型（prototypicality）来修正自己的行为，因而可能会导致成员的去人格化（depersonalization）。因为个体成员一旦脱离了团队原型的行为，便会受到来自其他成员的质疑和负面评价，长此以往便会受到"另类"的排挤和打压，而且自身也会产生"离经叛道"的压力感。因此，在高团队认同下，成员往往无法突破团队原型，尽管是有利于团队发展的创新性行为也可能会被主动修正。团队成员盲目的从众心理以及过分的"循规蹈矩"将不利于团队过程的创新，从而影响团队的进一步发展。因此，要意识到过高水平的团队认同带来的负面影响，并采取合理的措施加以规避。此外，还要注意团队认同在积极情感基调影响团队知识分享和创业团队绩效中的替代效应。

在提升团队认同的过程中，还要合理运用其对团队知识分享和创业团队绩效的工具性效用，要尽可能选择最佳的组合方式，使积极情感基调对团队知识分享和创业团队绩效发挥更大的促进作用。

11.5.3 研究不足与展望

第一，在数据方面存在局限和不足。首先，问卷调查未能涉及创业团队中每一位成员，因而未能获取创业团队全部成员的数据，未来的研究可以通过获取每一位创业团队成员的数据来提高研究结果的精度。其次，本研究采用横截面的数据来探讨积极情感基调与创业团队绩效的关系，不能有效地解释团队情感基调与团队绩效的因果关系，因此未来的研究可以采用纵向的数据来进一步分析两者之间的因果关系，从而填补这一研究的空白。最后，越来越多的学者倡导通过实验的方法来研究团队情感基调与团队绩效之间的关系（Sy et al.，2005）。因此，未来的研究可以使用实验研究法进一步提高所得结论的说服力。

第二，本研究仅仅探讨了积极情感基调的作用，忽视了消极情感基调。团队情感基调是团队中一致或同质的情感反应，分为两个维度：积极的情感基调和消极的情感基调。研究表明，团队情感基调的两个维度是相互独立的，并且与其他变量之间的关系也是独立的（Mason & Griffin，2003）。而且，积极情感和消极情感的影响效应并非类似或对称（Chi et al.，2011），因为人的情感是复杂的，团队成员可以同时经历积极情感和消极情感状态。以往的研究中，对于消极情感基调对团队绩效的影响也并非完善。与积极的情感相比，消极的情感往往会导致个体处世悲观，对人际关系带来破坏性的影响，从而不利于促进合作行为和助人行为，并可能引发敌意倾向。然而，并非消极的情感一定会带来负面的影响，在某些情况之下消极的情感可能会促进创新。因为，处于消极情感状态下的个体会更加批判性地对待自身的能力和所处的环境，使个体更加看清现状，进而有利于促使个体付出更多的努力来提升创造力并改善不利的环境。因此，消极的情感基调或许在一些特殊情况下对团队带来深刻的影响。未来的研究可以将积极情感基调和消极情感基调结合起来，并且可以从其他层面分析情感与绩效的关系，或者是进行跨层面的深入研究，进一步丰富相关理论成果。

第三，积极情感基调与创业团队绩效之间的关系有待进一步丰富。首先，本研究分析了静态视角下的团队情感基调，而动态视角下的团队情感研究尚存在不足。虽然，静态视角下积极情感基调与创业团队绩效密切相关，但动态和波动的积极情感基调与创业团队绩效之间的关系尚不可知（Tsai et al.，2014），而且其中的作用机制更是知之甚少。积极情感基调不仅在不同的团队之间呈现出差异性，而且也可以随着时间的推移而变化（Paulsen et al.，2016）。再加上，积极情感基调作为一种涌现状态，因而会随时间的推移而出现波动（Collins et al.，2013）。因此，积极情感基调和创业团队绩效之间的关系也应该随着时间的推移呈现出阶段性变化。对于不同创业阶段下，积极情感基调的影响效应是否存在动态差异化，值得未来的研究进一步深入探讨。其次，团队的绩效也可能反过来影响团队情感基调，本研究并没有考虑到两者之间的相互作用。然而，大多数的研究把团队绩效作为积极情感基调和消极情感基调的结果变量（Collins et al.，2013；Paulsen et al.，2016）。未来的研究可以探讨团队绩效是否会对团队情感基调产生作用。再次，积极情感基调与创业团队绩效之间的中介效应需要进一步丰富，例如团队凝聚力、团队沟通、团队竞争行为、团队自发行为等团队过程都可能会在二者之间发挥中介作用。最后，越来越多的学者开始重视团队情感基调影响团队结果的边界效应。除了团队认同之外，其他因素是否能够缓冲或改变了积极的团队情感基调与创业团队绩效之间的关系尚不得知。为此，未来需要对积极情感基调影响创业团队绩效过程中的其他调节变量进行探索。

第四，未来的研究可以就团队认同的作用展开深入研究。一方面，以往的研究将认同划分为三种类型：信息性、规范性和扩散性（Tang et al.，2014）。认同的类型可能导致个体认同特征的不同，未来的研究可以探讨不同类型的认同对团队所带来的差异化影响。另一方面，团队认同所带来的影响并非全部都是积极的，还有可能带来负面影响。然而，现有的研究大部分都仅仅关注了其对团队所带来的积极作用，忽视了可能引发的消极作用，导致对团队认同的认识较为片面。因此，未来的研究应该更加全面的分析团队认同的作用，并通过实证分析检验高水平的团队认同是否与团队输出存在倒 U 型关系。此外，团队认同可能引发的团队从众行为也是目前较为热点的话题之一。未来的研究还需进一步探索团队认同作用于团队输出过程中的干预机制，对发挥团队认同的积极效用，规避消极效用有着重要的意义。

12 创业团队冲突及其管理方式对创业团队发展的影响机理研究

12.1 引言

随着市场经济的发展，创业环境的变化十分迅速，仅仅靠个体来创业的难度越来越大。团队凭借着灵活性和有效性等优势成为创业活动的主要载体，越来越多的企业依靠团队来开展创业活动，以提高创业的成功率。团队组建之后除了投入到工作任务之外，还必须应对许多其他可能的问题，其中一个重要的方面就是冲突。在创业团队中，创业团队成员面临着许许多多的挑战和风险，使得创业团队成员之间不可避免地出现冲突问题。团队冲突可能涉及任务方面的问题，如有效的和合理的工作分配，完成目标的最好方式等（Jehn，1995）；另外，团队冲突还可能涉及关系方面的问题，如社会惰化、个人敌对等（Wagemamn，1995）。已有研究表明，团队冲突会加剧成员心理和行为斗争，使得团队出现成员之间"勾心斗角"的局面，最终导致团队绩效的下降（吕艾芹等，2012）。团队内部冲突往往会成为团队有效运转以及绩效提高的重要阻碍因素（向常春、龙立荣，2010）。可以说，冲突的增多会增加团队管理的难度。

一方面，团队冲突本身可能是无法完全避免的；另一方面，团队冲突与信任等团队涌现状态负面相关（Langred，2007），而高水平的团队状态有助于提高团队效率和领导有效性（Dirks，2000；Hui & Graen，1997）。因此，在创业团队中需要对冲突进行有效的管理，减少冲突所带来的负面影响，尤其是对信任等团队涌现状态的可能破坏作用，以保证创业团队的稳定发展。究竟在团队冲突存在的背景下如何促进团队内部关系的发展以支持团队绩效提升还是相当有挑战性的。长期以来的研究表明，冲突与信任高度相关，并且冲突常常被认为对信任是有害的。如朗格兰德（Langred，2007）的研究就表明，团队内部的冲突会降低信任。亨佩尔等（Hempel et al.，2009）指出，中国人重视信任关系，同时非常担心冲突，因而常常采取冲突回避的方式。但回避并不利于冲突真正的解决。创业团队常常面临高风险高动态性的复杂任务，有可能更易产生团队冲突，而另一方面团队冲突又会导致对团队需要的信任关系涌现状态的负面影响，进而不利于团队的发展。基于此，探讨创业团队冲突及其管理方式就有着特别重要的意义。本研究在此首先阐述冲突与冲突管理方式的内涵及分类，然后剖析创业团队冲突与创业团队发展的关系，以及创业团队冲突管理方式与创业团队发展之间的关系，最后基于冲突视角阐释创业团队发展管理，期望借以促进创业团队冲突的理论研究，同时能够对创业团队冲突管理实践有所借鉴。

12.2 冲突及冲突管理方式的内涵及分类

12.2.1 冲突的内涵及分类

冲突是人际互动过程中发生的普遍现象。冲突可以说是无所不在。多伊奇（Deutsch，1980）就指出，冲突（conflict）指互不相容的活动，在其中一方的行动干涉或者阻碍了另一方。可见，当双方的活动不相容或者相互阻碍时，冲突就出现了。

冲突可以划分为不同的类型，已有的研究对于冲突的划分有不同的观点。有学者将冲突分为关系冲突（relationship conflict）和任务冲突（task conflict）；有学者将冲突分为情感冲突（emotional conflict）和理性冲突（intellectual conflict）；还有学者将冲突区分为情感冲突（emotion conflict）和认知冲突（cognition conflict）（向常春、龙立荣，2010）。

虽然团队冲突的划分内容不同，但是冲突一般都包括团队成员之间的紧张、敌对和恼怒等（Jehn，1995）。目前冲突实证研究中普遍认可的划分方法是将冲突分为任务冲突和关系冲突。

第一，任务冲突。任务冲突主要是指针对工作任务相关的实际冲突，包括团队成员在决策内容上的看法不一致，以及意见和观点等方面存在的分歧（向常春、龙立荣，2010）。任务冲突往往是由团队成员对工作目标的意见不一致而引起，是由工作所引发的，主要表现在团队或者群体成员对于工作相关方面的看法存在差异而导致的相互不认可。

第二，关系冲突（relationship conflict）是指人与人之间的不相容，包括团队成员之间的关系紧张、烦恼以及互相仇恨等（孙海法、刘海山，2007）。高水平的团队关系冲突意味着用负面沟通方式来表达人际间的不一致，同时伴随着诸如愤怒、不信任以及恼怒或者挫败等负面情感体验（Jehn，1995；Jehn & Mannix，2001）。总的来说，学者们认为关系冲突意味着成员之间的价值观，态度以及人际关系的评价存在冲突。

冲突意味着成员之间存在着不一致甚至矛盾。所以长期以来都认为冲突不利于团结。不过，随着研究的推进相关实证结论并不一致。为了调和已有不一致的研究发现，学者们建议需要采用更为细致的视角探讨冲突及其影响，所以有必要进一步细化不同类型的冲突。其中主要采用的观点是将冲突分为任务冲突与关系冲突，主要是根据冲突的内容进行区分。不过，最近也有学者指出，还应该在前一种两分法基础之上，纳入过程冲突进行研究，即关注对团队职责与资源分配方面不一致意见引发的冲突。该类冲突关注的是团队协调管理中存在的冲突。

12.2.2 冲突管理方式的内涵及分类

冲突管理方式是团队成员对待冲突的态度体现。多伊奇（Deutsch，1973）提出，在处理冲突的时候，行动方关于双方目标关系的认知影响了他们的互动及其结果。据此，多伊奇（Deutsch）将冲突管理分为了两种，即合作性冲突管理和竞争性冲突管理。

第一，合作性冲突管理。合作型冲突处理方式是指由团队成员感知到彼此之间的目标一致性，从而激发的积极交互过程（Alper et al.，2000；Tjosvold，1998）。当行动方强调合作的目标时，他们会合作性地管理冲突。因为他们认为他们的目标是正向联系的，即一个人朝着目标达成的方向靠近，另一个人也会向目标靠近。在此情境下，他们会认为对方的目标达成会对自己有帮助，而且是可以一起成功。正是因为如此，他们会希望彼此都能够更有效地完成任务，所以寻求通过合作的方式来管理冲突以推进相互的目标，为了共同的利益而解决当前的冲突。

第二，竞争性冲突管理。与上述相反，处于冲突中的互动双方也可能强调竞争性的目标。此时，人们认为他们的目标是负面相关的，以致一个人成功地达成了目标，就可能令其他人的目标达成的可能性减小。竞争性冲突管理方式是指团队成员知觉到的目标互相排斥而引起的团队过程（Tjosvold，1998）。在竞争性的冲突管理中，人们会认为当其他人行动无效时，他们自己会更好；而如果他人较有生产效率时，他们自己就会较少可能成功。在此情况下，个体会想用冲突来促进自己的目标，但却是以牺牲他人的目标为代价，即自己"赢"的同时却是他人的"输"。如果创业团队成员认为他们所追求的目标是互相排斥并且无法协调的，成员便就会对冲突持有消极的态度。冲突中的成员会认为其他成员的目标实现会对自身的利益产生不利的影响，甚至会损害自身目标的实现。在这种消极的态度的引导下，冲突双方会十分注重自身利益以及自己的立场，并且会强烈要求让对方做出让步（张新安等，2009）。

12.3 创业团队冲突与创业团队发展的关系

12.3.1 创业团队任务冲突与创业团队发展

创业团队任务冲突虽然反映了成员间存在的不一致甚至是矛盾，但是研究表明任务相关的冲突对于团队的积极影响作用是比较突出的，包括可以促进团队良好信任关系的进一步发展，推进团队创新性的问题解决等。

首先，创业团队任务冲突有助于团队信任关系发展。近年来有研究指出，冲突实际上是发展或者削弱信任的一个很重要的机会（De Dreu，2008；Tjosvold，2008）。不过，虽然大多数情况下冲突往往会给团队信任带来负面的影响，但是也有学者认为冲突不仅仅会破坏信任关系也有可能会促进信任关系（Tjosvold，2008）。其中，特别受到普遍认可的是团队任务冲突有利于信任关系的深入发展。团队内部任务冲突有利于团队成员之间进一步认识和了解彼此的能力和特点，从而有利于良好人际关系的建立。此外，团队成员在集体面对问题，共同应对问题的过程中还会感受到"患难与共""同舟共济"，将会有利于成员之间良好关系的发展。另外，任务冲突会增强团队成员的团队承诺和情感认同。这些因素都会有利于创业团队成员之间信任的建立。因此，任务冲突会对创业团队信任关系带来积极的影响。

其次，创业团队任务冲突有助于创业团队创新性的问题解决。创业团队面对复杂的挑战和困难时，任务冲突会促进团队成员积极的进言献策，有利于团队做出更好的决策以及问题的解决。研究表明，团队内部任务冲突能够促进团队内部建设性争论，加深对问题的认知理解从而有利于团队问题的解决。詹森等（Janssen et al.，1999）认为，团队中的任务冲突有利于促进团队成员之间的沟通与交流，激发团队成员之间进行建设性的争辩。在这个过程中成员开放性的发表意见非常有利于激发成员的创新能力，对创新想法进行讨论完善。西蒙斯和皮特森（Simons & Peterson，2000）也指出，团队内部任务冲突有利于团队成员做出更好的决策，对团队的创造力和有效性带来积极的影响。马蒂尔等（Mathieu et al.，2008）通过实证研究的方法证实，任务冲突能够促进团队整体的满意度，因此有利于团队绩效的提高。

不过，虽然许多学者认为团队任务冲突会产生积极的影响。但也有学者提出了不同的看法。如詹（Jen，2013）的研究曾发现，团队中的任务冲突会减少团队的工作满意度，进而会不利于团队信任的发展。由此可见团队任务冲突与团队有效性相关结果变量之间的关系可能并不是单向线性的，即不一定是正向显著相关。而导致这一关系不一致的原因是否是其中存在一定的边界条件，还需要进一步检验，以更好地调和已有研究发现中存在的矛盾，从而推进对团队任务冲突影响效应的理论研究深入发展。创业团队由于高度的不确定性和动态性，对于任务相关认知上存在不一致的可能性更高，究竟创业团队任务冲突与团队有效性（包括团队涌现状态和团队结果变量）之间的关系如何，其中的可能调节效应是什么都是未来创业团队冲突研究需要深入挖掘的问题。相信对这些问题的探讨会极大地促进创业团队冲突认识，进而更好指导创业团队内部冲突管理治理，以支持不断发展的创业活动需要。

12.3.2 创业团队关系冲突与创业团队发展

创业团队关系冲突是团队内部人与人之间的不相容，可能导致成员之间的憎恨、不满，而这将直接影响人与人之间的关系，不和谐的关系又可能影响团队有效协调，从而对创业团队产生负面影响，包括可能导致成员信任关系以及最终团队有效性的下降。可见，创业团队关系冲突可能对于团队及相关创业活动产生不良影响作用。

首先，创业团队关系冲突可能导致成员信任关系的下降。关系冲突会加剧团队成员之间的矛盾和对立，对信任关系的建立十分不利。如果团队成员存在关系冲突，极大可能会对其他成员产生不满情绪，并且会消极地对待人际关系。有研究指出，团队成员由于存在关系冲突，很可能会产生互相抵触的状况。这种情况往往导致放大个人的不满（Amason & Schweiger，1997），并可能会导致关系承诺的破裂（Jehn & Bendersky，2003）。长时间的关系冲突直接减低成员之间的互相了解和接受的水平，从而导致更低的信任（Langfred，2007）。在创业团队背景下，如果成员间的关系冲突比较突出则可能导致相互间情感依恋的破裂，更易导致成员从负面视角看待彼此的行为表现，从而加速成员信任关系的下降。

其次，创业团队成员关系冲突可能导致团队有效性的下降。詹尼和本得斯基（Jehn & Bendersky，2003）的研究指出，关系冲突往往与成员的不满、缺乏承诺和消极的态度有关。在这一消极态度的影响下可能导致团队成员工作相关投入的下降，从而影响团队绩效。而且研究表明，关系冲突可能会妨碍团队成员的认知功能（Staw et al.，1981）。成员认知功能的下降可能会影响团队成员的决策质量。在创业活动中，认知能力可能直接导致创业相关决策的偏差甚至错误，从而导致创业活动的绩效水平提升甚至还可能直接导致创业失败。此外，关系冲突还可能增加成员的压力和焦虑水平，限制团队成员彼此间的有效沟通。研究表明，压力和焦虑水平可能负面相关于团队绩效，而缺乏有效沟通也可能导致团队协调不利。依此逻辑，创业团队如果存在高水平的关系冲突可能导致成员之间更高水平的焦虑和压力，而在本身就高压力的创业活动中，这一额外增加的内部不和谐状况可能对于创业团队来说无异于是雪上加霜甚至可能是"最后一根稻草"，影响创业活动的顺利开展。

总之，研究表明，团队关系冲突对于团队而言是一个极大的不利因素，影响团队的人际关系水平以及最终的团队有效性结果。面对着较高水平不确定性和动态复杂性的创业团队，其内部的高关系冲突状态更可能产生破坏性的作用。正是由于关系冲突不仅不利于团队成员的信任关系发展，最终还会损害团队的绩效（Khan et al.，2015）。创业团队需要高度重视内部关系冲突的认识与有效管理，尽可能避免或者降低关系冲突的发生；同时对发生的关系冲突尽快采取恰当方式予以解决，避免冲突的进一步恶化。实际上，创业团队"合久必分"的一个很大因素就是关系冲突的不断发展导致信任关系的破裂，最终使得创业团队无法继续维持下去，从而对创业活动可能造成致命伤害。由此来看，创业团队关系冲突治理将是创业团队面临的一个现实的紧迫问题。

12.4 创业团队冲突管理方式与创业团队发展的关系

团队冲突暴露了团队运行过程中出现的任务和人际困难。这可能激发起一种动机，促使团队成员考虑并设法处理这些困难（De Dreu & Van de Vliert，1997）。乔斯沃德（Tjosvold，2002）的研究指出，技巧性的冲突管理，甚至是关系方面的冲突管理，都可能强化关系联结。早前就有研究推断认为，行动方采取的行为策略对于冲突的结果是建设性的还是破坏性的有着重要的影响（Elsayed-Ekhouly & Buba，1996；Rahim & Mager，1995）。不同的冲突管理方式会对成员的心理状态以及团队整体状态产生潜移默化的作用（陈晓敏等，2015）。许多研究也表明，团队成员采取合作或者是竞争的方式管理冲突会影响成员及团队多方面的结果（Alper et al.，2000；Lovelace et al.，2001；Tjosvold，1998），不同的冲突管理方式可能导致不一样的团队相关结果。

12.4.1 创业团队合作性冲突管理方式与创业团队发展

第一，创业团队合作性冲突管理方式有助于成员间信任关系发展。多伊奇（Deutsch，1990）认为，采用合作性冲突管理方式更有利于增加团队成员之间的信任感。威廉姆斯（Williams，2001）的理论分析指出，合作性冲突预期可以帮助团队成员发展对于彼此的信任的。合作性冲突管理方式下，为实现团队一致的目标，团队成员会设身处地地考虑其他成员及反省自我。采用合作的方式管理冲突促进团队成员树立正确的成员间人际交往的态度（Tjosvold，1998）。在这种状况下，冲突往往能够得到有效的解决并达到满意的结果，从而促进团队成员之间信任关系的建立。

第二，创业团队合作性冲突管理方式有助于团队问题解决。乔斯沃德（Tjosvold，1998）认为，开放式的互动（open-minded interaction）可以改善人际态度以及未来共同解决问题的信心。采用合作性冲突管理方式鼓励成员表达他们的观点，会促进团队成员公开的讨论解决冲突的方法，一起面对共同的问题，从而促使团队能够更有效地解决问题。

第三，创业团队合作性冲突管理方式有助于提升团队有效性。合作型的冲突管理方式强调团队整体利益的重要性，重视一致目标的达成，因而有利于促进团队的交流，并且会增进团队成员的友谊，最终促进绩效的提升。乔斯沃德（Tjosvold，1990）的研究表明，采用合作的方式管理冲突有利于发挥任务冲突的积极作用，团队成员会以合作的态度参与到建设性的争论中，因此比竞争型的冲突管理方式获得更好的团队效能。詹尼和本得斯基（Jehn & Bendersky，2003）认为，采用合作的方式管理冲突能够促进团队的生产力和满意度。乔斯沃德等（Tjosvold et al.，2003）研究发现，合作性的冲突管理有利于团队绩效的提高。因为合作性的冲突管理方式，能够更有效地处理关系冲突，减少团队成员在工作任务上的分心。陈等（Chen et al.，2005）发现，合作性冲突管理方式有助于促进团队成员的学习和组织公民行为以及团队的创新能力。

总之，根据合作—竞争理论，如果团队成员通过合作互补的方式将他们的目标联系起来，成员便会以"生死与共，肝胆相照"的态度来面对团队的内部冲突（张新安等，2009）。在这种积极合作的态度引导下，创业团队成员会认为其他成员的目标一旦实现，也将会对自己所追求的目标的实现产生帮助，为此他们主动地增加彼此之间的合作。此外，团队成员目标一致性的感知又会提高成员之间的信任感，因此会以一种积极开放的态度来面对团队内部冲突，并且会努力地寻求解决冲突的满意方案。实证研究发现，合作性的冲突管理鼓励各方直接表达自己的观点，虚心的倾听他人的意见，更为准确地采纳各自的观点（Tjosvold，1998）。这种合作性的冲突一方面具有直接效果，即可以帮助团队发展起更高质量的问题解决方案，解决团队的现实问题；另一方面更为深刻的影响在于促进互动各方的信心提升，相信未来大家可以更好合作完成团队任务。这种信心将成为团队成员信任彼此的一个重要驱动力，进而促进团队有效性提升。

12.4.2 创业团队竞争性冲突管理方式与创业团队发展

第一，创业团队竞争性冲突管理方式阻碍成员间信任关系发展。与合作性冲突管理方式不同，采用竞争性的冲突管理方式会让团队成员之间互相的猜疑，直接造成人际间的矛盾甚至是互相敌对，导致信任关系建立十分困难（陈晓敏等，2015）。一方面，采用竞争性的冲突管理方式加剧团队成员利益冲突所带来的负面影响，导致了团队成员之间互相的怀疑和偏见，不利于信任关系的建立。另一方面，采用竞争的方式会让成员之间互相抨击，在意见方面无法达成一致，严重阻碍良好的人际关系的建立，甚至会出现"两败俱伤"的局面。因此，竞争的方式应对冲突会干扰成员间的信任关系（Hempel et al.，2009）。基于此，创业团队如果采用竞争的方式应对冲突会破坏成员之间的信任关系，包括认知信任和情感信任。因为竞争性的冲突管理方式使得成员会较多地以负面眼光看待彼此的行为，从而产生更多的负面评价，致使信任关系难以提高，甚至还会导致信任水平大幅度下降。

第二，创业团队竞争性冲突管理方式不利于团队问题解决。如果团队成员采取竞争性冲突管理方式，会使得团队成员以自我为主，为了自身的利益而放弃其他成员的意见和建议，不愿承认自身的问题。采用片面的竞争方式应对冲突会导致成员不去考虑其他人的观点，更不用说把其他成员的观点融入自己的思想中（Tjosvold，1998）。他们往往会关注别人的弱点，并且会责备其他成员的过失（Tjosvold et al.，2004）。在这种情况下，成员会产生怀疑心理并且很难在方案和行动的决策中达成一致。创业团队成员面对高不确定性可能产生更多的冲突，而如果采用竞争性的方式处理冲突，冲突不仅不能有效解决，反而可能恶化。因为成员会更多地责怪他人而不是反思自己。因此创业团队成员更要慎重对待冲突，避免以竞争性的方式应对冲突。

第三，创业团队竞争性冲突管理方式不利于提升团队有效性。团队成员之间的竞争会减少有效的交流，最终导致团队绩效的降低（Tjosvold et al.，2003）。创业团队采取竞争性的冲突管理方式容易导致成员之间的信任关系的破坏，导致成员无法消除对其他成员的怀疑，并且会过分地追求自己的利益。最终，这将非常不利于创业团队的进一步发展和创业活动的持续进行，甚至导致创业行动的失败。

概而言之，采用竞争的方式来解决冲突往往最终是无效的（Somech et al.，2009）。竞争性的冲突管理可能导致片面的问题解决方案，并且可能破坏关系（Hempel et al.，2009），导致后续团队协作难以继续。在竞争性冲突管理背景下，互动方难以做到没有先入为主地考虑他人的观点，也可能无法有效地将他人的观点融入自己的想法之中（Tjosvold，1998）。而且，采用竞争的方式管理冲突，很容易会使任务冲突转化成关系冲突（刘宁和赵梅，2012），从而使得冲突更为恶化。可见，创业团队成员需要正视团队内部存在的冲突，避免用消极方式处理冲突，从而导致冲突不仅没有解决反而进一步导致极度不利的负面团队结果。

12.5　基于冲突视角的创业团队发展管理

团队的成功依赖于团队成员能够有效地协调成员的工作努力以及良好的人际关系管理过程。但是这些过程常常会受到各种内外部因素的影响从而可能会随着时间发展而出现多种变化。其中，最受到研究者普遍关注的负面影响团队协调与合作的重要因素就是团队冲突，特别是其中的关系冲突和情感冲突等有关于人际关系与情感方面的冲突问题（De Dreu & Weingart，2003）。

关系冲突长期以来都被认为对于团队过程和团队绩效有着不利的影响结果。但是团队关系冲突又是普遍存在的现象。如何应对和处理关系冲突才能尽力避免可能引发的有害结果是一个迫切而现实的问题。威胁僵化理论（threat rigidity theory）指出，个体在经历某些被知觉为威胁的事情时会在行动上表现得非常坚硬，这会导致他们较少合作并且会投入到较少的意义领会中（Staw，Sandelands & Dutton，1981）。基于此，当团队成员经历了关系冲突时，可能将此知觉为对自己的一种威胁，从而会直接减少合作行为的投入。恩斯利（Ensley，2002）研究指出，情感冲突引发的问题可能降低满意度和团队成员的情感依恋，而且情感冲突又可能带来关系的伤害，降低信任，尤其是情感信任水平。当团队成员怀疑成员的动机，不信任成员能为了团队的利益而行动的时候，对于争论的反应可能会不好。并且较少信任时更容易产生不一致和争论。

但是根据威廉姆斯（William，2007）的威胁管理模型（threat regulation model），威胁是可以通过威胁管理行为而得以克服的。据此，当经历了早期的关系冲突后，团队成员实际上是可以通过威胁管理行为，如通过认知再评价重新解释情感刺激来调节自己的情感反应，从而可以重新投入到团队协调与人际过程的改善之中。但是如果经历了早期的关系冲突之后就任由其发展，包括公开对抗或者尽力粉饰太平掩盖冲突真相，则可能会使得关系冲突对于协调与人际过程的负面影响随着时间发展日益恶化。

可以说，团队中的关系冲突并不必然导致差的团队过程和团队绩效。关键还在于对发生的团队关系冲突的管理。威胁是个体对他人的行动将导致伤害或者损失的知觉，这种伤害或者损失可能是身体的、情感的或者认知的（Lazarus & Folkman，1984）。从这一点来看，威胁是感受到周围环境可能会带来个人的负面结果的体验。基于威胁僵化理论，当个体将他人的行动评价为有威胁的时候，个人可能会在认知和身体上做出僵硬的、死板的反应，如诱发焦虑和紧张，进而限制信息处理过程导致个体往往会做出有偏差的判断，或者自我控制有所下降导致表现出较暴力的行为，或者努力远离威胁等。这些僵化反应对于团队协调而言有很大的负面影响。团队中的冲突可能会让团队成员知觉为可能带来个人伤害或者损失的威胁，特别是在他们感觉到成员间不一致引发了摩擦、紧张以及负面情感体验的时候更是如此。这就表明，冲突，特别是关系冲突更容易让人知觉为威胁。基于威胁管理模型，对由关系冲突引发的威胁知觉进行有效的管理可以降低威胁知觉水平以及相应的僵化反应，进而达到关系冲突引导与管理的目的，尽可能减少由于关系冲突可能带来的负面效果。

关系冲突可能会因为目标和战略的差异而产生，也可能因为团队成员在目标差异背景的多样性的背景、经历以及人格特征而引发（Schjoedt & Monsen et al.，2013）。首先，多样化的背景的影响。如功能异质性可能是比人口学特征来说是人力资本一个更恰当的指标，但会提高冲突的可能性。又如创业经历异质性，先前的创业经历可能既有优势也存在不足（Wright，Robbie & Ennew，1997）。先前创业经历的异质性可能导致非经历和有经历的创业团队成员之间的冲突，结果团队的凝聚力可能被削弱，成员可能退出。其次，成员经历的影响。先前共同的经历（prior joint experience）可能联系着更有效率的决策（Eisenhardt & Schoonhoven，1990），团队成员可能表现出更多的对于彼此的关注，而且不需要太多的努力去建立团队和消除情感冲突（Ucbasaran & Lockett et al.，2003）。在亲密联系的团队，离开的成本可能包括离开朋友的心理成本，以及经济成本和个人风险的考虑。此外，成员的人格特征。人格或者个性是个体对待他人和事情的稳定的态度倾向。不同人格特征的个体在对人对事方面有其不一样的特征。和谐友善与争强好胜特征的个体在对待彼此间的不一致或者争论时的差异性反应，导致了冲突发生可能性的不同。

新创企业的成功常常反映的创业团队以创造性的和协调性的方式融合成员才干的努力，而融合团队成员的才干努力中最重要的就是对冲突的使用（Ensley，2002）。冲突既可能是创造性和理解的催化剂，也可能是敌意与愤恨的刺激因素。有效的团队需要发挥冲突的优势，而同时避免其可能带来的问题，而这要求鼓励冲突的认知维度，而同时劝阻冲突的情感维度。在已有相关研究的基础之上，本研究提出了如图 12.1 所示的创业团队冲突管理模型。

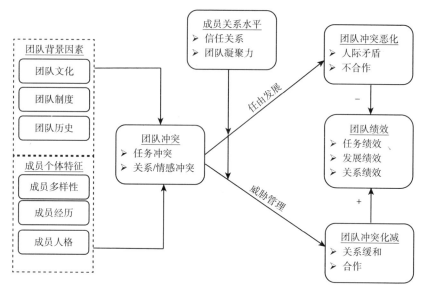

图 12.1　创业团队冲突管理模型

1. 关注前期诱因以实现早期预防

对于关系冲突可能诱发因素的考虑，可以帮助创业团队管理者针对性地采取措施之前预防和过程管控。团队背景因素和成员个体特征都可能影响团队冲突发生的可能性。就团队背景因素而言，团队文化氛围如果较好，强调关系和谐则更可能避免不良冲突的发生。另研究表明，竞争性的规范和规则会提高不信任，因为竞争性的规则会减少开放和双向式互动（Ensley，2002）。因而开放合作式的团队制度规范很重要，对于信任的促进有益。就成员个体特征而言，研究表明，有一个或更多的创业者有先前的创业经历时，这些人可能会尽力去控制那些没有经历创业的人，从而减少凝聚力，导致了冲突引发的团队变动。因此，在引入有先前创业经历的成员时应该意识到与经历相联系的优势与潜在的问题。古德斯坦等（Goodstein et al.，1988）发现，先前共事过的管理团队相比没有这种经历的团队更能有更高的凝聚力以及更高水平的信任。莱翁等（Leung et al.，2013）也指出，有先前共同工作经历的创业团队可能在建立协调与信任中节约更多的时间，能够更快地聚焦于企业创建相关的活动中，而不是陷于群体过程问题上而不能自拔。通过关注团队背景因素和成员个体特征因素，避免不良诱因可能激发冲突，可以防患于未然。

2. 采取恰当方式管理团队冲突

对初期团队冲突的管理方式可能影响冲突的后续发展趋势。研究揭示，对团队冲突的管理方式会直接影响团队成员的信任关系，并且会间接地影响团队的绩效。因此，在创业团队中对冲突的重视和管理必不可少。同时，冲突的管理对团队而言也是一个重大的难题和挑战。在创业团队中，冲突在团队发展的过程中无法避免的。无论是任务冲突还是关系冲突都会普遍地存在于团队之中。对创业团队冲突的管理就成为一个无法回避的话题。

如许多研究人员认为信任关系与冲突具有密切的联系，并且大多数的人认为冲突对信任关系产生不利的影响（Barker，1993；Hempel et al.，2009；Langfred，2007）。但实际上，冲突可能破坏信任关系，但也可能提升信任水平。创业团队在面对冲突时采取的冲突管理方式对于团队成员信任的影响作用甚为关键。研究表明，对关系冲突进行恰当的管理能够增强人际关系和团队合作（Tjosvold，1998；Tjosvold，2008）。而且，冲突的有效管理能够转化为团结、信任的动力（王卓等，2005）。相反，对团队冲突管理不当就会产生破坏性的影响，降低成员的信心和团队信任感。具体来说，合作式的冲突管理方式对于创业团队成员信任的影响作用可能是较为积极的，合作的方式管理冲突可以帮助成员巩固他们的信任关系（Williams，2001）。而竞争性的冲突管理方式对创业团队成员信任则更多产生的是负面影响作用。

3. 营造良好关系缓冲团队冲突负面影响

成员关系水平，包括二元关系层面的信任水平以及团队层面的整体凝聚力水平，均可能对团队冲突的发展产生影响。这主要是由于不同关系水平会导致成员看待彼此的视角有所不同，即可能带上"有色眼镜"，既可能是积极色彩也可能是消极色彩，导致对双方的不一致评价存在显著差异。

信任水平影响对冲突的认知评价。高信任水平条件下，成员对于彼此之间的不一致和争论更可能从积极的视角去看待，从而冲突可能引发的反应较少负面。但是低信任水平条件下，成员间更易怀疑彼此从而导致冲突的负面后果更为突出。有鉴于此，创业团队可以通过提高成员信任水平以促进成员更积极的方式应对冲突，避免不良的冲突后果。而归属感和熟悉感能够提高相互的信任关系（Ensley，2002）。有研究指出，多数时候，创业团队成员在创业前就已经认识、熟悉（Ruef et al.，2003），可能倾向于合作式冲突（杨俊与田莉等，2010）。但是创业团队有不同的类型，由熟悉以及关系较好的人共同组建的创业团队主要是群体型创业团队。有时候，创业团队成员彼此缺乏先前共事或交往经历而有一定的陌生感，导致彼此熟悉度和信任度都较低，甚至难以理解彼此的行为（Blatt，2009）。这时候可能更多的是两种极化的发展，即对抗性冲突和让步式冲突（Chen et al.，2005）。后一类创业团队常常是由一个主导者提出创业想法，然后根据创业需要选择具备相应资源与能力的人共同构建起核心型创业团队。在该类团队中，熟悉与亲密关系不再是首先考虑因素，甚至有时候是没有前期关系的初识者。基于此，不同类型的创业团队的熟悉度不同，可能导致信任关系水平不同，进而影响冲突的管理与发展。

另外，凝聚力被许多人看作是群体行为的一个重要预测因素（Barnard et al.，1993；Festinger，1950；Harrison，1993）。凝聚力表示了团队内的一种社会关系状态，被界定为群体成员彼此吸引的程度（Shaw，1981）。恩斯利（Ensley，2002）指出，凝聚力有助于提高建设性的认知冲突而同时减少破坏性的情感冲突。因为成员间的熟悉与舒适，有较高紧密结合水平（凝聚力）的团队会经历低水平的情感冲突和高水平的认知冲突。研究表明，凝聚力是成功的新创企业管理团队的一个重要特征。凝聚力，连同促进自由与开放的互动，将导致更有效的团队。

最后，团队凝聚力与成员信任关系是相互联系的，可以协同影响共同缓冲团队冲突可能的负面结果。高凝聚力的团队成员展现了彼此高水平的亲密关系和信任，以及对于整体群体的高水平的满意度和情感吸引力（O'Reilly et al.，1989）。在新创企业高层管理团队中，凝聚力是特别重要的，因为高凝聚力有助于成员齐心协力共同面对团队任务的复杂性和模糊性。研究表明，在不确定性和模糊的条件下，绩效表现好的团队是高度协调和有弹性的（Eisenhardt & Bourgeois，1988；Eisenhardt，1989）。因而新创企业创业团队更需要努力发展高水平的信任关系，这是高度协调和有弹性的基础。高整合性的团队共同工作更好，反应更快，更有弹性，也就更有效率（Simith et al.，1994）。这种对于灵活性和效率更为必要的整合更可能是情感、人际关系的影响结果而不是正式的、角色界定的关系（role-defined reltionships）（Katz Kahn，1978）。有凝聚力的团队可能有更稳定坚固的人际关系基础，使得他们能够以更灵活和有效率的方式互动（Ensley，2002）。可见，高信任和高凝聚力的关系使得团队互动更有效，经历更少的团队过程损失，有助于团队整体绩效的提升。

4. 重视团队冲突与团队关系的相互因果联系

一方面，团队关系，如信任水平，可能影响团队冲突的发展；另一方面，冲突的管理方式不同也会反过来影响信任有关系的发展，进而进一步影响后续冲突发展。亨佩尔等（Hempel et al.，2009）认为，冲突的管理会对成员的认知信任和情感信任产生影响。采用合作冲突管理的团队中，团队成员能够共享他们的归属感和团队成果。与此同时，所有的团队成员会积极地促进他们的信任关系，因为成员感知到他们能够相互依靠、彼此互利。成员之间的信任关系不仅有利于问题的解决还会促进团队的绩效。团队合作是实行团队建设性的冲突管理的一个重要前提。加强团队之间合作来处理冲突会为团队提供一个建设性的环境，团队成员可以讨论他们建设性的冲突并且巩固他们的信任关系。因此，采用合作的方式管理冲突会增强成员之间的认知信任和情感信任，而这又将有助于团队更好地合作，以实现高绩效团队发展的目的。

5. 重视不同类型冲突的相互联系与串联影响

与关系冲突相较，研究者认为任务冲突对团队的运作产生积极影响（刘宁和赵梅，2012）。在近年来的研究中，普遍认为团队中的任务冲突对团队的信任关系以及团队效能产生积极的影响作用；相反，团队中的关系冲突则会破坏团队成员之间的信任关系，并且对团队效能产生消极的影响。然而，有研究者发现，在团队中任务冲突与关系冲突存在着紧密的联系。在一些情况下，任务冲突极大可能会转化为关系冲突，尤其是在极为容易发生"人事混谈"的中国文化背景下更是如此。当团队中的任务冲突转化成为关系冲突，那么将会对团队信任等心理状态带来极大的不利，最终影响创业团队的发展。如果最初的一点小冲突使得团队成员的合作和友好行为得不到其他成员的及时回馈，成员便会逐渐地减少合作和互助行动。久而久之，看似平常的团队内部冲突逐步发展成为不可调和的利益矛盾，最终的结果往往是演变成为更加尖锐的矛盾。因此，对创业团队中的冲突进行有效的管理十分必要，及时有效地协调两种类型冲突的关系，不断地发挥任务冲突对团队信任带来的积极影响，减少关系冲突对团队信任带来的消极影响；同时也要防止任务冲突转化成为关系冲突，对团队的冲突加以重视和有效地管理。

概括而言，团队成员之间很容易产生矛盾和冲突，并且团队成员处理冲突的方式会严重影响冲突的结果（Hempel et al.，2009）。已有研究表明，团队冲突，特别是关系冲突和情感冲突等与人际方面相关的冲突，会对团队有效性产生负面影响。而团队冲突管理方式对于这一影响的趋势也有一定的差异化作用。合作式的冲突管理方式往往有利于缓和冲突的负面结果。不过冲突与结果之间的关系还会受到其他因素的调节影响，如关系水平会对冲突—结果关系发挥调节效应。此外，已有研究表明，任务冲突与团队绩效的关系受到一些权变因素的影响，如心理安全气氛（Bradley et al.，2012）、冲突管理行为（Behfar，Peterson，Mannix & Trochim，2008）、团队人格组成（Bradley，Klotz，Postlethwaite & Brown，2013）。未来研究可以检验这些调节效应是否在创业团队中也存在，也可以探讨其他新创企业特有的情境变量是否影响冲突与团队绩效之间的关系。对于这一问题的探讨将有利于指导创业团队更好地管理团队冲突实践。

12.6 本章小结

12.6.1 结语

团队虽然可以拥有许多优势，但是其同时也面临着独特的挑战。团队的成功依赖于多大程度上团队成员能够协调任务导向的努力并且管理好人际关系（LePine et al.，2008）。但这些努力的协调以及关系的管理等团队过程并不是团队的一个稳定特征，而是随着时间发展而涌现并不断发展的结果，其中受到各种内外部因素的影响。创业团队能够集合不同的资源和人才，实现各个成员能力和优势的互补，充分发挥团体合作的力量来保证创业的目标实现。然而，创业团队成员之间的关系十分复杂，存在着权利、义务和利益的交互作用，因此团队内部出现冲突也是在所难免（刘宁和赵梅，2012）。

尽管冲突长期以来被认为是破坏信任，但是也有学者提出，团队成员处理彼此冲突的方式是一个重要的基础，并在此基础上决定他们是否能够信任彼此（Beersma & De Dreu，1999）。可见，团队成员处理冲突的方式在很大程度上影响了冲突的结果（Tjosvold，1998）。实际上，有不少的证据表明，互动双方采取的合作性和竞争性冲突管理的程度影响冲突发展的动态及最终的结果（Alper, Tjosvold & Law, 2000；Lovelacec et al., 2001）。亨佩尔等（Hempel et al., 2009）采用多伊奇（Deutsch, 1973）关于冲突的合作性与竞争性方式的理论框架，分析冲突是如何可以促进也可能伤害团队成员信任的。他们认为，团队成员合作性的管理冲突而不是竞争性的方式对待冲突，则可以促进信任的发展。可见，团队成员冲突管理方式可能比冲突本身对于信任的影响更为重要。因此，在团队互动研究中，可能需要进一步区分冲突与冲突管理方式，以便更好地探究冲突与冲突管理方式对于团队运行及其有效性可能存在的不同影响。一方面，这一细分的研究有可能可以调和原有关于冲突影响效应研究中存在的不一致的结论；另一方面，对比研究冲突性质以及冲突管理方式的影响作用，可以从冲突的源头——冲突本身的性质，到冲突的过程处理——冲突管理方式，基于时间演化视角综合探讨团队冲突对于团队过程以及团队结果的动态发展机制。

正是由于冲突对于创业团队可能产生的重要影响以及不同冲突管理方式可能导致的显著差异化结果。创业团队更需要强调冲突的有效管理与引导。首先，创业团队可以采取早期预防措施，关注团队背景以及成员个体特征中对于冲突诱发的可能影响，尽可能避免不良因素的启动与激发。如艾茉森和萨皮恩泽尔（Amason & Sapienza, 1997）强调，一个团队经历的冲突可能是团队结构与社会背景共同作用的结果。又如布拉特（Blatt, 2009）指出，创业团队成员之间信任和熟悉度的差异与创业团队自身管理方式不同导致不同冲突。重视上述这些诱发因素可以尽力避免不良冲突的激化。

另外，冲突管理并不是一味避免。冲突可能是一把双刃剑。瓦得夫利特等（Van de Vliert et al., 1994）强调，当群体关注于任务问题或人际紧张度较低的时候，冲突能够提高群体绩效。基于此，冲突与绩效之间的关系受到成员间信任水平的影响。因为较高水平的信任条件下，人际关系的紧张度相对较低，成员即使面对冲突也可以专注于任务问题，而不是人身攻击。再者，认知冲突包括不同类型，如合作式冲突、对抗式冲突与让步式冲突（Chen et al., 2005）。虽然专注于任务的认知冲突可能对团队绩效产生积极作用，但是由于不同类型冲突间可能相互转换，如认知冲突可能转变为情感冲突，从而对团队有效性产生负面影响。因此未来需要关注认知冲突在什么情况下不会转化为情感冲突，也就最终不会导致成员变动，如可探究成员信任在其可能发挥的调节作用。

综上所述，创业团队冲突是无法完全避免的现象。因此不要害怕冲突，良性的认知冲突甚至是高绩效创业团队发展所必须的。为此，创业团队要正视冲突的存在，同时采取积极方式管理冲突，避免冲突的恶化。在创业团队中采取合作的方式管理冲突有利于成员关系问题的解决。合作型的冲突管理方式有利于团队成员友谊的建立，从而促进创业团队信任水平。相比之下，采用竞争的方式管理团队冲突，虽然在某种程度上会增加团队成员之间的意见交流和辩论，但是当成员意见发生严重分歧而无法协调时，会导致成员为了维护个人立场去抨击其他成员，很容易加深成员之间的矛盾，不利于信任关系的建立。同时，竞争型的冲突管理方式引发任务冲突转变为关系冲突，团队中关系冲突非但没有得到合理有效的解决，反而得到进一步的加剧，对创业团队信任带来破坏性的影响，进而负面影响创业团队发展。

12.6.2 研究展望

第一，探究创业团队外部情境与团队内部互动对于创业团队成员信任的协同影响效应以及后续团队冲突的连带影响效应。如有研究发现，团队外部冲突可能影响团队内部冲突（Deutsch，2005），并且团队之间的冲突管理方式可能影响团队内的冲突处理。为此未来可以进一步的研究团队外部冲突背景与内部冲突管理如何共同作用，影响创业团队成员信任的发展以及后续的冲突发展趋势。

第二，细分冲突与冲突管理方式，探究不同维度冲突及冲突管理方式与创业团队成员不同类型信任之间可能存在的相互因果关系及其内在机制。如西蒙斯和皮特森（Simons & Peterson，2000）发现信任调节群体中任务冲突与关系冲突之间的关系。在低信任条件下，群体内的任务冲突往往是被负面解释，随之会导致关系冲突。而在高信任条件下，任务冲突更可能被加以积极的解释，因而不大可能变为关系冲突。如团队信任气氛是心理安全氛围的重要反映，可能起着调节作用。未来可以进一步开展相关研究。另外，其他类型团队过程与新创企业绩效之间的关系是否也存在上述调节变量的权变影响也是需要进一步探讨的主题。

第三，不同创业团队冲突对团队绩效的可能影响差异。如研究提出，有较强的关系而狭窄技能组合的创业团队相比较弱关系而较宽的强技能创业团队来说，绩效表现如何仍然没有得到很好的关注（Schjoedt et al.，2013），未来可以关注在不同关系技能组合的创业团队与团队绩效关系中冲突的可能中介机制。如利姆等（Lim et al.，2013）指出，当断裂带强的时候任务冲突可能低而关系冲突可能高。团队断裂带不同的创业团队可能导致不同的冲突模式，进而对团队绩效的影响也会有所不同。又如斯图尔德和希特（Steward & Hitt，2012）就指出，家族卷入（family involvement）如何影响小型创业企业的绩效仍然不明确。对于此问题，直接比较绩效或者团队组成就过于简化了，因为许多研究表明，家族和非家族企业目标可能有很大不同（Chrisman，Chua，Pearson & Barnett，2012）。如家族企业可能偏好最小化风险，努力减少对团队凝聚有着最大威胁的关系冲突；非家族企业常被认为偏好最大化收益，任务冲突如果没有走极端的话将是有益的。可见创业团队有无家族卷入可能会影响冲突的发生模式，并借此影响创业绩效。克鲁兹等（Cruz et al.，2013）、斯安兹特等（Sciasciat et al.，2013）也指出，家族团队可能更大、更多元化，因此易于遭受高管团队或者董事会中个体的不同联盟之间的断裂带的影响。可见，不同创业团队的各种差异性因素还可能综合起来共同影响冲突发生的可能性以及冲突的类型，进而影响创业绩效。当然，对此还需要未来进一步实证检验。

13 创业团队协作过程及其影响研究

13.1 引言

创业对于社会有着带动就业、促进经济增长、推动科技发展等作用。在当下中国鼓励创业、强调以创业带动就业、全面推动创业教育的大环境下，创业研究更受到了前所未有的关注。新创企业成长的实现方式是非常复杂的。如果研究没有很好地从内在演化及治理的视角深入剖析新企业成长的实现方式，很难在理论层面解释新企业之间成长巨大差异的本质原因。

尽管有关于个人创业者的传奇非常普及，但是新创企业的创建和成功管理常常是一个团队共同努力的结果（Ensley，2002）。随着创业研究的日渐深入，学者们也发现，当前的创业更多的是以团队的形式进行。一般认为企业家选择以组建创业团队的形式进行创业，主要是考虑在团队成员间的技能和经验的互补、企业资源获取、人力资本、外部关系等方面以团队形式进行创业比单个创业者更具有优势，可以有效提高新创企业的资源整合能力（Allan，Carole & Eleanor，2013）。

早前大多数创业团队研究是运用高层梯队理论（upper echelons perspective）来探讨新创企业高管团队的特征及行为与企业绩效之间的关系（Klotz et al.，2014）。高层梯队理论考虑了 CEO 特征和行为与企业结果之间的联系（Hambrick，2007），这提供了一个很有用的视角探讨创业团队对于企业绩效的影响。然后，在创业的高层梯队研究中存在一个不足，即大多数的研究关注高管团队输入（团队成员特征）与企业层次结果（如赢利性、收入增长）之间的关系，而忽视了其中关键的中介机制和调节因素。这使得我们对于创业团队如何以及何时会影响新创企业绩效缺乏了解。不过，值得庆幸的是，创业研究由此逐渐开始探讨创业团队输入与结果的中介机制（Hmielesk，Cole & Baron，2012；Souitaris & Maestro，2010）。在组织行为学领域，长期以来对于团队过程（team processes）的研究都采用 IMO 框架结构（inputs-mediators-outcomes，IMO）（Mathieu et al.，2008）。IMO 框架提供了大量的关于团队动态机制与绩效的知识，这可以对创业团队研究超越对于高层梯队理论使用有所启发（Klotz et al.，2014）。因为高层梯队理论往往忽视了联系高管团队输入与组织结果之间的团队协作机制。

正因为创业团队相比单个创业者具有可以融合不同成员独特资源的优势，一个新创企业的成功常常反映了一个团队以创造性的和协调的方式融合成员的才干的能力（Ensley，2002）。良好的团队互动，将使得彼此能够进行更为有意义和有效的沟通，发展积极的人际关系，进而提高应对复杂和波动的创业环境的能力（West，2007）。因此，团队协作过程（teamwork processes）对于提升团队有效性有着重要意义。之所以团队在组织中的日益普及源于一种观点：团队工作更有创造性、更有效率，尤其是在面对复杂、不确定的任务的时候。团队组建是为了通过聚集不同专长和经历的人来达到更好的结果，如创新、决策。但是这些关键差异在团队生命力和效率中起着重要影响作用的同时，也可能引发冲突（DeChurch et al.，2013）。组织中的团队成员共同工作所达成的成果应该超越个体单独工作的成果，即所谓的"1 + 1 >2"。这是组织采用团队完成工作的目的所在。可以说，团队的成功不仅仅是团队成员个人能力的结果，而且还是团队成员在完成任务过程中互动过程的结果（Marks，2001）。团队中的社会惰性的存在对于团队的效果提出了质疑。人多一定力量大吗？如何实施团队社会惰性行为（social loafing behavior）向社会促进行为（social facilitation behavior）的转变，是管理研究和实践都关注的一个重要问题。探讨团队过程是解决这一问题的一个有益方向。创业团队研究关注对团队内部互动过程的理解将有助于促进创业团队理论研究，同时对提升创业团队有效性实践有所启迪。鉴于团队过程对创业团队有效性的重要意义，本研究进一步地梳理团队协作过程的内涵、维度划分以及综合影响机制，旨在为创业团队研究提供一定的帮助，并能促进创业管理者更好地整合团队人力资源、发展高效创业团队。

13.2 创业团队协作过程的内涵及维度划分

13.2.1 创业团队协作过程的内涵

对于团队过程内涵的界定的梳理和明确有助于提供给团队研究者一个清晰的指导。在探讨创业团队协作过程的影响效应之前，需要对创业团队协作过程的内涵进行相关梳理。创业团队协作过程的相关理论可以源于一般团队协作过程的相关研究。团队协作过程的概念表述有不同的方式，如团队互动过程、团队过程、团队协作等。

麦格拉思（McGrath，1984）指出，团队互动过程（team interaction action）是团队成员中形成的一种模式化的关系（patterned relations）。科恩和柏雷（Cohen & Bailey，1997）定义团队过程是团队成员相互之间以及与团队外部人员发生的互动，如沟通和冲突（林绚晖等，2008）。马科斯等（Marks et al.，2001）定义团队过程（team process）是团队成员之间的互依性行动，正是通过这些旨在组织团队工作以达成集体目标的认知、言语和行为活动将输入转变为结果。

概括而言，大多研究者都认同，团队过程这个概念的本质是团队互动（team interaction）（Marks et al.，2001）。团队过程（team process）指成员互相协作努力将资源转换成有意义的结果的系统活动（LePine et al.，2008）。由此可见团队过程与团队互动均强调成员间的协作努力，为此本研究将相关概念统一用团队协作过程表示。相似地，创业团队协作过程可以被定义为创业团队成员互相协作，共同努力将资源转换成为对创业团队和新创企业有意义的结果的一系列活动。

13.2.2 创业团队协作过程与团队涌现状态

虽然有关团队协作过程的研究有很长的历史，但是随着研究的进一步深入发展，研究者们开始认为有必要厘清团队协作过程的概念以及这一概念所包含的各因素之间彼此的关系（LePine et al.，2008）。在其中需要特别指出的是，团队协作过程不同于团队涌现状态（emergent states）。

团队涌现状态指团队在特定时间点上拥有的认知和情感特性（Marks et al.，2001）。涌现状态反映了团队的整体氛围，包括的构念如信任、效能感、创造性等（Klotz & Hmieleski et al.，2014）。团队涌现状态描述的是团队的认知、动机和情感状态，而并没有描述团队成员的互动相关行为。实际上，团队涌现状态反映的是团队的一种现有特征。这种特征具有动态性，会随着团队背景、输入、过程以及结果的不同而变化。例如，团队集体效能感、团队凝聚力等，并没有表示团队互动过程，而是表现团队成员态度、价值观、认知和动机的团队性质。

不过，团队协作过程和团队涌现状态也可能会彼此相互影响。一方面，团队涌现状态可能影响团队协作过程进而影响团队结果。另一方面，团队协作过程可能影响团队成员在团队中的体验，从而进一步影响团队涌现状态。此时团队涌现状态可以作为团队协作过程的结果，并进而影响后续的团队过程和团队结果，成为一个循环过程。团队涌现状态在团队 IPO 模型中可以被看作是输入（I）或者较为直接的结果（O）。

概括而言，科恩等（Cohen et al.，1997）、马科斯（Marks，2001）均探讨了团队涌现状态。他们所指出的团队涌现状态，均反映的是团队的一种动态心理特征。之所以称为涌现状态是由于这些因素是具有动态可变性，易受背景的影响，所以比称之为特征更为明确。这种称谓有助于区分涌现状态与团队其他的稳定特征，如人口学特征、人格特征等。科恩等（Cohen et al.，1997）区分了团队协作过程与团队心理特征。他们指出团队心理特征如同团队共享心智模型，规范、情感和凝聚力等。虽然团队涌现状态和团队互动过程常常混合在一起，但是对于这两个概念的区分是重要的，有利于更好地探讨团队有效性的提升机制。吉安斯奈等（Giessner et al.，2013）的研究也指出，区分团队涌现状态和行为过程是非常有意义的。不过，在此还需要特别强调的是，研究者为了更好地理解团队内在动态机制，不仅需要区分团队涌现特征和团队协作过程，还需要进一步区分团队涌现特征与团队一般性的稳定特征也是有所区别的。而为了更好区分团队涌现特征（信任水平、团队效能感等）和一般团队稳定特征（人口学特征、人格特征等），在此将前者称为团队涌现状态，强调其是在特定时间段呈现的一种特性。

13.2.3 创业团队协作过程的维度划分

克劳斯等（Klotz et al.，2014）指出，团队协作过程包括战略规划（strategic planning）、协调努力（coordinating efforts）等多种构念。实际上，团队协作过程包含的有关变量是多种多样的。对于团队协作过程变量的分类有助于更清晰地把握团队协作过程，从而用以指导团队过程管理和对于团队有效性影响机制的研究。

团队协作过程是一个互依性互动的循环（Kozlowski et al.，1996；Morgeson & Hofmann，1999；Morgeson et al.，2010）。团队这种目标导向行动依据时间上的循环可以划分成不同的阶段。据此，马科斯等（Marks et al.，2001）提出，高阶团队协作过程包括三类，每一类又可以进一步可以细分，最终形成包括三大类共10个维度的团队协作过程，如图13.1所示。这种基于时间框架的团队协作过程模型分类，可以更清楚地知道哪些协作过程在什么时候对于团队目标的完成更为关键。

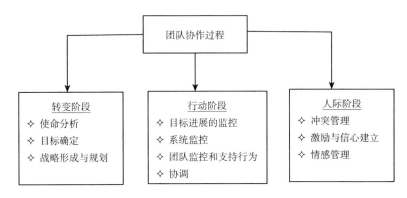

图13.1　团队协作过程的二阶结构模型

资料来源：根据相关文献整理。

首先，转变阶段（transition phases）。转变阶段是当团队主要关注于评价先前任务的完成和计划未来活动以引导团队完成新目标的时候。马科斯等（Marks et al.，2001）认为，围绕着计划和评价的团队协作过程主要发生在转变阶段。他们提出了三种主要的转变过程，包括：①使命分析（mission analysis），具体主要包括识别和评价团队任务、挑战以及环境条件、可获得的用于完成团队工作的资源。②目标确定（goal specification），包括围绕团队目标认定和优先顺序排列的活动。③战略形成与规划（strategy formulation and planning），即是发展行动路线和备用计划（contingency plans），以及根据团队环境现有或者预期的变化调整计划。

其次，行动阶段（action phase）。行动阶段是当团队从事的行动直接促进团队目标完成的时候。协调和监控过程则是行动阶段的主要内容，具体包括四种类型的行动过程：①目标进展的监控（monitoring progress toward goals），包括关注、解释和沟通关于团队评价目标进展必要的信息。②系统监控（systems monitoring），包括跟踪团队资源和团队环境因素以保证团队拥有所需要的资源以完成目标。③团队监控和支持行为（team monitoring and backup behavior），包括团队成员帮助其他成员完成任务，如提供反映和指导的间接帮助和直接帮助任务。这一概念类似于团队研究中的合作（Hehn & Shah，1997）、工作任务分担（Campion et al.，1993）和群体层次的组织公民行为（Hyatt & Ruddy，1997）。④协调（coordination）指根据时间和顺序等方面，调整团队成员的活动（Wittenbaum et al.，2002）。

第三，人际阶段（interpersonal phases）。人际阶段过程反映了团队关注于人际关系管理的团队活动。人际阶段过程包括三类：①冲突管理（conflict management），指团队成员主动和反应性的处理冲突的方式。有效的冲突管理包括表达相互的尊重、妥协的意愿以及发展提升合作与和谐的标准和规范。②激励与信心建立（motivating and confidence building），指发展和维持团队成员完成目标的动机和信心的活动。③情感管理（affect management），指培养情感平衡、团结精神和有效应对压力要求和挫折活动。

总之，莱派等（LePine et al.，2008）根据马科斯等（Marks et al.，2001）的框架分析团队协作过程，元分析结果支持了团队协作过程（teamwork processes）的这个三维度的高阶结构。不同维度的团队协作过程在不同阶段的重要性可能会有所变化（Marks et al.，2001）。此外，三类高阶团队协作过程并非是一个阶段完成才进入另一个阶段，可能随时出现甚至有时候会并存。如人际过程在整个转变阶段和行动阶段都出现。由此可见，团队协作过程是一个包含多个构念并且可以区分为不同而又密切相关的多维度结构。据此框架，创业团队协作过程也可以分为转变阶段、行动阶段和人际阶段三维度高阶结构。只是已有的创业研究在探讨创业团队协作过程时，最多关注的是团队成员变动（team membership change）和团队冲突。由于创业团队协作过程除此之外还包括了许多其他维度变量，仅限于成员变动与团队冲突的团队协作过程理解显然是绝对不够的。未来对创业团队协作过程的探讨可以基于马科斯等（Marks et al.，2001）的三维度高阶分类更细致化地剖析团队协作过程机制，将有助于更全面深入地理解创业团队内部发展动态机制。

13.3　创业团队协作过程的综合影响模型

一些研究结果表明创业团队也有相对的劣势，比如发生了团队成员的冲突等导致团队内部人际关系出现问题，则此时的创业团队并不比单个创业者具有明显优势。由此可见，创业团队虽然有可能促进创业的成功，但是随着创业进程的推进，创业团队可能会出现阻碍创业企业发展的一些问题。如何克服创业团队发展过程中可能出现的问题，实现创业团队对于创业企业可持续发展的积极预期效应，值得创业研究的关注。在此背景下，创业团队的研究也开始从静态视角逐渐朝着团队过程和动态发展的视角来进行研究，以更好地体现创业团队发展的复杂性。本研究在此结合相关文献的梳理提出了创业团队协作过程的综合影响模型，具体如图13.2所示。

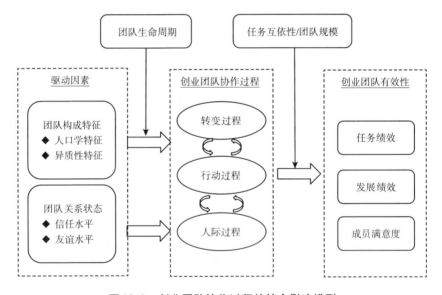

图 13.2　创业团队协作过程的综合影响模型

13.3.1　创业团队协作过程与团队有效性

良好的团队协作过程，包括转变过程、行动过程以及人际过程，将有助于团队更好地协调合作，从而提升团队有效性，如促进团队任务绩效和发展绩效，提高成员满意度等。莱派等（LePine et al.，2008）的元分析结果发现，团队协作过程正向联系着团队绩效、成员满意度和凝聚力，包括三个类型 10 个维度的团队协作过程都存在着这一关系。不过，不同类型的团队协作过程对于团队有效性的影响作用可能是不同的。如果关注于团队任务绩效，则应该更多地关注于团队协作过程中的转变过程和行动过程，如果关注于团队成员的满意度等，则应该更多地关注于团队的人际过程。

另外，团队协作过程和团队绩效的关系在一定程度上还会依赖于任务互依性和团队规模（LePine et al.，2008）。任务互依性（task interdependence），即团队成果依靠彼此的努力、信息和资源来完成任务的程度（Wageman & Baker，1997），可能会影响团队协作过程与团队有效性之间的关系。当团队要完成的任务互依性较高时，人际互动会更多也更为复杂。因此，在高度任务互依性的团队中，团队协作过程与团队有效性之间的关系更强。团队规模也可能在团队协作过程和团队有效性关系中起着调节作用。较大规模的团队面临着更大的协调挑战。随着团队规模的扩大，团队有着更大的风险会出现更高的动机损失和协调损失（motivation and coordination losses）。如社会惰性研究表明，随着团队规模的扩大，团队越易出现社会惰性行为。因此，较大规模团队比小规模团队更强调有效的团队协作过程。即团队结果在较大规模团队中将会更多地依靠于有效的团队协作过程，这有可能实现社会惰性向社会促进现象的转变。由此可见，发展团队协作过程对团队绩效积极效应价值的影响过程中还需要关注可能影响这一关系的边界条件。通过把握相应的边界条件机制，可以指导创业团队更有针对性地管理团队绩效提升实践。

13.3.2 不同维度创业团队协作过程之间的有机联系

莱派等（LePine et al.，2008）指出，不同维度的团队协作过程可能有着较强的相互关系。如团队实施卓越的目标需要包括在转变阶段要确定团队目标和向团队成员清晰阐述团队战略，在行动过程阶段要监控团队目标的进展状态和任务、时间协调，人际过程主要包括激发成员的动机和完成任务的信心。充分发挥不同维度团队协作过程的价值，可以实现协同效应，更好支持创业活动的开展。

在团队转变阶段，团队面临的需要包括建立全面目标的纲领、建立团队目标、发展积极的团队规范、决定任务绩效战略、发展起对于团队的共享理解、清晰地了解团队内部的知识分布情况（Morgeson et al.，2010；Cohen & Bailey，1997；Kozlowski & Ilgen，2006；Marks et al.，2001）。团队反思（team reflexivity）是一种转变阶段过程（De Jong et al.，2010）。团队反思这一具体的过程包括考虑不同的目标，发展有选择性的行动路线（West，2000）。马科斯等（Marks et al.，2001）认为，在转变阶段沟通很重要，特别在当成员需要相互协调行动、监控环境以及团队发展的时候。监控环境，为确定团队发展战略定好方向，此阶段团队边界跨越行为较为重要。通过转变阶段的沟通还可以促进人际阶段过程和行动阶段过程。而良好的人际和行动阶段又有助于团队监控与团队边界跨越行为的实施。

在团队行动阶段包括观察团队成员的行动、注意执行中的矛盾、提供需要的反馈和帮助。团队监控（team monitoring）是一种行动阶段过程。像其他的行动阶段过程一样，团队监控包括了在完成团队的主要工作阶段最可能发生的事进行实时评价（real-time assessment）（Marks & Panzer，2004）。团队在行动阶段过程的需要包括对于团队向目标迈进的过程中的输出的监控，团队内部和外部的监控系统（如人、资源、关键的利益相关者以及变动的环境），协调团队行动，投入到高质量的沟通，监控团队行为，对团队成员进行指导，维持边界以使团队能够与团队外部的群体更有效地协调工作（Marks et al.，2001）。由此可见，团队行动阶段也人际阶段和转变阶段的监控也有密切关系。

在团队的转变和行动阶段，团队必须管理好人际过程。重要的人际过程需要包括培养适当的团队成员动机、提高心理安全感，以及管理团队内部的情感和冲突（Edmondson，1999；Marks et al.，2001）。团队努力是人际过程中的一种（De Jong et al.，2010）。团队努力密切联系着动机过程（Yeo & Neal，2004）。团队努力包括维持和展现动机尽努力去达成团队目标，其至在经历挫折的时候。良好的团队人际过程将对团队转变过程和行动阶段过程均有着极强的积极影响作用。

13.3.3 创业团队协作过程的驱动因素

1. 关注创业团队构成特征的影响

弗林等（Flynn et al.，2001）发现，团队成员年龄、性别和种族等社会属性的差异化在团队成立之初可导致认知差异化，使团队缺乏合作规范，进而影响团队的工作绩效。哈里森等（Harrison et al.，2002）研究发现，在团队建立的初期阶段容易观察到的成员构成特征如经验和技能等特征的异质性更能够影响团队的绩效。但是随着团队的发展，团队成员持续的互动表层特征的异质性的效应会逐步消减，而不易观察的成员构成特征如人格、价值观和态度等，由于成员间相互深入地了解其中的异质性会被凸显出来，其对团队的影响作用也更加明显。

戴尔玛和谢恩（Delmar & Shane，2006）进行了长达两年的纵向研究，以瑞典223家新创企业为样本，其中还有82家失败的企业。他们的研究发现，团队成员的行业经验和创业经验有利于提高新创企业的存活率和销售额。但是，这种正向影响是随时间动态变化的。在创业之初通常管理企业的思想比较统一，对于企业绩效来说团队成员的经验是最重要的影响因素，这时经验可以显著的提高企业的销售额，而随着企业的发展有了新成员的加入同时规范的管理和学习的曲线效应等一些因素将导致这种影响下降。

伯尔纳等（Boerner et al.，2011）用纵向的研究的方法对德国的59家企业的高管团队进行了团队寿命对于团队异质性和团队绩效的调节作用。研究发现像年龄、教育背景和职业经验这些特征的异质性在低寿命团队时对企业绩效具有正向影响作用，而随着时间的推移，在高寿命团队时其影响作用是下降的。出乎研究意料的是组织任期的异质性对企业绩效的影响呈U型曲线，研究认为原因之一是任期异质性的问题过于敏感。

可见，团队构成中个体层面的特征（如人口学特征）与团队层面的特征（如异质性特征）均可能影响团队协作过程，但是这一影响可能受到团队生命周期的调节作用。由此创业团队在组建时也需要考虑团队构成以支持良好的团队协作过程，但团队特征与团队协作的关系也并非是稳定不变的，随着团队发展，构成特征对于团队协作的影响也会发生变化。

2. 关注创业团队关系状态的影响

信任可以减少关系中的不确定性，因此可以提高社会交换的质量，能使同事更多的获取信息、支持和其他资源（Schaubroeck et al.，2013）。较强的人际社会交换关系中的一个重要因素就是进入这一关系的个体并不能确定他们提供给对方的资源是否会在之后获得回报，但较强的人际交换关系（interpersonal exchange relationships）具有互惠特征（reciprocal character），表现为每一方提供资源以帮助满足对方的需要和要求（Flynn，2005），而且并不考虑对于这种善意与帮助的任务直接回报，也没有对于任何未来报答的一种期望。

如波特和利莱（Porter & Lilly，1996）在其冲突、信任与任务承诺对项目团队绩效影响的研究中，验证了群体信任提高了群体任务过程的质量，即群体在组织工作相关的活动时的效能，群体过程的质量反映了群体集合在一起运作良好的程度；群体信任会降低群体冲突；而群体任务过程的质量对群体冲突和团队绩效的关系起着缓冲作用。黛博拉等（Deborah et al.，2000）研究发现，创业团队成员的友谊促进团队的形成，并提高创业团队的早期绩效。随着创业团队的发展，友谊有利于决策制定过程，提高团队效能，并最终提高新创企业绩效。这种友谊会影响团队成员的自我揭露、相互信任、对互动和合作的强烈期望。斯库布洛克等（Schaubroeck et al.，2013）在探讨新入职者社会化适应问题时，就发现，当主管花时间向新入职者解释组织规范或者提供鼓励时，作为一种响应，新入职者可能之后会自愿地帮助主管。这种模式可能随着不同类型的资源交换而得以重复，因此形成了一种互惠交换关系（reciprocal exchange relationship）。当双方在维持高质量的互惠交换中做了大量实质性的个人投入时，交换关系也会变得更深入或者有更高水平的情感信任（Colquitt et al.，2012）。

良好的创业团队关系状态，包括高水平的信任和友谊，均有助于良性的创业团队协作过程。为此，创业团队需要关注团队内部关系状态的治理，通过塑造良好的团队关系状态，提升创业团队协作的水平，更好地为创业活动服务。不过，在此还需要特别强调的是，创业团队关系状态与团队协作过程之间的关系可能是互为因果的，即关系状态可能影响团队协作过程，而团队协作过程又反过来会影响关系状态的发展。

概括而言，高质量的团队协作过程不仅帮助团队完成任务，而且有助于培养对于团队体验的满意度（Sundstrom，McIntyre，Halfhill & Richards，2000），为长期的团队任务开展奠定良好的基础。根据 IPO 模型，团队成员、工具、技术和背景等特征作为输入变量通过团队成员的互依性活动（即团队协作过程）影响团队有效性（结果）。一方面，随着团队的发展，团队成员的良性交流互动日益频繁团队合作规范会明显提升，从而可以促进团队更好地协作。另一方面，团队构成特征以及团队关系状态又可能对当下的团队协作过程产生重要影响。关注并恰当利用团队协作过程的前因变量影响以及团队协作过程联系前因变量与团队有效性的内在关系机理是促进创业团队有效性提升管理实践的有效措施。

13.4   本章小结

13.4.1   结论

尽管创业所处的地理位置、产业的性质、创业者的性别等等都可能存在差异，但是研究发现，新创企业大多数都倾向于以创业团队的形式来进行（Boerner et al.，2011）。创业团队协作过程研究有助于更好地理解团队功能和有效性提高的内在机制，可以用以指导管理实践者借以改善团队的运作和效果，真正实现团队工作的社会提升（social facilitation）而不是社会惰性（social loafing）的结果。

戴维斯等（Davis et al.，2001）基于社会学习理论，指出当家族是紧密结合的社会群体的时候，相比较松散联系的社会群体，成员间的社会互动将带来远远更高程度的共享学习、理解和意见一致。而这种共享的互动和一致将会使管理团队内的冲突降低。莱派等（LePine et al.，2008）的元分析就发现，团队协作过程正向影响团队绩效和团队成员的满意度。团队特征影响着团队协作过程与团队有效性之间的关系，如任务互依性和团队规模。当高任务互依性和大规模团队时，团队协作过程与团队绩效之间的关系会更强。另外，结果还发现，任务互依性和团队规模似乎并不影响团队协作过程和成员满意度之间的关系。不过相关的研究较少，这一关系还需要进一步的研究检验。

正如弗林（Flynn，2005）所指出的，整合来自社会交换理论（social exchange theory）（Blau，1964）和社会认同理论（social identity theory）（Brewer & Gardner，1996）的概念可以帮助学者们理解人们是如何以及为何追求与他人特定形式的关系的。布劳（Blau，1964）的社会交换理论寻求解释个体是如何通过与他人的互动来获取资源的（如信息和支持）。社会交换中支持性关系常常包含着高水平的积极互惠以及一种分享的个人义务感，展现为高水平的情感信任。团队成员间整合的水平更可能是成员间关系的影响而不是受到正式定义的职位的影响（Katz & Kahn，1978；Ensley & Pearson，2005）。社会认同，具体到团队认同，将会影响成员对于团队与自我关系的界定，进而影响成员对团队认知评介以及相关的行为决策。

另外，创业团队协作过程包括不同的维度。团队协作过程的多维度构成对于团队有效性的不同影响作用。对于全部团队协作过程的关注和测量是不实际也没有必要的。在具体研究过程中，常根据具体情况的需要选择性地关注某些团队协作过程。如利姆等（Lim et al.，2013）的研究探讨了三个创业团队互动的作用，包括关系冲突、任务冲突、知识交换（knowledge exchange）。其中，知识交换指一个群体的成员在投入到任务执行中为了使任务得以成功完成所需要的相关信息的讨论与检查（Boone & Hendriks，2009）。该研究促进了团队冲突与知识交换关系机制的理解，有利于从冲突管理视角促进团队需要的知识交换行为。

最后，对创业团队协作过程前因变量的探讨发现，创业团队构成特征与团队关系状态均可能对创业团队协作过程产生重要影响，并进而影响创业团队有效性。如亲密联系会通过更大的信息分享和目标的分享而提供信任，信任是许多共享经历和共同价值观体验的结果（Raskas，1998）。而高水平的创业团队信任又有助于良性的创业团队协作过程，进而提高创业团队有效性。正如恩斯利（Ensley，2002）所指出的，随着团队连续长期的一起工作，成员变得更亲近，更多地了解彼此的能力，也促进了信任，避免团队的过程损失。不过，是否核心团队比群体型创业团队更是如此？核心团队随着发展增加了了解，信任提高，尤其是认知信任。不过，相比依据关系基础上组建的群体型创业团队，也可能核心创业团队前期的不熟悉导致了过程就有矛盾使得部分成员已经退出。是否成功的可持续创业团队更符合上述描述，可以进一步实证检验。

13.4.2　管理启迪

正是出于团队协作过程对于团队有效性的重要价值。创业团队更需要关注团队协作过程，努力提高创业团队的创造性和效率。首先，创业团队关系状态与创业团队协作过程可能是互为因果的。为此，可以通过提升创业团队关系状态，为创业团队协作过程的良性发展奠定良好基础。其次，创业团队协作过程反过来影响创业团队关系状态，而进一步循环影响后续的团队协作过程。基于此，创业团队需要有效管理团队协作过程，避免不必要的过程损失和冲突，妨碍关系状态的提升。另外，基于创业团队构成视角，提高创业团队重要的共享认同水平，促进创业团队有效协作。

1. 提升创业团队关系状态，促进良性团队协作过程发展

众多研究表明，创业团队关系状态与团队协作过程正向相关。崔等

（Choi et al.，2014）认为，下属对于主管的认知信任使得他会认为其主管有较高水平的任务相关技能、知识和专长。信任会使得下属更倾向于认为他的主管在任务相关的能力方面是可信的（Colquitt et al.，2007）。正是由于高水平信任促进了下属对于主管的更高水平的认可，从而更愿意与主管达成合作关系。如下属向主管的反馈寻求行为可能会伴随着代价（如展示了自己能力不行），但是，如果下属对主管有基于相互尊重和真诚关心的情感信任，他们的上述代价知觉可能会降低（Hay & Williams，2011；Lam et al.，2007）。具体来说，下属对于其主管的信任总体上会促进他从其主管寻求反馈，只是下属这种反馈寻求行为背后的机制可能会根据下属对主管的不同类型信任而有所不同（Choi et al.，2014）。表现为，对于主管的认知信任通过提高反馈的工具性价值的知觉而鼓励下属寻求反馈；而对于主管的情感信任则通过降低代价知觉而正向影响反馈寻求行为。可见，对主管的认知和情感信任水平会促进下属更愿意主动承担反馈寻求行为可能带来的风险，主动促进与主管的良性互动。

弗朗西斯和桑德贝格（Francis & Sandberg，2000）指出，友谊明显是一种可能影响一个群体动力机制的人际关系。友谊可能作为形成一个新团队的基础，尤其是群体型创业团队更是如此。而且考虑到创业团队较少可能有深刻确立的标准和规范（Forbes et al.，2006），人际默契和吸引（interpersonal chemistry）在执行任务和群体运行中扮演着特别重要的角色（Lim & Busenitz et al.，2013）。有强关系的个体往往更频繁的互动，满足彼此的需要，更多的情感依恋和对于彼此的承诺，而弱关系的个体则是较低水平的熟悉感和情感强度，较少的互动。信任的水平与强关系和亲密的人际联系相关（Reagans & McEviy，2003）。通过提高信任水平可以促进强关系发展，有助于发展更高水平的团队情感依恋与合作意愿。因为如果要让开放的讨论得以更有效的发生，强心理支持是很必要的（Gibson & Vermeulen，2003）。不信任可能阻止建设性的任务讨论。埃德蒙森（Edmondson，2002）也提出，让成员感觉心理安全对于让成员能够询问、提供反馈、交换观点，促进知识交换（knowledge exchange）是非常关键的。个体之间良好的人际关系会促进知识流动（Reagans & McEvily，2003）。

基于上述分析，创业团队需要关注良好关系状态的营造。情感可以作为社会互动的一种协调手段（Biniari，2012）。一般而言，良好的关系状态有助于成员间更好地合作。只有当团队成员共享较强的情感关系时，建设性形式的冲突而不是破坏性的情感冲突更可能出现（Leung et al.，2013）。恩斯利等（Ensley et al.，2002）发现，团队凝聚力正向联系建设性冲突，凝聚力强的团队有稳定和坚固的人际关系基础，共享的默契的理解与价值观。这种凝聚力可能是团队成员先前共同组织经历的结果，因为先前共同工作，然后选择又再次一起工作，往往有着较高的信任、更好的沟通以及彼此更大的喜爱（Goodstein & O'Reilly，1988；Zenger & Lawrence，1989）。但是如友谊这种关系水平在不同情境下对创业团队的影响可能是积极的也可能是消极的（Francis & Sandberg，2000）。是否不同类型的创业团队在不同发展阶段信任所产生的影响是不一样的？如群体型创业团队友谊促进了其团队的形成，早期互动很好，即产生积极影响，但后期可能阻碍创业团队有效互动，如所谓的群体思维，避免与他人产生冲突？而核心创业型团队则可能相反？未来可以对创业团队关系状态对创业团队协作过程影响可能存在的双刃剑效应及其内在机理，以更准确地把握关系水平对团队协作的效应机制，借以更准确地指导团队过程管理实践。

2. 引导创业团队过程实践，提升创业团队关系状态

萨德勒·斯密斯等（Sadler-Smith et al.，2003）指出，团队中的合作性的工作安排对于小企业的创业管理风格很重要。在创业企业发展中发生的事件，团队内的行为也可能影响团队的友谊（Francis & Sandberg，2000）。

基于互动观，创业团队互动对于信任具有重要意义。因此，就创业实践而言，创业团队需要重视团队互动。如团队信息交换的积极价值，意味着创业团队需要提供制度化或者惯例性的平台或者渠道来让团队成员交换观念、观点和知识。如设立创业团队成员定期的正式会议制度、非正式活动的下午茶制度，聚会活动等。通过正式或者非正式的创业团队互动安排促进成员间更开放的交流，在加强了解的基础上发展起强关系。

3. 基于创业团队构成视角促进共享认同，提升创业团队协作水平

创业团队常常团结在一起是因为他们共享相似的人格、价值观、信念以及背景，就如相似吸引图式（similarity-attraction paradigm）所表明的那样（Beckman et al.，2007；Forbes et al.，2006）。由此可见，创业团队构成特征对于创业团队的协作过程也可能产生重要的影响作用。

根据已有的研究，如年龄、性别等表层特征的影响作用主要是在团队早期阶段，而后其影响作用相对较弱。相比较而言，价值观、信念等深层

特征的影响作用更为持久。所以创业团队更需要关注团队成员的价值观、信念等特征的相似性，所谓"三观一致"，往往更有助于深层次的交流，促进成员间的相互认同，进而实现创业团队良好协作。

4. 基于时间演化视角动态管理创业团队过程

创业过程的本质具有复杂性和动态性（杨俊，2004）。创业过程是一个基于时间演化的动态发展过程。奥尔特（Holt，1992）从企业的生命周期出发把创业过程分为创业前阶段、创业阶段、早期成长阶段和晚期成长阶段。在这个动态演进过程中，创业企业面临的关键任务和要求可能有所不同，这使得创业团队行为和互动过程的关注焦点可能也要进行相应的调整。

雅卡纳姆等（Vyakarnam et al.，2005）认为创业团队的发展分为四个阶段，分别是自发形成阶段、寻求增长阶段、愿景形成阶段和制度化阶段。第一，自发形成阶段。创业团队在自发形成阶段中成员会自发因商业机会和对利益的追逐而整合成团队。第二，寻求增长阶段。发展到寻求增长阶段后团队成员行为从互相学习转移到注重团队资源，知识和能力的整合与发展。第三，愿景形成阶段。在愿景形成阶段，通过团队成员之间互动行为使得认同感逐渐加深，任务和角色职责也更加明晰，并且有明确的组织目标正在形成统一的企业愿景。第四，制度化阶段。最后到制度化阶段，团队成员个人的抱负和价值观更多地以企业文化、组织结构等方式来影响企业，逐渐形成更具有可操作性的管理制度。研究发现每个阶段都形成内部运行流程，自身构成循环往复和非线性调整系统，而不同的阶段之间则存在结合点或拐点，是推动创业顺利进行的关键。

瓦纳安尔斯特等（Vanaelst et al.，2006）通过多案例研究创业团队成员在创业过程中的人员变化。在四个发展阶段，即商业化和机会识别阶段、组织孕育阶段、新创企业发展能力论证阶段和成熟阶段，创业团队的成员的构成都在随着新创企业的需求发生着变化。第一，在商业化和机会识别阶段，拥有知识产权的研发人员提供技术支持，提供潜在市场机会咨询的顾问提供商业机会等一些特权监督人员构成最早期的创业团队。第二，在组织孕育阶段中代理企业管理者与未退出的第一阶段团队成员是创业团队的主要构成，这时存在管理团队和董事会两个团队。第三，新创企业发展能力论证阶段，为了增加外部财政资源团队吸收了新的投资资本家进入，而一些原有的投资者可能会退出，他们的管理代理人也随之退出创业团队。第四,在成熟阶段,新创企业会通过更多样的渠道来吸收外部资源,同时创业团队的管理团队和董事会也会进行相应调整。

总的来说,在创业发展阶段中创业团队成员构成特征中的经验、企业家经验、认知这三种特征的异质性也在发生着变化。其中,经验异质性是指团队成员在教育背景与工作经验方面存在的差异;企业家经验异质性是指团队成员在管理企业能力或经验上的差异;认知异质性是指团队成员在企业战略和远景等问题上存在的差异。经验特征在第一阶段差异性比较小,成员的经验高度集中在研究技术和开放商业机会上,通过创业团队的发展团队成员的改变,团队成员具有更多样性的经验以适应这种发展,比如说管理、法律、财务等多方面的经验。企业家经验特征在第一阶段并不明显,团队成员大多缺乏这种特征,随着团队的发展企业家经验出现两种情况,企业家经验丰富的企业和缺乏企业家经验的企业同时存在。到了第四阶段团队成员中企业家经验特征差异化最大。而认知特征的差异化随着企业的发展团队成员的变动而减小,这种现象可能是由于创业团队更倾向于吸收与其认知相近的成员。

概而言之,通过对创业过程的深入研究,学者们逐渐认识到随着创业过程的推进,创业的情境、团队的资源等要素发生变化,创业团队需要进行适应性的调整。创业团队并非一个静止的状态,还蕴含着内部动态适应和调整的过程。基于时间发展框架的团队协作过程分类提示团队管理者需要注意管理措施与团队发展阶段的匹配性。基于此,管理者可以采用不同的干预方式。在团队发展的不同阶段,起关键影响作用的团队协作过程是不同的。管理者需要针对性地关注与团队发展阶段相适应的协作过程,从而可以更有效地通过管理促进团队协作过程,进而提升团队有效性。在团队发展的不同阶段,团队领导可以更明确地知道什么时候需要监控哪一类的团队协作过程,以实现对创业团队针对性的引导和管理。

13.4.3 研究展望

第一,创业团队协作过程相关概念与测量的进一步厘清。在更好地理解和管理创业团队协作过程,首先要关注的就是对于团队协作过程概念的界定及其与相关概念的区分而开展相关实证研究还需要进一步发展具有高信效度的测量工作。如团队转变阶段可能有双重的关注焦点(dual focus)(LePine et al.,2008),包括反思先前所取得的成就,以及调整自己做好未来行动的准备（De Jong et al.，2010）。那么创业背景下团队转变阶段上述双焦点具体表现是什么？与一般的团队转变阶段相比，创业团队转变阶段又有哪些独特之处？等问题还需要进一步探讨。

第二，创业团队协作过程对团队有效性的影响机制研究。虽然团队协作过程与团队有效性的显著相关关系得到了众多学者的普遍认可，但是创业背景下团队协作过程与团队有效性之间的内在关系机制如何仍然是不明确的，未来需要进一步探讨相关的中介机制及可能的边界条件。如莱派等（LePine et al.，2008）指出，团队协作过程对于团队有效性的影响作用还可能依赖于工作的性质。当面临着高复杂性的工作任务时，团队协作过程在任务完成中扮演着更重要的作用，因此与团队结果有着更强的关系（LePine et al.，2000）。基于此，是否创业团队的团队协作过程与团队有效性之间有着更强的联系可以进一步实证检验。

第三，团队涌现状态，如群体友谊或者群体信任，对于创业团队协作过程及团队有效性影响的内在关系机制研究。如研究表明，群体友谊在不同情境下对创业团队绩效可能有积极或消极的影响，这些影响可能提高或降低新创企业的绩效（Deborah et al.，2000）。同时，团队行为或新创企业发展的关键事件可能会影响创业团队的友谊。另外，创业团队发展过程中，信任水平的动态演化的趋势有所不同，在一定程度上可能与成员在互动过程中不同的个人投入程度有着密切关系，这种个人投入程度的不同导致了成员间关系发展的速度与程度体现出了不同的状况。在这种关系中，有着高水平的相互义务知觉，并且积极的情感联系也非常突出（Schaubroeck et al.，2013）。但很少研究直接探讨创业团队成员社会交换关系的特性及发展，以及其影响结果。究竟创业团队涌现状态、团队协作过程及团队有效性三者间的相互影响机制如何还需未来深入探究。

第四，不同类型的团队关系水平对于创业团队不同维度的团队协作过程可能存在的差异性影响机制研究。如陈等（Chen et al.，2007）就发现，当下属与其主管有着基于相互信任的高质量关系时，他将较少关注反馈寻求行为的可能代价。这是否会提高其意愿去与其信息分享，如在互动中更多的分享创业中的问题？是否可能按照上述逻辑，不同类型的信任关系会促发不同的互动信任，同样是基于上述的价值与成本的考虑呢？其中可能存在的双路径机制是什么？增值趋近与成本回避是否是其中的重要考虑？等等问题都可以进一步深入探讨。

第五，基于时间维度的创业团队过程演化及其机制研究。如通过总结已有研究可以发现学者们探索性地讨论了创业团队发展阶段和特征的问题，但是目前还缺乏基于团队成员的进入退出对团队绩效的影响这一视角的实证研究。本书认为研究创业团队的发展阶段，并以发展阶段为视角来研究创业团队相关问题或许可以成为打开创业团队成长发展机制这一黑箱的重要突破口。另外，马科斯等（Marks et al.，2001）指出不同类型的团队协作过程在不同的团队发展阶段的重要性可能会不同，这就影响着研究时的调查有效性。因此综合研究团队协作过程可能更适于采用纵向研究设计。在不同时间段测不同类型的关键团队协作过程，可以提高测量的准确性，提高关系检验的效力。总之，目前越来越多的学者开始从动态演化的视角来研究创业团队过程及其对新创企业绩效的影响。只是相关研究还在初步探索阶段，未来需要进一步关注动态视角下的创业团队协作过程研究。

14 创业团队内部治理与创业绩效综合关系模型及其管理启示

14.1 引言

社会的进步以及市场经济的日益发展，使得企业和组织越来越重视有效性和灵活性较强的团队。团队往往是由朝着一个共同目标而相互作用的两个或者更多的个体成员组合而成（Richter & Dawson，2006）。团队往往能够聚集更多的资源和人才，并且成员会朝着共同的目标去努力。因此，与个体创业相比，创业团队有着更多的优势来实现创业活动的目标。徐勇和郑鸿（2015）就指出，创业具有高风险、不确定性强、资源需求大等特点，在此创业背景下，依靠个人力量进行创业变得十分困难，以团队形式产生的创业团队是符合时代需求的。

在当前以团队形式创业更为主流的背景下，通过加强创业团队的建设与引导支撑新创企业的成长与发展是一个极有价值的研究主题。创业团队良好的内部状态是保证创业团队稳定和可持续成长的重要基础，包括创业团队内部信任关系、团队情绪、团队互动、团队协作以及团队冲突等突出的团队内部因素都是创业团队健康发展所必须关注的重要问题。但是目前基于创业背景的团队内部上述相关因素的探讨还是相对有限的，如针对创业团队信任的研究仍然十分缺乏，学者们通常将其嵌入其他类型团队信任进行研究或者是简单地将创业团队信任等同于一般团队信任。但实际上，创业团队信任有其独特的特点，对创业团队的形成和稳定具有重要的作用（Cruz et al.，2013），同时也是保证创业团队成长质量的关键（陈忠卫、张琦和华斌，2016）。基于此，本研究以创业团队内部治理为切入视角，探讨创业团队内部"涌现"状态及其治理与创业绩效之间的关系，一方面可以推动创业背景下的团队内部治理理论研究，另一方面也可以指导创业团队管理实践，摆脱团队"合久必分"的宿命，实现创业企业可持续发展目标。

14.2　创业团队内部治理与创业绩效综合关系模型构建

创业者与新创企业绩效之间关系有其不同于传统组织背景中的复杂性。新创企业成为创业者的一个拓展（Chandler，1994）。相比成熟企业高管团队的影响，创业者对于新创企业绩效的影响更为紧密。为此，创业团队对于创业绩效的影响作用会非常突出。基于创业团队内部治理视角探讨创业绩效的提升将是非常有益的一个切入视角。为此，本研究在梳理前人相关研究文献的基础上构建了如图 14.1 所示的创业团队内部治理与创业绩效综合关系模型。

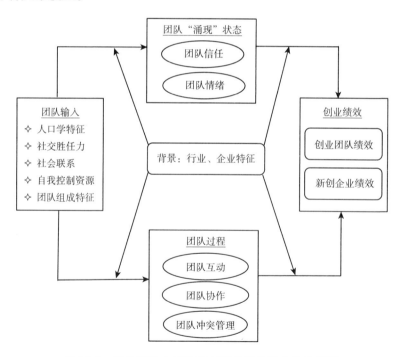

图 14.1　创业团队内部治理与创业绩效综合关系模型

1. 创业团队输入特征

创业团队的初始输入包括人口学特征、组成以及社会联系等（Klotz et

al.，2014）。如创业团队成员先前经历（prior experience）作为创业团队输入得到了许多研究的关注，而先前经历可以构念为教育水平、专长、职能背景（Amason et al.，2006）等。不过，关于团队构成与绩效之间关系的一些研究提供了矛盾的发现（Ensley & Hmieleski，2005），一些研究发现创业团队异质性和绩效结果之间没有显著相关（Chowdhury，2005）。可见，虽然创业研究者试图找到建立有效创业团队的基本要素构成，然而，却没有发现跨所有新创企业和行业环境而预测团队有效性的一致因素（Hmieleski & Ensley，2007）。有关于创业团队异质性和企业绩效之间的关系仍然不明确。导致这些不明确关系的可能原因有：在评价创业团队异质性的时候考虑的因素类型很少一致，这使得难以比较不同研究的发现。未来可能需要将异质性分类进行细化设计与检验。另外，需要考虑异质性影响绩效结果的机制。如需要同时考虑异质性提高任务冲突和关系冲突（Mathieu et al.，2008），而其中提高任务冲突的利益平衡点可能由于提高了关系冲突的水平而抵销了（Ensley & Pearce，2001）。另外，未来可以同时对比分析正向与负向影响的双路径机制，某种类型的异质性的影响效应可能受到背景变量的权变影响，如创业团队职能异质性（functional hetero-geneity）可能在复杂的行业发挥更大的绩效影响力（Shrader & Siegel，2007）。基于此，探讨创业团队异质性对于企业结果的调节变量的影响将有助于调和原有研究不一致的结论。

能力解释的是"能够做什么"（can-do），涉及的是个体是否具备以某种适当的方式行动所需要技能和能力（Colquitt et al.，2007）。有一个方面的能力需要特别关注，即影响与他人互动有效性的重要能力——社交胜任力，也是影响创业成功与否的重要方面（Baron et al.，2000）。可以说，在面对高度不确定性以及新生劣势的创业环境下，社交胜任力对于创业者的成功可能更为重要，因此创业研究需要更多的关注这一方面。社交胜任力包括社会知觉力（social perception）、印象管理、社会适应力（social adaptability），以及表现力（expressiveness）。其中，社会知觉力是对他人知觉的准确性（准确的知觉他人的特征、意图和动机，评价他人当前的情绪）（Baron & Markman，2000）。表现力指用恰当的方式表达情感的能力（清楚地表达个体的情感以使他人产生热情的能力和积极动力）（Baron & Markman，2003）。

社交胜任力的重要基础是拥有高的社交技能，而拥有高社会技能的人在许多商业背景下都会相比缺乏这些技能的人获得更有利的结果（Thomas et al.，1997）。巴龙和马克曼（Baron & Markman，2003）强调说，大多数创业企业是由创业团队来创建的，创业者的社交胜任力与新创企业成功显著相关，创业团队成员的高水平社交胜任力将会推动彼此之间的良好互动，从而促进新创企业的成功。

与社会胜任力相关的概念有学者提出关系胜任力或者网络能力。曼和劳（Man & Lau，2002）认为，关系胜任力是指与他人互动相关的胜任力，即人与人之间、个人与群体之间互动相联系的胜任力，强调的是团队协作方面的作用。朗斯等（Lans et al.，2011）研究发现，网络能力即管理网络以加强与和其他创业者合作的能力，能够对来自他人的反馈和建议持开放的态度。

由上述可见，创业团队构成特征会对创业绩效产生重要影响，包括影响创业团队绩效以及最终的新创企业绩效。先前关注创业者成功的研究重视的是人口学特征或者人格特征因素，之后开始关注认知因素，如创业者思考、推理以及做出决策的方式（Baron & Markman，2003）。对创业团队构成特征的关注点也从表层的人口学特征转向了深层的认知和能力等特征。并且研究者也指出，影响创业团队构成特征与创业绩效关系的内在机制是需要未来进一步研究的。如有可能社交胜任力可以帮助创业者与创业团队中的其他成员共同工作，促进彼此之间的信息分享与沟通，从而促进新创企业成功。

2. 团队"涌现"状态

创业团队输入特征对于创业绩效的影响，一方面可能是通过直接效应；另一方面可能是通过团队"涌现"状态的中介传递机制。

杨中芳（2001）基于中国文化背景提出了一个"人人为我，我为人人"的模式来解释中国人的人际交往。中国人的人际交往强调"回报"，而由于中国人在人际交往中存在着自我表达的双层性，即"公我"和"私我"之间的不一致。对于这种回报不能表明的表达，只能期望对方履行回报的义务，因此更愿意选择那些回报可能性更高的个体进行交往。这就使得人际信任成为其中的一个关键要素。信任是一种重要的团队"涌现"状态，长期以来都是受到高度重视。

创业团队分裂背后一个常见的重要原因是成员之间的信任危机。因此，创业团队需要在创业过程中关注团队成员信任的发展，以支持创业团队和新创企业的可持续发展。有研究表明，创业团队成员信任与新创企业成功显著相关。友谊可以通过更快地利用知觉到的机会，更好地获取包括管理的和财务方面的资源，从而导致更好的绩效（Francis & Sandberg, 2000）。研究指出，创业团队成员间的强关系可能比团队成员间的全面技能组合来说是创业成功的一个更为重要的要素（Leung et al., 2013）。布兰农等（Brannon et al., 2013）认为，关系是创业团队成功的主要驱动力。当关系强、关系冲突可能避免时，团队成功的可能性就高。对比起来，差的绩效表现团队则是缺乏克服关系问题所必需的机制。

信任研究进一步发现，信任关系可能存在着不对称性。而互依信任，即双向间的相互信任，创业团队成员间的互依信任是避免创业团队互动过程损失、提高创业团队效能以支持创业企业成长的一个重要基础保障。为此，需要以创业团队为研究对象，基于互依性和主动信任观，同时纳入时间维度的考虑，探讨创业团队成员互依信任的动态发展变化及其影响因素。首先，在探讨创业团队成员互依信任的影响因素及其演化发展时，可以进一步细分不同类型的创业团队，对比不同类型创业团队的可能差异，有助于更深入地把握创业团队成员互依信任发展的内在机制。由于创业团队组建基础的不同而形成的创业团队类型的不同可能导致成员初始互依认知信任与互依情感信任的差异，并进而影响后期互依信任的发展。弗朗西斯和桑德伯格（Francis & Sandberg, 2000）指出，创业团队的起源常被描述成为领头创业者途径与群体型途径。吕夫等（Ruef et al., 2003）认为，创业团队可以分为五种，即同质性、功能性、地位预期、社会网络机制和团队生均衡型。福布斯等（Forbes et al., 2006）指出，创业团队的形成类型有两种，即工具型和人际型。虽然不同的学者对创业团队的类型划分有不同的名称和数量，但是基本上都认同创业团队的形成主要有情感（或关系）驱动以及工具性驱动（Kamm & Nurick, 1993; Timmons, 1990）。基于此，本研究中将创业团队划分为两种类型：核心创业团队与群体型创业团队。其中，核心主导型团队主要是领导创业者有一个创业机会，基于工具性目的组建创业团队以更好地推进创业；群体型创业团队则是更多的基于关系和情感构建成一个团队共同投入创业活动之中。其次，基于双向互依水平知觉视角，探讨创业团队成员的互依信任，顺应了关注人际信任可能存在的不对称性的最新研究趋势。已有研究更多的是探讨个体层次的信任知觉，较少关注双向互依信任的发展及其影响要素。实际上，信任是一种双向现象。在团队层面的信任更需要关注双向互依水平，以更全面地把握团队所形成的整体信任状况。因此，本研究的创业团队互依信任分析既包括成员二元关系层面的 APIM 分析，同时也包括了团队层面的成员整体信任水平和成员信任不对称水平的分析。最后，结合主动行动观与动态发展观视角，探讨创业团队成员互动对于成员互依认知信任和情感信任形成与发展的影响。创建和维护高水平的团队成员互依信任是创业团队成长的基础。根据社会资本理论，信任是一种重要的社会资本，不仅信任他人而且被他人信任都会影响其社会行为（Korsgaard et al.，2002）。因此，创业团队在创业推进过程中，需要关注团队成员间信任关系的发展。通过主动的可信行为展现，引导成员有效的团队互动，可以更快地促进双方间信任水平的提高。同时，以动态发展观看待信任，可以更好地理解信任的动态性及其变化，可以更好地指导动态创业过程中信任关系的管理。

不过，需要特别强调的是，团队关系水平这样的涌现状态对于结果变量的影响可能并非总是正向的。如凝聚力对于团队决策的效果并不总是积极的，高凝聚力的团队可能成为"群体思维"的牺牲品（Janis，1972；Francis & Sandberg，2000）。强友谊的团队，其成员可能不会很快想到要解雇那些技能已经无法适应变化条件的其他成员。这可能会阻碍企业的发展，降低企业绩效。而过高的信任可能也会有负面的效果。群体型创业团队，即由具有良好先前关系的成员组成的团队，可能更是如此。此外，未来研究可以探讨创业团队不同涌现状态的中介效应。如从团队成员信任这一视角探讨，检验社交胜任力影响新创企业成功的内在机制。另外，有研究发现团队信任对结果变量的影响结论存在不一致，是否创业团队信任对于绩效的影响可能是倒 U 型的也可以进一步检验。另外，团队凝聚力也可能同样存在这样的情况。

3. 团队过程

创业团队的输入特征可能影响团队过程，包括团队互动、团队协作以及团队冲突管理方式，进而影响创业结果。有研究表明，当创业者彼此非常了解，沟通很频繁的时候，新生企业的成长是较高的（Hansen，1995）。

如巴龙和马克曼（Baron & Markman，2003）指出，高社交胜任力的创业者能够更成功地获得来自互动方的信任与信心，结果使得个体会更乐意与这些人分享信息，从而可以促进创业团队更好地协作，推动创业成功。可见，对于创业者来说，社交胜任力是特别有价值的，因为在新创企业创建中创业者必须与不同的个体（如顾客、供应商、新员工等）建立社会关系。就创业团队内部而言，社交胜任力同样对团队内部互动和冲突管理产生重要影响。

团队过程是包括多个变量的综合构念。对于团队过程的研究一直以来都关注的是冲突问题，但是如何基于积极视角探讨创业团队成员有效协作的驱动机制可能可以更直接指导创业团队互动管理。

4. 背景边界条件

创业者特征（人口学、心理、行为，以及管理技能、技术专长等）常被认为是对中小企业绩效最有影响力的因素，但是这一关系常受到行业、环境、企业特征和企业战略的影响（Man et al.，2002）。研究表明，不同层面因素对于中小企业绩效的影响作用的结果并不一致（Chandler & Hanks，1994）。为了更好地理解创业者角色与新创企业绩效之间的关系，要求关注三个层次的分析：个体、组织与环境，并且需要跨层次的综合理解不同层次的变量如何共同影响新创企业绩效，即其间的交互作用。因此，关于创业者特征与新创企业绩效的关系需要考虑权变因素以及交互作用，如关注不同条件下的权变关系及不同层面因素之间的交互影响效应。

14.3　创业绩效提升的团队内部动态适应性治理策略

创业活动得到了普遍的关注，众多的创业利好政策激发了众多人的创业激情。但是创业失败率高是一个不争的实现。基于此，在激发创业热情和大众创业投入的同时，还需要关注创业如何才能成功，即努力提升创业绩效。在此，本研究主要从创业团队内部治理视角提出创业绩效提升的相关策略。

1. 关注创业团队信任涌现状态的激发

德劳因等（Drouin et al.，2013）指出，创业团队处于一个不确定很高的环境之下，而信任是解决不确定性的一种非常重要的策略。团队成员在高不确定并且存在高度任务依赖的环境下工作，为了实现共同的创业目标，成员们之间必须是紧密相连的。正是因为这样团队成员们之间的信任关系就显得非常必要了。一般而言，创业团队中的任务依赖性会帮助成员们一起齐心协力面对创业发展进程中的困难，在面对困难的过程中则信任水平也得到逐渐的提高。不过，创业团队成员信任的发展也并非总是向上的趋势，有时候也可能出现下降甚至是信任关系的破裂，进而影响创业团队有效合作，导致创业活动的开展有所阻碍。基于此，关注创业团队成员信任涌现状态的维持与提升及其作用发挥机制就显得很有必要了。

有关于信任在创建和发展新创企业中的作用的研究还是比较少的（Welter et al.，2006）。已有的一些研究关注于社会网络（social network）对于企业创建和成长的重要性，即使涉及信任，也只是间接地评价信任的作用（Welter et al.，2006）。网络包含信任，而其中信任被描述成"黏合剂和润滑剂"来支撑着网络（Anderson & Jack，2002）。成功的新生创业者更可能是那些能够建立信任网络的人（Aldrich，2000）。创业团队信任并不是团队绩效提高唯一的中介变量，却是不可忽视的一环。在创业团队的管理过程中要重视"信任"的地位，它是创业合作维持的基础，同时也可以作为一种治理机制，通过对信任关系的良好管理来改变创业团队所面临的困境或是使团队变得更加强大。

创业团队可以有不同的分类，探讨创业团队成员初始互依信任的影响因素还需要进一步对比不同类型团队的可能存在的差异，如群体型创业团队和核心主导型创业团队的成员互依认知信任和互依情感信任构成上呈现的优势初始信任类型差异及其影响因素。另外，创业团队成员互依信任的动态演化模式及初始互依信任的影响研究，探讨群体型创业团队与核心主导型创业团队在互依认知信任和互依情感信任发展上呈现出的阶段差异性动态演化路径以及初始互依认知信任和互依情感信任水平对于后期信任发展的影响。剖析失败创业团队在信任发展动态变化上呈现的问题与原因。此外，初始团队互动对团队成员互依信任动态演变的影响机制研究，对群体型创业团队和核心主导型创业团队的案例分析，揭示不同类型创业团队初始团队互动上的差异及其对后期成员互依信任发展的影响。同时对比发现良性初始团队互动与不良初始团队互动对于后期信任发展的首因定位效应及其中存在的"去不良定位"的困难。而且，创业团队成员互依信任发展，包括二元关系视角的行动者效应与对象效应的同时分析（APIM）以及创业团队成员整体信任（团队成员平均信任水平以及离散水平）。一方面，基于APIM视角可以更好把握二元关系中的互依信任水平；另一方面，创业团队成员构成可能超越两人，因此对于成员互依信任状况需要更全面地把握，即基于团队层面的成员平均水平（反映团队整体信任水平的程度）和离散水平（反映团队成员信任不对称的程度）。

在促进创业团队信任关系发展的过程中可以采用一些主动原则和策

略,同时避免一些不良刺激,从而促进信任关系更快更好地发展。如互惠原则有利于创业团队信任的维持。根据社会交换理论的观点,互惠在创业团队信任中扮演着重要的角色。拉宾(Rabin,1993)将互惠定义为:人们若感受到友善则对他人回报以友善,称之为"正互惠";若感受到不友善则回报以不友善,称之为"负互惠"。许晖、王琳等(2015)指出信任是建立在互惠互利的基础上的。本多尔等(Bendor et al.,1997)认为互惠是信任的重要组成要素,信任得以维系是因为个体感受到了他人的善意行为。王雷(2014)认为互惠能够增强团队间彼此的联系,建立稳定的关系,促进彼此合作。在中国历史背景下,互惠更像是人们所说的"礼尚往来",而本多尔等的研究中也证实了互惠是中国社会建立强关系的途径之一。

伯克和克内兹(Burt & Knez,1995)认为,组织中第三方是信任的重要渠道。因为他们能够经由闲聊(gossip)等传播信任相关的信息。在对高科技公司,管理者间信息的研究中,他们证明了,闲聊构成了对他人二手信息(second-hand knowledge)的重要来源。闲聊对于信任判断的效果是比较复杂的,而且有时候不能保证对他人可信度的理性评价。可能的原因有,第三方往往传递的是他人的部分信息,不完全或者甚至是歪曲的信息。因为人们往往喜欢传递的是觉得对方想听的信息。结果,当个体与预期的被信任方有强关系时,第三方常常会传递巩固和加强关系的信息,增强了预期被信任方的可信度。

基于主动行动观视角,探讨团队互动对于创业团队成员信任发展将有助于更好地理解作为一种涌现特征的创业团队成员信任形成的行为特征之源,同时也可以更好地指导创业团队采取主动行动改善互动,从而促进团队信任关系的发展。由于在关系的后期阶段,信任是相对稳定的。因此,基于主动行动观,在团队互动初期通过良性互动行为的启动与持续投入以形成对后期信任发展的累积效应有着重要价值。

总之,在创业团队中,当个体认为他人是善意的,则同样会怀抱着善意的心理与他人进行交往,互惠观点形成了双方信任和合作的基础。随着创业团队的不断发展,互惠原则将会成为维持团队信任和成员合作的重要因素,在持续的互惠互利基础上才能保证信任得到长久的维系。

2. 管理创业团队情绪涌现状态

情绪状态可能影响团队信任发展。如邓恩和史怀哲(Dunn & Schweitzer，2000）发现，情感状态（emotional states），甚至跟被信任方或者情境无关的情感都会影响信任。威廉姆斯（Williams，2001）指出，情感反应（affective responses）影响着个体对他人的信任水平。琼和乔治（Jones & George，1998）认为，情感（emotions，moods）提供给个体有关他们正体验到什么水平的信任的信息。韦伯等（Weber et al.，2005）表明，情感依恋会使得信任方采取突然的冒险行为，即使这些行为没有得到可用的证据的支持。斯库尔曼等（Schoorman et al.，2007）认为，情感（emotion）确实影响对信任前因变量的知觉，因而影响信任。

合作的威胁与压力、焦虑等负面情感反应相联系（Lazarus，1991；Lazarus & Folkman，1984），从而可能阻碍信任的发展。因为合作的威胁可能变成对他人可信度的负面的信念。基于此，主动管理他人的情感可能对信任的发展与维持有着重要意义（Williams，2007）。

3. 维护创业团队良性的互动协作过程

创业团队先前经验是创业企业的重要资产。杨俊和田莉等（2010）研究了创业团队产业经验异质性，即团队成员曾经在新企业相关产业内的工作经验的差异程度，职能经验异质性，即团队成员之间在曾经担任过的职能管理岗位的差异性。另外，行业经验（Delmar & Shane，2006）、创业经验（Ucbasaran，Westhead & Wright，2009）、职能管理经验（Zimmerman，2008）等也受到众多研究者关注。不过，创业团队异质性可能会带来过程劣势（Eisenhardt & Schoonhoven，1990），也可能产生过程优势（Jehn，1997）。基于此，创业团队有效治理不能仅停留在对团队构成因素的影响上，而且更重要的是重视团队内部互动过程的管理，实现团队真正的有效协作。

查尔德（Child，2003）表明，主动建立人际交往和人际关系与信任正相关。威廉姆斯（Williams，2007）指出，机会主义和利益忽视在信任文献中得到了关注，但是对于互动过程中身份伤害的担心对于信任发展的阻碍受到的关注就很少。主动信任建立不仅是建立人际关系，还包括具体的心理策略和人际情感管理策略。这些策略是直接关注于合作与信任中可能的风险和障碍。信任启动策略，如行为一致性和行为正直，要求对方观察个体随着时间发展的行为表现；而其他的行为，如准确与完全的沟通等行为、表现关心、控制的分享则反映了启动信任的主动的姿态。在此基础上还进一步强调了视角转换等社会认知过程，使得信任建立中能够采取主动的行动和恰当的人际反应。另外，不仅探讨了对方在思考风险时可能体会到的威胁、担心、焦虑和害怕等感受，而且探讨了人际情感管理对解决这些威胁的作用。人际关系的质量可能影响威胁控制。情感依恋提高移情的倾向，进而提高体贴、亲社会的行为（Batson，1991）。情感依恋除了影响威胁控制之外，也可以直接影响信任（Dunn & Schweitzer，2005；Williams，2001）。情感依恋对信任的影响可以从几个方面产生：情感依恋促进对方对于个体行为的积极归因，可能激发对方使用较少严格的标准去评价个体的可信度、促进建立信任的亲社会行为。

在团队互动过程中，威胁减少的行为可以避免由于冲突、利益被忽视、身份破坏而产生的负面情感反应，同时还可以激发由于目标和身份（自尊和自我形象）等得到支持或者提高伴随而来的积极情感反应（Carver & Scheier，1998）。具体来说，威胁减少的行为从两个方面影响积极情感。首先，因为它表明了对于对方可能体会到的害怕和威胁的关心，对于感受到了情感的支持和人际理解，从而产生了积极的情感。其次，威胁减少行为传递了对他人害怕和关心的理解，从而使得对方产生了积极的情感反应。威胁控制不仅影响对方的情感，产生积极的情感反应，而且影响对方对于自己的情感依恋和喜欢。个体体会到的情感依恋影响其投入威胁减少行为的动机。这些积极的情感和情感依恋又可以提高可信度的感受（Jones & George，1998）、积极的可信度知觉、有关信任的积极归因和积极的动机判断从而影响信任的形成与维持（Williams，2001）。由此可见，与威胁控制相联系的积极情感对于促进信任有着显著的影响力。威胁控制不仅影响情感，信任的一个前因变量，而且展现的可信度、社交能力（人际理解力），以及促进可信行为的社会情感投资，进而建立和维持信任。信任的威胁控制过程提供了一个主动信任发展的模型。这个模型整合互动过程中理解和调节情感的心理过程。威胁控制模型应用了各种认知、情感和行为策略于对他人的情感的管理。

4. 重视背景因素可能带来的边界影响效应

创业团队构成、团队"涌现"状态以及团队互动过程对于创业团队有效性的影响可能存在一定的边界条件，如行业、企业特征等的调节作用。如巴龙和马科斯（Baron & Markman，2003）就发现，社交胜任力的重要性依赖于所研究的部门。他们研究了不同行为的财务成功，发现社会适应力和表达性影响作用有所差异。因此，有研究者提出，在研究创业者胜任力的时候，背景差异，如行业等因素，应该加以考虑（Lans et al.，2011）。团队"涌现"状态对团队互动过程以及团队有效性的影响也可能受到行为、企业战略等的影响，从而导致如信任这样的团队涌现状态可能对于结果变量的影响存在差异。

14.4 本章小结

14.4.1 结语

企业层面的绩效常常被看作是创业团队有效性的直接反映（Amason et al.，2006；Brinckmann & Hoegl，2011；Sine et al.，2006）。因为创业团队对于他们新创企业的成功有着直接而且非常大的影响力（Hmieleske & Ensley，2007）。竞争性（competitiveness）有三个维度，即潜力、过程和结果（Man et al.，2002）。这一界定是基于一种长期导向的视角，可以更好地探讨长期绩效。根据中小企业竞争力的相关研究，影响中小企业竞争力的三个关键因素是内部企业因素、外部环境因素以及创业者。上述三个因素对于企业绩效有着重要影响。曼等（Man et al.，2002）指出中小企业竞争优势绩效应该考虑三个构成。而为了更好地实现新创中小企业竞争优势绩效的这三个目标，新创企业的创业团队是一个最为关键的影响要素。可见，创业团队内部治理非常重要，是提高创业绩效的重中之重。

中国背景下，创业团队更多的是基于共同利益或者兴趣而组建的，较少基于能力互补构建，这就使得创业企业更可能存在天生的知识和能力缺陷（蔡莉和汤淑琴等，2014）。不同类型创业团队的组建基础不同，可能使得后期的信任提升的难点与困难有所不同。鉴于中国背景下组建团队的新生劣势使得后期信任的发展有可能阻碍创业企业发展，这提示了创业实践者需要重视团队构建。创业团队能够充分利用成员多样性资源以发挥团队优势的一个重要前提条件就是有效团队互动，而团队成员互依信任又在其中发挥着重要影响作用。本研究表明，创业团队可以在信任发展的影响要素理论研究发现的指导下，采取主动措施促进团队成员互依信任这一重要的关系资本的发展，以支持创业活动的顺利进行。

团队异质性可能意味着团队内宽泛分布的人力资本，有较少的特定技能与人力资本的重复，有助于推动从各种来源搜集信息，并且引发多种选择的解释和观点。但是，一个高水平的团队成员异质性可能联系着高成本的团队成员间的协调与融合。尤克班萨兰等（Ucbasaran et al.，2003）认为，团队成员的功能背景异质性可能是对于新创企业发展更必需的人力资本异质性的代理指标。创业经历的多样性可能提高团队成员退出的情况，因为创业经历的多样性联系着凝聚力的问题。有研究表明，创业团队成员进入的影响因素可能不同于创业团队成员退出的影响因素。这是否可能在组建时重视的因素可能与在互动中重视的因素会有所不同，从而导致组建时的不重视的因素可能在互动过程中逐渐受到重视，影响了互动和关系，从而导致成员退出。较大规模的团队可能联系着较高水平的功能障碍（不正常）的情感冲突（dysfunctional affective conflict）（Amason & Sapienza，1997），甚至可能导致成员退出。较小的亲密团队较少可能经历团队成员离开，因为成员可能会考虑与离开团队相联系的经济和心理成本（Francis & Sandberg，2000）。创业团队合久必分的现象背景的原因可能涉及上述两个方面的因素。为此，在进行创业团队内部治理时，还需要考虑多种因素之间可能发生的交互影响。

14.4.2 未来研究展望

第一，创业团队特征对于团队过程及创业绩效的影响研究。目前仍然不明确的是，创业团队的某些特征在创业过程的不同阶段其重要性是否有所不同（Klotz et al.，2014）。虽然有研究在创业过程的某个时间段特定的创业团队特征，如初始成长阶段（Hmieleski & Ensley，2007），IPO 时期（Beckman，Burton & O'Reilly，2007）等，但是还缺乏纵向检验创业过程的所有阶段创业团队特征的研究。未来有必要进一步研究，在新创企业不同发展阶段，不同团队特征的重要性会如何变化。另外，创业团队的子群体之间的断裂带影响商业机会识别的质量（Lim et al.，2013）。由于成员特征构成异质性引发的断裂带如何影响创业团队互动过程并进而影响创业绩效还需要深入探讨。

第二，不同类型创业团队治理差异的对比研究。如有无家族卷入的创业团队治理差异研究。关于由不相关的个体构成的团队对比有家族成员构成的团队的工作还需要进一步加强（Schjoedt & Monsen et al.，2013）。有研究表明，后者相比前者更为普遍（Ruef，Aldrich & Carter，2003）。基于家族的管理团队更为盛行可能表明了组织的家族形式拥有更重要的优势，包括在获取资源方面，不管是经济还是心理方面对于发展障碍的复原力，或者简单说来就是人们偏好于和他们认识、信任和喜欢的人而不是不太了解的人投入到创业之中，甚至不考虑他们各自能为创业所带来的技能与能力。又如在有关创业团队的研究中常常区分团队成员的技能构成的重要性与团队成员间关系的重要性。福布斯等（Forbes et al.，2006）发现，资源依赖（resource dependency）和人际吸引在成员加入创业团队中起着互补的作用。尽管吸收既有任务相关技能又有关系导向领域的成员显然最合意的，而且有时候也是可能的，但常常现实是其中的一个因素在团队组成的创业者决策中占支配地位（Schjoedt & Monsen et al.，2013）。理解基于技能还是基于有关系形成创业团队的优势和劣势很重要。

第三，创业团队成员变动的影响因素及其应对研究。研究表明，影响团队成员进入的因素不同于影响团队成员退出的因素。创业团队的规模显著负面相关于之后的团队成员进入。而团队变动与创业团队异质性之间的关系是不明确的。创业团队成员变动的因素可能不同于成熟企业的 TMT（Ucbasaran et al.，2003）。未来可以进一步探究创业团队成员变动的因素及可能影响，如创业团队互动如何影响成员变动进而导致创业绩效差异。

第四，创业团队成员信任的发展机制。如社会网络对于创业团队信任的影响机制研究。伯特和克内兹（Burt & Knez，1995，1996）发现，来自第三方的正面的和负面的信息都可能影响信任，但是负面的信息产生更大的影响作用。在区别不同对象信任发展机制研究方面，樊景立等（Farh et al.，1998）研究发现，在中国，经理人与下属间人际信任的发展是不同于经理人与同事间的信任发展的。他们研究发现，关系（guanxi）和关系人口学特征（relational demography）对于垂直关系的双方（vertical dyad）信任的发展是很重要的，但是关系人口学特征对于水平关系的双方间（horizonal dyad）间的信任发展并不重要。仅仅关系对于水平关系的双方间信任的发展是特别重要。为此，创业团队信任发展研究可能需要进一步区分创业团队成员对领导信任以及成员间信任发展的影响因素差异。塔恩等（Tan et al.，2005）也指出，在一个儒家文化影响的社会中，对于不同角色和层级地位个体的信任要素可能是不同的。在这样的背景下，一套普遍的信任要素对于理解信任可能不是很适当的。

第五，创业团队成员信任的破坏与修复机制研究。当双方相互信任关系建立且当事人之间的达到平衡状态。这时其中一个当事人被他人认为有破坏信任的行为，这种行为导致被侵害人感到不安和心烦意乱，于是他开始在认知和情感层面上评估这一情势（Lewicki & Bunker，2006）。在认知层面上，个体考虑的是这一情势有多严重、责任在谁；在情感层面上，个体经常会经受愤怒、心痛、恐惧及沮丧的感情撞击，这些反应使他们重新评估对他人的感觉。在关系的初期阶段，信任是脆弱的，因为没有可以依靠的历史记录。在这个阶段中，当事人小心翼翼，对危险的程度很敏感，并且构建安全措施来保卫自己。信任的破坏在不同的关系状态中有不同的表现和反应。相比较而方，了解型信任和认同型信任的修复更困难一些。认同型信任比谋算型信任和了解型信任关系更能承受相当强大的挑战。在了解型信任的层次上，信任并不必然会被一次的失信行为所打破。如果人们认为他们能够充分解释或理解某人的行为，他们就愿意接受这一行为（即使他们要付出一定代价），从而"宽恕"此人，使相互关系增进。而在谋算型信任的层次上可能未必就能如此。另外，信任的认知基础和情感基础在特定的状态或局面里的作用大小不一样，有些信任的修复需要更多的认知工作，而有些则需要更多的情感修复。信任修复是一个双边活动。尽管事实上往往只有一方破坏了信任，破坏方和受害方都需要做大量的工作，单方的努力是不能代替另一方的。另外，有研究发现，道歉能够有效缓解受害方表现出来的敌对报复情绪，并且，伤害越深，就越需要更深刻的道歉来缓解受害方的愤怒和敌对情绪（Ohbuchi，Kamedah & Agarie，1989）。

第六，不同文化背景下创业团队成员信任发展机制的对比研究。努德海文（Noorderhaven，1999）认为，西方研究的信任不一定可以普遍推广，不同文化下的信任的理由可能存在着差异。因此需要探讨不同文化背景下的信任。多尼等（Doney et al.，1998）也提出了信任建立过程与国家文化价值观（如集体主义—个人主义文化价值观）之间可能存在相互联系。中国是一个以关系和情感为基础的社会（strong relational and affective underpinnings），并且社会互动是高度情境化的（highly contextual）。有研究结果表明，儒家文化背景下信任的意义体现出一定的特殊性，具体来说，信任决策很大程度上依靠于情感因素。另外还有一些促进信任发展的独特的因素：勤奋、坚持、孝顺、节俭、尊敬权威、对集体成果的分享、和谐的工作关系、谦逊、宽宏大量。可见，东西方文化背景下信任发展的关键影响要素会有所差别。西方的信任研究发现未必可以直接运用到东方文化背景下。又如索伦森等（Sorenson et al.，2006）使用理性行为理论研究新进入者的信任过程。理性行为理论认为行为意向受到态度和主观规范的影响（于丹等，2008）。信任是一种行为意向，不同定义可能有所不同，如迈耶尔（Mayer，1995）和鲁索（Rousseau，1998）的定义是积极预期还是行为意向，可以再思考。理性行为理论有一定的文化普适性，但也是存在一定的文化差异性。如有研究发现，韩国被试更易受到主观规范的影响，而美国被试则更多受到态度的影响。这可能是由于个人主义者，态度很大程度上决定他们的行为，而集体主义者则主观规范作用更大（于丹和董大海等，2008）。未来进一步研究可以探讨理性行为理论之外的其他理论，或者可用理性行为理论解释认知信任，而用另外的理论（如社会交换理论、回报）解释情感信任。

第七，创业团队信任与创业绩效的关系机制研究。尽管一般认为信任可以通过提高群体成员共同工作的能力，从而提升组织关系（Mach et al.，2010）。但是，有关信任为何被预期提高团队绩效却还没有达成共识。信任与团队绩效的关系研究结果并不一致（Dirks，1999；Langfred，2004）。马赫等（Mach et al.，2010）认为先前研究团队信任时，没有关注在组织背景下，信任是一个多焦点对象的问题。因此他们探讨了对不同对象信任的问题。增长的团队内部信任（intrateam trust）可能会改善沟通，但也可能由于将决策者锁定进入一种僵化的行为模式而产生有害作用（Bammens & Collewaert，2014）。这种不良的信任相关效果可能会危害企业绩效，特别是在持续需要变动与创新的背景下，可能表现得尤为明显，如在创业背景下。可否可能创业团队成员信任对企业绩效有着倒 U 型的关系？探讨这一倒 U 型关系有助于更深入地把握信任的绩效意义。避免了先前研究基于乐观主义视角可能带来的问题，即学者们倾向于探究信任相关的好处而忽视了信任可能存在的阴暗面（Dirks & Ferrin，2001；Fulmer & Gelfand，2012）。

第八，团队涌现状态与团队互动过程机制的进一步细化研究。如团队效能（team potency）指对群体有效性的集体信念（Lester，Meglino & Korsgaard，2002）。高效能的团队将可能产生更有效的绩效（Ensley & Pearson，2005）。因此关注团队效能有着重要意义，究竟创业团队效能这一集体信念的涌现状态受到什么因素影响，团队互动在其中发挥什么作用，而团队效能形成后又会如何影响团队互动并进而影响创业绩效都还需要进一步检验。

参考文献

一、中文部分

[1] 蔡亚华，贾良定，尤树洋等. 差异化变革型领导对知识分享与团队创造力的影响：社会网络机制的解释 [J]. 心理学报，2013，45（5）：585 – 598.

[2] 曹科岩. 团队心理安全感对成员创新行为影响的跨层次研究：知识分享的中介作用 [J]. 心理科学，2015（4）：966 – 972.

[3] 陈春花，马明峰. 组织内人际信任形成的影响因素——一个整体性的分析框架 [J]. 中国人力资源开发，2005（12）：15 – 18.

[4] 陈晓敏，陈同扬，于妍. 冲突管理倾向对团队成员交换的影响——以人际信任为中介变量 [J]. 商业经济研究，2015（11）：110 – 1122.

[5] 陈星汶，崔勋，于桂兰. 团队认知多样性如何影响团队创造力：一个有调节的中介模型 [J]. 科技管理研究，2015，35（19）：112 – 118.

[6] 程德俊，赵勇. 高绩效工作系统对企业绩效的作用机制研究：组织信任的中介作用 [J]. 软科学，2011，25（4）：96 – 99.

[7] 程絮森，刘艳丽. 信息化创新型团队协作中的个人信任发展探究 [J]. 科学学研究，2013，31（5）：83 – 93.

[8] 邓靖松，刘小平. 创业团队中的信任管理研究 [J]. 科技管理研究，2010，30（4）：196 – 198.

[9] 高展军，江旭. 联盟公平的工具效应及其对合作绩效的影响——被中介的调节效应研究 [J]. 南开管理评论，2016，19（2）：145 – 156.

[10] 郭志辉. 影响创业团队信任变化的关键事件分析 [J]. 开发研究，2012（5）：149 – 153.

[11] 韩凤晶，付娉娉. 团队互动中的信任问题探讨 [J]. 学术交流，2008（10）：109 – 111.

[12] 何正亮，龙立荣. 基于新生企业发展阶段的动态角色匹配 [J]. 管理学报，2013（6）：868 – 874.

[13] 黄文平，彭正龙，赵红丹. 创业团队成员心理契约履行对创业绩效的影响研究 [J]. 管理工程学报，2015，29（3）：72-80.

[14] 纪巍，毛文娟. "多团队成员身份"对创新型团队凝聚力的影响——以团队认同为中介 [J]. 科技进步与对策，2016，33（23）：142-148.

[15] 柯江林，孙健敏，石金涛，等. 企业R&D团队之社会资本与团队效能关系的实证研究——以知识分享与知识整合为中介变量 [J]. 管理世界，2007（3）：89-101.

[16] 刘超，刘军，朱丽. 团队领地行为与知识分享行为：基于认同理论的视角 [J]. 中国人力资源开发，2016（21）：61-70.

[17] 刘二丽，陈永清，崔毅. 创业企业成长绩效：创业投资家的信任和监控作用 [J]. 华南理工大学学报（社会科学版），2008，10（6）：69-74.

[18] 刘宁，贾俊生. 研发团队多元性、知识分享与创新绩效关系的实证研究 [J]. 南开管理评论，2012，15（6）：85-92.

[19] 刘宁，赵梅. 团队内任务冲突与关系冲突的关系与协调 [J]. 科技管理研究，2012，32（5）：179-182.

[20] 刘小禹，刘军. 团队情绪氛围对团队创新绩效的影响机制 [J]. 心理学报，2012，44（4）：546-557.

[21] 陆文宣，葛玉辉，刘哲. 国内外高管团队信任问题研究 [J]. 科技进步与对策，2011，28（6）：146-149.

[22] 栾琨，谢小云. 国外团队认同研究进展与展望 [J]. 外国经济与管理，2014，36（4）：57-64.

[23] 吕艾芹等. 团队冲突、团队信任与组织公民行为：组织公正感的中介作用 [J]. 北京大学学报（自然科学版），2012，48（3）：500-506.

[24] 马鸿佳，张倩. 创业团队社会资本、知识社会化与知识分享关系研究 [J]. 中国科技论坛，2014（5）：137-142.

[25] 倪旭东，周琰喆. 群体情感基调——团队认知的互补性概念 [J]. 科技进步与对策，2017，34（3）：152-160.

[26] 潘清泉，韦慧民. 不同发展阶段新创企业创业者胜任力与创业团队成员信任关系研究 [J]. 科技进步与对策，2016，33（1）：114-120.

[27] 祁恋雅，金中坤. 包容型领导、团队沟通与团队绩效的关系研

究——基于江苏省高新技术创业团队的实证研究 [J]. 中国劳动, 2016 (2)：66-73.

[28] 钱宝祥, 蔡亚华, 李立. 个人团队匹配与团队创造力关系研究：团队认同的中介作用 [J]. 科技进步与对策, 2016, 33 (18)：134-139.

[29] 石书德, 张帏, 高建. 新企业创业团队的治理机制与团队绩效的关系 [J]. 管理科学学报, 2016, 19 (5)：14-27.

[30] 宋源. 团队信任影响因素实证研究——传统团队与虚拟团队的差异分析 [J]. 河南社会科学, 2010 (1)：143-148.

[31] 孙海法, 刘海山. 高管团队价值观、团队氛围对冲突的影响 [J]. 商业经济与管理, 2007 (12)：32-38.

[32] 谈毅. 创业投资过程中的团队生产、监控与激励 [J]. 科研管理, 2004 (5)：132-139.

[33] 汤超颖, 艾树, 龚增良. 积极情绪的社会功能及其对团队创造力的影响：隐性知识共享的中介作用 [J]. 南开管理评论, 2011, 14 (4)：129-137.

[34] 汤勇. 网络封闭、桥联系与创业团队绩效——基于长沙高新技术企业创业团队的实证研究 [J]. 湖南社会科学, 2013 (1)：183-187.

[35] 王红丽, 吴坤津, 刘小浪. 异质化信任组合？工作团队信任不对称的积极影响效应 [J]. 心理科学进展, 2015, 23 (11)：1886-1893.

[36] 王娟茹, 杨瑾. 信任、团队互动与知识共享行为的关系研究 [J]. 科学学与科学技术管理, 2012 (10)：31-39.

[37] 王梅, 李亚婕, 王怡然. 科研团队信任关系的构建研究 [J]. 科技管理研究, 2008, 28 (1)：167-169.

[38] 王雪莉, 林洋帆, 杨百寅, 马琳. 信任的双刃剑：对变革型领导与知识分享关系的中介作用 [J]. 科学学与科学技术管理, 2013, 34 (8)：172-180.

[39] 王重鸣, 邓靖松. 团队中信任形成的映象决策机制 [J]. 心理学报, 2007, 39 (2)：321-327.

[40] 王卓, 等. 信任——成功构建虚拟团队的基础 [J]. 科学管理研究, 2005 (1)：69-72.

[41] 韦慧民, 鲁振伟. 员工角色超载对非伦理行为的影响：情绪耗竭的中介作用与组织支持的调节作用 [J]. 中国人力资源开发, 2017

(8)：6 – 15.

[42] 温忠麟，张雷，侯杰泰. 有中介的调节变量和有调节的中介变量 [J]. 心理学报，2006，38（3）：448 – 452.

[43] 翁清雄，张越. 企业员工情绪研究动态：测量、前因与后果 [J]. 预测，2015（5）：74 – 80.

[44] 吴钊阳，邵云飞，赵卫东，等. 成员 – 团队匹配和氛围对创业团队绩效的影响 [J]. 技术经济与管理研究，2016（2）：30 – 34.

[45] 向常春，龙立荣. 团队内冲突对团队效能的影响及作用机制 [J]. 心理科学进展，2010，18（5）：781 – 789.

[46] 肖伟. 虚拟团队的信任机制及其建构策略研究 [J]. 华东经济管理，2006，20（3）：94 – 97.

[47] 谢永平，郑倩林. 信息多样化与创业团队绩效关系研究——以共享领导为中介变量 [J]. 科技进步与对策，2016，33（12）：8 – 15.

[48] 徐志强，席酉民，肖宏文. 组织对团队信任及相关影响因素的分析 [J]. 管理评论，2006，18（1）：37 – 44.

[49] 杨俊辉，宋雁. 团队心理安全、知识分享与团队绩效的关系研究——基于跨专业团队视角 [J]. 企业经济，2016（8）：110 – 116.

[50] 曾晖，赵黎明. 组织行为学发展的新领域——积极组织行为学 [J]. 北京工商大学学报（社会科学版），2007，22（3）：84 – 90.

[51] 张辉华，黄婷婷. 情绪智力对绩效的作用机制——以团队信任感知和朋友网络中心为连续中介 [J]. 南开管理评论，2015，18（3）：141 – 150.

[52] 张新安，何惠，顾锋. 家长式领导行为对团队绩效的影响：团队冲突管理方式的中介作用 [J]. 管理世界，2009（3）：121 – 133.

[53] 赵祁，李锋. 团队领导与团队有效性：基于社会认同理论的多层次研究 [J]. 心理科学进展，2016，24（11）：1677 – 1689.

[54] 周健明，陈明，刘云枫. 知识领导、团队知识分享与产品创新绩效关系探析 [J]. 企业经济，2015（9）：120 – 125.

[55] 周小虎，姜凤，陈莹. 企业家创业认知的积极情绪理论 [J]. 中国工业经济，2014（8）：135 – 147.

二、外文部分

[1] Akturan A，çekmecelioǧlu H G. The Effects of Knowledge Sharing

and Organizational Citizenship Behaviors on Creative Behaviors in Educational Institutions [J]. Procedia-Social and Behavioral Sciences, 2016, 235: 342 - 350.

[2] Allen N J, Hecht T D. The 'romance of teams': Toward an Understanding of its Psychological Underpinnings and Implications [J]. Journal of Occupational & Organizational Psychology, 2004, 77 (4): 439 - 461.

[3] Alper S, Tjosvold D, Law K S. Conflict management, efficacy, and performance in organizational teams [J]. Personnel Psychology, 2010, 53 (3): 625 - 642.

[4] Alsharo M, Gregg D, Ramirez R. Virtual Team Effectiveness: The Role of Knowledge Sharing and Trust [J]. Information & Management, 2017, 54 (4): 479 - 490.

[5] Ancona D G, Caldwell D F. Bridging The Boundary: External Activity and Performance in Organizational Teams [J]. Administrative Science Quarterly, 1992, 37 (4): 634 - 665.

[6] Argote L. Reflections on two views of managing learning and knowledge in organizations [J]. Journal of Management Inquiry, 2005, 14 (1): 43 - 48.

[7] Ashforth B E, Rogers K M, Corley K G. Identity in Organizations: Exploring Cross-Level Dynamics [J]. Organization Science. 2011, 22 (5): 1144 - 1156.

[8] Ashforth B E, Lee R T. Defensive Behavior in Organizations: A Preliminary Model [J]. Human Relations, 1990, 43 (7): 621 - 648.

[9] Baer M, Frese M. Innovation is not Enough: Climates for Initiative and Psychological Safety, Process Innovations, and Firm Performance [J]. Journal of Organizational Behavior, 2003, 24 (1): 45 - 68.

[10] Bakker A B, Hakanen J J, Demerouti E, et al. Job resources boost work engagement, particularly when job demands are high [J]. Journal of Educational Psychology, 2007, 99 (2): 274 - 284.

[11] Barczak G, Lassk F, Mulki J. Antecedents of Team Creativity: An Examination of Team Emotional Intelligence, Team Trust and Collaborative Culture [J]. Creativity and Innovation Management, 2010, 19 (4): 332 - 345.

［12］Barker J R. Tightening the Iron Cage：Concertive Control in Self-managing Teams ［J］. Administrative Science Quarterly, 1993, 38 （3）: 408 – 437.

［13］Barney M, Hansen J. Trustworthiness as a Source of Competitive Advantage ［J］. Strategic Management Journal, 1994, 15 （S1）: 175 – 190.

［14］Baron R A. Behavioral and Cognitive Factors in Entrepreneurship: Entrepreneurs as The Active Element in New Venture Creation ［J］. Strategic Entrepreneurship Journal, 2007, 1 （1）: 167 – 182.

［15］Baron R A. The Role of Affect in the Entrepreneurial Process ［J］. Academy of Management Review, 2008, 33 （2）: 328 – 340.

［16］Barreto M, Ellemers N. You Can't Always Do What You Want: Social Identity and Self-Presentational Determinants of the Choice to Work for a Low-Status Group ［J］. Personality & Social Psychology Bulletin, 2000, 26 （8）: 891 – 906.

［17］Barsade S G. The Ripple Effect: Emotional Contagion and Its Influence on Group Behavior ［J］. Administrative Science Quarterly, 2002, 47 （4）: 644 – 675.

［18］Barsade S G, Ward A J, Sonnenfeld J A. To Your Heart's Content: A Model of Affective Diversity in Top Management Teams ［J］. Administrative Science Quarterly, 2000, 45 （4）: 802 – 836.

［19］Barsade S G. The Ripple Effect: Emotional Contagion and Its Influence on Group Behavior ［J］. Administrative Science Quarterly, 2002, 47 （4）: 644 – 675.

［20］Bartel C A, Saavedra R. The Collective Construction of Work Group Moods ［J］. Administrative Science Quarterly, 2000, 45 （2）: 197 – 231.

［21］Baum J R, Locke E A. The Relationship of Entrepreneurial Traits, Skill, and Motivation to Subsequent Venture Growth ［J］. Journal of Applied Psychology, 2004, 89 （4）: 587.

［22］Beal D J, Weiss H M, Barros E, et al. An Episodic Process Model of Affective Influences on Performance ［J］. Journal of Applied Psychology, 2005, 90 （6）: 1054 – 1068.

［23］Bezrukova K, Jehn K A, Zanutto E L, et al. Do Workgroup Faultlines Help or Hurt? A Moderated Model of Faultlines, Team Identification, and Group Performance [J]. Organization Science, 2009, 20 (1): 35 – 50.

[24] Blatt R. Tough Love: How Communal Schemas and Contracting Practices Build Relational Capital in Entrepreneurial Teams [J]. Academy of Management Review, 2009, 34 (3): 533 – 551.

[25] Blay A D, Kadous K, Sawers K. The Impact of Risk and Affect on Information Search Efficiency [J]. Organizational Behavior and Human Decision Processes, 2012, 117 (1): 80 – 87.

[26] Boyatzis R E, Rochford K, Taylor S N. The Role of The Positive Emotional Attractor in Vision and Shared Vision: Toward Effective Leadership, Relationships, and Engagement [J]. Front Psychol. 2015, 6: 670.

[27] Butler J K. Toward Understanding and Measuring Conditions of Trust: Evolution of a Conditions of Trust Inventory [J]. Journal of Management, 1991, 17 (3): 643 – 663.

[28] Campion M A, Medsker G J, Higgs A C. Relations between Work Group Characteristics and Effectiveness: Implications for Designing Effective Work Groups [J]. Personnel Psychology, 1993, 46 (4): 823 – 847.

[29] Carboni I, Ehrlich K. The Effect of Relational and Team Characteristics on Individual Performance: A Social Network Perspective [J]. Human Resource Management, 2013, 52 (4): 511 – 535.

[30] Carmeli A, Paulus P B. CEO Ideational Facilitation Leadership and Team Creativity: The Mediating Role of Knowledge Sharing [J]. The Journal of Creative Behavior, 2015, 49 (1): 53 – 75.

[31] Cassar J L, Briner A M. The Relationship between Psychological Contract Breach and Organizational Commitment: Exchange Imbalance as a Moderator of the Mediating Role of Violation [J]. Journal of Vocational Behavior, 2011, 78 (2): 283 – 289.

[32] Chen M H, Wang M C. Social Networks and a New Venture's Innovative Capability: the Role of Trust within Entrepreneurial Teams [J]. R&D Management, 2008, 38 (3): 253 – 264.

[33] Chen X P, Yao X, Kotha S. Entrepreneur Passion and Preparedness in Business Plan Presentations: a Persuasion Analysis of Venture Capitalists' fun-

ding Decisions〔J〕. Academy of Management Journal, 2009, 52 (1):
199 - 214.

〔34〕Chi N W, Chung Y Y, Tsai W C. How Do Happy Leaders Enhance Team Success? The Mediating Roles of Transformational Leadership, Group Affective Tone, and Team Processes〔J〕. Journal of Applied Social Psychology, 2011, 41 (6): 1421 - 1454.

〔35〕Choi S Y, Lee H, Yoo Y. The Impact of Information Technology and Transactive Memory Systems on Knowledge Sharing, Application, and Team Performance: a field study〔J〕. Mis Quarterly, 2010, 34 (4): 855 - 870.

〔36〕Chowdhury S. Demographic Diversity for Building an Effective Entrepreneurial Team: is it Important〔J〕. Journal of Business Venturing, 2005, 20 (6): 727 - 746.

〔37〕Cole M S, Walter F, Bruch H. Affective Mechanisms Linking Dysfunctional Behavior to Performance in Work Teams: a Moderated MediationStudy 〔J〕. Journal of Applied Psychology, 2008, 93 (5): 945 - 958.

〔38〕Collins A L, Jordan P J, Lawrence S A, et al. Positive Affective Tone and Team Performance: the Moderating Role of Collective Emotional Skills 〔J〕. Cognition and Emotion, 2016, 30 (1): 1 - 40.

〔39〕Collins A L, Lawrence S A, Troth A C, et al. Group Affective Tone: A Review and Future Research Directions〔J〕. Journal of Organizational Behavior, 2013, 34 (S1): S43 - S62.

〔40〕Cremer D D, Knippenberg D V, Dijk E V, et al. Cooperating If One's Goals Are Collective-Based: Social Identification Effects in Social Dilemmas as a Function of Goal Transformation〔J〕. Journal of Applied Social Psychology, 2008, 38 (6): 1562 - 1579.

〔41〕Culbert S A, Mcdonough J J. The Politics of Trust and Organization Empowerment〔J〕. Public Administration Quarterly, 1986, 10 (2): 171 - 188.

〔42〕Cummings L L, Bromiley P. The Organizational Trust Inventory (OTI): Development and validation〔J〕. Nj & Trust, 1996: 302 - 330.

〔43〕Cunningham G B, Chelladurai P. Affective Reactions to Cross-Functional Teams: The Impact of Size, Relative Performance, and Common In-Group

Identity [J]. Group Dynamics Theory Research & Practice, 2004, 8 (2): 83 – 97.

[44] Das T K, Teng B S. Between Trust and Control: Developing Confidence in Partner Cooperation in Alliances [J]. Academy of Management Journal, 1998, 23 (3): 491 – 512.

[45] Davidsson P. Method Challenges and Opportunities in the Psychological Study of Entrepreneurship [J]. Psychology of Entrepreneurship, 2007: 287 – 323.

[46] Davis B C, Hmieleski K M, Webb J W, et al. Funders' positive Affective Reactions to Entrepreneurs' crowdfunding Pitches: The Influence of Perceived Product Creativity and Entrepreneurial Passion [J]. Journal of Business Venturing, 2017, 32 (1): 90 – 106.

[47] Dreu C K W D. The Virtue and Vice of Workplace Conflict: Food for (Pessimistic) Thought [J]. Journal of Organizational Behavior, 2008, 29 (1): 5 – 18.

[48] Delgado-García, Rodríguez-Escudero, Martín-Cruz. Influence of Affective Traits on Entrepreneur's Goals and Satisfaction [J]. Journal of Small Business Management, 2012, 50 (3): 408 – 428.

[49] Deng J, Su Q, Wang K. Trust Mode Structure and Its Evolutionary Mechanism in Entrepreneurial Teams: 9th Wuhan International Conference on E-Business [C]. Alfred Univ, 2010.

[50] Deutsch M. Sixty Years of Conflict [J]. International Journal of Conflict Management, 1990, 1 (3): 237 – 263.

[51] Diefendorff J M, Gosserand R H. Understanding the Emotional Labor Process: A Control Theory Perspective [J]. Journal of Organizational Behavior, 2003, 24 (8): 945 – 959.

[52] Dirks K T, Ferrin D L. The Role of Trust in Organizational Settings [J]. Organization Science, 2001, 12 (4): 450 – 467.

[53] Dirks K T, Ferrin D L. Trust in Leadership: Meta-analytic Findings and Implications for Research and Practice [J]. Journal of Applied Psychology, 2002, 87 (4): 611.

[54] Dunn J R, Schweitzer M E. Feeling and believing: The Influence of Emotion on Trust [J]. Journal of Personality And Social Psychology, 2005, 88

（5）：736 - 748.

［55］Eisenbeiss K K, Otten S. When Do Employees Identify? An Analysis of Cross-Sectional and Longitudinal Predictors of Training Group and Organizational Identification ［J］. Journal of Applied Social Psychology, 2008, 38 (8)：2132 - 2151.

［56］Elfenbein H A. Emotion in Organizations: A Review and Theoretical Integration ［J］. The Academy of Management Annals, 2007, 1: 315 - 386.

［57］Ellemers N, Sleebos E, Stam D, et al. Feeling Included and Valued: How Perceived Respect Affects Positive Team Identity and Willingness to Invest in the Team ［J］. British Journal of Management, 2013, 24 (1)：21 - 37.

［58］Ensley M D, Carland J C, Carland J W. The Effect of Entrepreneurial Team Skill Heterogeneity and Functional Diversity on New Venture Performance ［J］. Journal of Business & Entrepreneurship, 1998, 10 (1)：1 - 11.

［59］Fiedler K, Nickel S, Asbeck J, et al. Mood and the Generation Effect ［J］. Cognition and Emotion, 2003, 17 (4)：585 - 608.

［60］Fisher C D. Mood and Emotions while Working: Missing Pieces of Job Satisfaction? ［J］. Journal of Organizational Behavior, 2000, 21 (2)：185 - 202.

［61］Forgas J P. Mood and Judgment: the Affect Infusion Model (AIM) ［J］. Psychological Bulletin, 1995, 117 (1)：39 - 66.

［62］Foo M D. Teams Developing Business Ideas: How Member Characteristics and Conflict affect Cember-rated Team Effectiveness ［J］. Small Business Economics, 2011, 36 (1)：33 - 46.

［63］Foss N J, Klein P G, Kor Y Y, et al. Entrepreneurship, Subjectivism, and the Resource-based View: Toward a New Synthesis ［J］. Social Science Electronic Publishing, 2008, 2 (1)：73 - 94.

［64］Fredrickson B L. What Good are Positive Emotions ［J］. Review of General Psychology, 1998, 2 (3)：300 - 319.

［65］Fredrickson B L. The Role of Positive Emotions in Positive Psychology: the Broaden-and-Build Theory of Positive Emotions ［J］. American Psychologist, 2001, 56 (3)：218 - 226.

［66］ García J B D, Puente E D Q, Mazagatos V B. How Affect Relates to Entrepreneurship: A Systematic Review of the Literature and Research Agenda ［J］. International Journal of Management Reviews, 2015, 17 (2): 191 – 211.

［67］ Gartner W, Shaver K, Gatewood E, et al. Finding the Entrepreneur in Entrepreneurship ［J］. Entrepreneurship Theory & Practice, 1994, 18 (3): 5 – 10.

［68］ Gassmann R, Zedtwitz D. Trends and Determinants of Managing Virtual R&D teams ［J］. R&D Management, 2003, 33 (3): 243 – 262.

［69］ Geister S, Konradt U, Hertel G. Effects of Process Feedback on Motivation, Satisfaction, and Performance in Virtual Teams ［J］. Small Group research, 2006, 37 (5): 459 – 489.

［70］ George J M, Brief A P. Feeling Good-doing Good: a Conceptual Analysis of The Mood at Work-organizational Spontaneity Relationship ［J］. Psychological Bulletin, 1992, 112 (2): 310 – 329.

［71］ George J M. Personality, Affect, and Behavior in Groups ［J］. Journal of Applied Psychology, 1990, 75 (2): 107 – 116.

［72］ George J M, Zhou J. Dual Tuning in a Supportive Context: Joint Contributions of Positive Mood, Negative Mood, and Supervisory Behaviors to Employee Creativity ［J］. Academy of Management Journal, 2007, 50 (3): 605 – 622.

［73］ Gibson C B, Earley P C. Collective Cognition in Action: Accumulation, Interaction, Examination, and Accommodation in the Development and Operation of Group Efficacy Beliefs in the Workplace ［J］. Academy of Management Review, 2007, 32 (2): 438 – 458.

［74］ Gray G T, Wert Gray S. Customer Retention in Sports Organization Marketing: Examining the Impact of Team Identification and Satisfaction with Team Performance ［J］. International Journal of Consumer Studies, 2012, 36 (3): 275 – 281.

［75］ Guan K X, Luo Z X, Peng J X, et al. Team Networks and Team Identification: The Role of Leader-Member Exchange ［J］. Social Behavior & Personality And International Journal, 2013, 41 (7): 1115 – 1123.

［76］Haas M R, Criscuolo P, George G. Which Problems to Solve? Online Knowledge Sharing and Attention Allocation in Organizations ［J］. Academy of Management Journal. 2015, 58 （3）: 680 – 711.

［77］Hackman J R. The Design of Work Teams ［J］. Handbook of Organizational Behavior, 1987, 35 （11）: 299 – 301.

［78］Hambrick D C, Cho T S, Chen M J. The Influence of Top Management Team Heterogeneity on Firms'Competitive Moves ［J］. Administrative Science Quarterly, 1996, 41 （4）: 659 – 684.

［79］Hambrick D C, Mason P A. Upper Echelons: The Organization as a Reflection of its Top Managers ［J］. Academy of Management Review, 1984, 9 （2）: 193 – 206.

［80］Hansen M H, Morrow L M, Batista. The Impact of Trust on Cooperative Membership Retention, Performance, and Satisfaction: an Exploratory Study ［J］. The International Food and Agribusiness Management Review, 2002, 5 （1）: 41 – 59.

［81］Harms P D, Han G. Team Identification, Trust and Conflict: a Mediation Model ［J］. International Journal of Conflict Management, 2010, 21 （1）: 20 – 43.

［82］Harper D A. Towards a Theory of Entrepreneurial Teams ［J］. Journal of Business Venturing, 2008, 23 （6）: 613 – 626.

［83］Hempel P S, Zhang Z X, Tjosvold D. Conflict Management between and within Teams for Trusting Relationships and Performance in China ［J］. Journal of Organizational Behavior, 2009, 30 （1）: 41 – 65.

［84］Herrbach O. A Matter of Feeling? The Affective Tone of Organizational Commitment and Identification ［J］. Journal of Organizational Behavior, 2006, 27 （5）: 629 – 643.

［85］Higgs M, Plewnia U, Ploch J. Influence of Team Composition and Task Complexity on Team Performance ［J］. Team Performance Management, 2005, 11 （7/8）: 227 – 250.

［86］Hirst G, Dick R V, Knippenberg D V. A Social Identity Perspective on Leadership and Employee Creativity ［J］. Journal of Organizational Behavior, 2009, 30 （7）: 963 – 982.

［87］ Hmieleski K M, Cole M S, Baron R A. Linkig Shared Authentic Leadership to Firm Performance: A Study of New Venture Top Management Teams ［J］. Frontiers of Entrepreneurship Research, 2010, 30 (5): 6 - 12.

［88］ Hmieleski K M, Cole M S, Baron R A. Shared Authentic Leadership and New Venture Performance ［J］. Journal of Management Official Journal of the Southern Management Association, 2011, 38 (5): 1476 - 1499.

［89］ Homan A C, Hollenbeck J R, Humphrey S E, et al. Facing Differences with an Open Mind: Openness to Experience, Salience of Intragroup Differences, and Performance of Diverse Work Groups ［J］. Academy of Management Journal, 2008, 51 (6): 1204 - 1222.

［90］ Huang C C. Knowledge Sharing and Group Cohesiveness on Performance: An Empirical Study of Technology R&D Teams in Taiwan ［J］. Technovation, 2009, 29 (11): 786 - 797.

［91］ Huang J C, Tasi D R. Diversity and Knowledge Sharing, Knowledge Creation and Innovation Performance in Teams ［J］. NTU Management Review, 2012, 13 (2): 233 - 280.

［92］ Ilies R, Scott B A, Judge T A. The Interactive Effects of Personal Traits and Experienced States on Intraindividual Patterns of Citizenship Behavior ［J］. Academy of Management Journal, 2006, 49 (3): 561 - 575.

［93］ Ilies R, Wagner D T, Morgeson F P. Explaining Affective Linkages in Teams: Individual Differences in Susceptibility to Contagion and Individualism-collectivism ［J］. Journal of Applied Psychology, 2007, 92 (4): 1140.

［94］ Ingram P, Simons T. The Transfer of Experience in Groups of Organizations: Implications for Performance and Competition ［J］. Management Science, 2002, 48 (12): 1517 - 1533.

［95］ Isen J. An Influence of Positive Affect on Decision Making in Complex Situations: Theoretical Issues With PracticalImplications ［J］. Journal of Consumer Psychology, 2001, 11 (2): 75 - 85.

［96］ James L R. Aggregation Bias in Estimates of Perceptual Agreement ［J］. Journal of Applied Psychology, 1982, 67 (2): 219 - 229.

［97］ Janssen O, Vliert V D V, Veenstra C. How Task and Person Conflict Shape the Role of Positive Interdependence in Management Teams ［J］.

Journal of Management, 1999, 25 (2): 117 – 141.

[98] Jarvenpaa S L, Knoll K, Leidner D E. Is Anybody Out There? [J]. Journal of Management Information Systems, 1998, 81 (3): 191 – 194.

[99] Jehn K A. A Multi-Method Examination of the Benefits and Detriments of Intra-Group Conflict [J]. Administrative Science Quarterly, 1995, 40 (2): 256 – 285.

[100] Jehn K A, Bendersky R. Intragroup Conflict in Organizations: A Contingency Perspective on The Conflict-outcome Relationship [J]. Research in organizational behavior, 2003, 25: 187 – 242.

[101] Johnson S K, Grayson R. Cognitive and Affective Trust in Service Relationships [J]. Journal of Business Research, 2005, 58 (4): 500 – 507.

[102] Johnson S K. I Second that Emotion: Effects of Emotional Contagion and Affect at Work on Leader and Follower Outcomes [J]. Leadership Quarterly, 2008, 19 (1): 1 – 19.

[103] Jones G R, George J M. The Experience and Evolution of Trust: Implications for Cooperation and Teamwork [J]. Academy of Management Review, 1998, 23 (3): 531 – 546.

[104] Jones D A, Skarlicki D P. The Relationship between Perceptions of Fairness and Voluntary Turnover among Retail Employees [J]. Journal of Applied Social Psychology, 2003, 33 (6): 1226 – 1243.

[105] Jordan P J, Lawrence S A, Troth A C. The Impact of Negative Mood on Team Performance [J]. Journal of Management & Organization, 2006, 12 (2): 131 – 145.

[106] Kamm J B, Shuman J C, Seeger J A, et al. Entrepreneurial Teams in New Venture Creation: A Research Agenda [J]. Entrepreneurship Theory and Practice, 1990, 14 (4): 7 – 17.

[107] Kamm J B, Nurick A. The Stages of Team Venture Formation: A Decision-making Model [J]. Entrepreneurship Theory & Practice, 1993, 17 (2): 17 – 27.

[108] Kane A A. Unlocking Knowledge Transfer Potential: Knowledge Demonstrability and Superordinate Social Identity [J]. Organization Science, 2009, 21 (3): 643 – 660.

[109] Kaplan S, Laport K, Waller M J. The Role of Positive Affectivity in Team Effectiveness during Crises [J]. Journal of Organizational Behavior, 2013, 34 (4): 473 – 491.

[110] Kessel M, Kratzer J, Schultz C. Psychological Safety, Knowledge Sharing, and Creative Performance in Healthcare Teams [J]. Creativity and Innovation Management, 2012, 21 (2): 147 – 157.

[111] Khan M S, Breitenecker R J, Gustafsson V, et al. Innovative Entrepreneurial Teams: The Give and Take of Trust and Conflict [J]. Creativity and Innovation Management, 2015, 24 (4): 558 – 573.

[112] Knight A P, Barsade S G. Group Affect [J]. Annual Review of Organizational Psychology and Organizational Behavior, 2014, 2 (1): 21 – 46.

[113] Kong D, Zhang J J. The Research on Chinese Ancient Management Philosophies' Similarities with Contemporary Human Resources Management Thoughts [J]. Chinese Management Studies, 2011, 5 (4): 368 – 379.

[114] Korte R F. A Review of Social Identity Theory with Implications for Training and Development [J]. Journal of European Industrial Training, 2007, 31 (3): 166 – 180.

[115] Langfred C W. The Downside of Self-Management: A Longitudinal Study of the Effects of Conflict on Trust, Autonomy, and Task Interdependence in Self-Managing Teams [J]. Academy of Management Journal, 2007, 50 (4): 885 – 900.

[116] Lechler T. Social interaction: A Determinant of Entrepreneurial Team Venture Success [J]. Small Business Economics, 2001, 16 (4): 263 – 278.

[117] Lee C, Chen W J. Cross-functionality and Charged Behavior of the New Product Development Teams in Taiwan's Information Technology Industries [J]. Technovation, 2007, 27 (10): 605 – 615.

[118] Lee C, Farh J L, Chen Z J. Promoting Group Potency in Project Teams: The Importance of Group Identification [J]. Journal of Organizational Behavior, 2011, 32 (8): 1147 – 1162.

[119] Lewis J D, Weigert A. Trust as a Social Reality [J]. Social Forces, 1985, 63 (4): 967 – 985.

［120］ Liang J, Farh C I C, Farh J L. Psychological Antecedents of Promotive and Prohibitive Voice: A Two-Wave Examination ［J］. Academy of Management Journal, 2012, 55 (1): 71 – 92.

［121］ Liao J, Jimmieson N L, O Brien A T, et al. Developing Transactive Memory Systems: Theoretical Contributions From a Social Identity Perspective ［J］. Group & Organization Management, 2012, 37 (2): 204 – 240.

［122］ Lin C P, He H, Baruch Y, et al. The Effect of Team Affective Tone on Team Performance: The Roles of Team Identification and Team Cooperation ［J］. Human Resource Management, 2017, 56 (6): 116 – 126.

［123］ Lin C P, Joe S W. To Share or Not to Share: Assessing Knowledge Sharing, Interemployee Helping, and Their Antecedents Among Online Knowledge Workers ［J］. Journal of Business Ethics, 2012, 108 (4): 439 – 449.

［124］ Lin C P. To Share or not to Share: Modeling Knowledge Sharing using Exchange Ideology as a Moderator ［J］. Personnel Review, 2007, 36 (3): 457 – 475.

［125］ Jr L R. The Impact of Positive Mood on Trust in Interpersonal and Intergroup Interactions ［J］. Journal of Personality And Social Psychology, 2010, 98 (3): 420 – 433.

［126］ Jr L R, Zhong C B, Sivanathan N, et al. Getting off on the Wrong Foot: the Timing of a Breach and the Restoration of Trust ［J］. Personality & Social Psychology Bulletin, 2008, 34 (12): 1601 – 1612.

［127］ Lovelace K, Shapiro D L, Weingart L R. Maximizing Cross-functional New Product Teams'innovativeness and Constraint Adherence: A Conflict Communications Perspective ［J］. Academy of Management Journal, 2001, 44 (4): 779 – 793.

［128］ Luthans F. The Need for and Meaning of Positive Organizational Behavior ［J］. Journal of Organizational Behavior, 2002, 23 (23): 695 – 706.

［129］ Lvina E, Johns G, Vandenberghe C. Team Political Skill Composition as a Determinant of Team Cohesiveness and Performance ［J］. Journal of Management, 2015, 37 (1): 158 – 169.

［130］ Maccurtain S, Flood P C, Ramamoorthy N, et al. The Top Management Team, Reflexivity, Knowledge Sharing and New Product Performance:

A Study of the Irish Software Industry [J]. Creativity and Innovation Management, 2010, 19 (3): 219 – 232.

[131] Madrid H P, Patterson M G, Birdi K S, et al. The Role of Weekly High-activated Positive Mood, Context, and Personality in Innovative Work Behavior: A Multilevel and Interactional model [J]. Journal of Organizational Behavior, 2014, 35 (2): 234 – 256.

[132] Malhotra A, Majchrzak A. Enabling Knowledge Creation in Far-flung Teams: Best Practices for IT Support and Knowledge Sharing [J]. Journal of Knowledge Management, 2004, 8 (4): 75 – 88.

[133] Marianne V W, Karin S. The Romance of Learning from Disagreement. The Effect of Cohesiveness and Disagreement on Knowledge Sharing Behavior and Individual Performance Within Teams [J]. Journal of Business & Psychology, 2010, 25 (1): 139 – 149.

[134] Mason C M, Griffin M A. Group Absenteeism and Positive Affective Tone: a Longitudinal Study [J]. Journal of Organizational Behavior, 2003, 24 (6): 667 – 687.

[135] Mason C M, Griffin M A. Group Task Satisfaction The Group's Shared Attitude to its Task and Work Environment [J]. Group & Organization Management, 2005, 30 (6): 625 – 652.

[136] Mathieu J, Maynard M T, Rapp T, et al. Team Effectiveness 1997 – 2007: A Review of Recent Advancements and a Glimpse Into the Future [J]. Journal of Management, 2008, 34 (3): 410 – 476.

[137] Mayer R C, Davis J H. The Effect of Performance Appraisal System on Trust for Management: A Field Quasi-Experiment [J]. Journal of Applied Psychology, 1999, 84 (1): 123 – 136.

[138] Mayer R C, Davis J H, Schoorman F D. An Integrative Model of Organizational Trust [J]. Academy of Management Review, 1995, 20 (3): 709 – 734.

[139] Mcadam R, O Hare T, Moffett S. Collaborative knowledge sharing in Composite New Product Development: An aerospace study [J]. Technovation, 2008, 28 (5): 245 – 256.

[140] McAllister D J. Affect-and Cognition-Based Trust as Foundations for

Interpersonal Cooperation in Organizations [J]. Academy of Management Journal, 1995, 38 (1): 24 – 59.

[141] McEvily B, Perrone V, Zaheer A. Trust as an organizing principle [J]. Organization Science, 2003, 14 (1): 91 – 103.

[142] Meneghel I, Salanova M, Martínez I M. Feeling Good Makes Us Stronger: How Team Resilience Mediates the Effect of Positive Emotions on Team Performance [J]. Journal of Happiness Studies, 2016, 17 (1): 239 – 255.

[143] Morgan R M, Hunt S D. The Commitment-trust Theory of Relationship Marketing [J]. the Journal of Marketing, 1994 (1): 20 – 38.

[144] Morrow P C, Suzuki Y, Crum M R, et al. The Role of Leader-member Exchange in High Turnover Work Environments [J]. Journal of Managerial Psychology, 2005, 20 (8): 681 – 694.

[145] Moye N, Langfred C W. Sharing and Group Conflict: Going Beyond Decision Making to Understand the Effects of Information Sharing on Group Information Performance [J]. Social Science Electronic Publishing, 2003, 15 (4): 381 – 410.

[146] Nooteboom B, Bogenrieder I. Learning Groups: What Types are there? A Theoretical Analysis and an Empirical Study in a Consultancy Firm [J]. Organization Studies, 2004, 25 (2): 287 – 313.

[147] Numprasertchai S, Igel B. Managing Knowledge through Collaboration: Multiple Case Studies of Managing Research in University Laboratories in Thailand [J]. Technovation, 2005, 25 (10): 1173 – 1182.

[148] Olson M. A Literature Review of Social Mood [J]. Journal of Behavioral Finance, 2006, 7 (4): 193 – 203.

[149] Parayitam N, Dooley S. The Interplay between Cognitive-and Affective Conflict and Cognition-and Affect-based Trust in Influencing Decision Outcomes [J]. Journal of Business Research, 2009, 62 (8): 789 – 796.

[150] Paulsen H F K, Klonek F E, Schneider K, et al. Group Affective Tone and Team Performance: A Week-Level Study in Project Teams [J]. Research Gate, 2016, 1 (7): 1 – 10.

[151] Peralta C F, Lopes P N, Gilson L L, et al. Innovation Processes and Team Effectiveness: The Role of Goal Clarity and Commitment, and Team

Affective Tone [J]. Journal of Occupational & Organizational Psychology, 2014, 88 (1): 80 –107.

[152] Philippe F L, Vallerand R J, Houlfort N, et al. Passion for an Activity and Quality of Interpersonal Relationships: the Mediating Role of Emotions [J]. Journal of Personality and Social Psychology, 2010, 98 (6): 917 –932.

[153] Pinjani P, Palvia P. Trust and Knowledge Sharing in Diverse Global Virtual Teams [J]. Information & Management, 2013, 50 (4): 144 –153.

[154] Podsakoff P M, Mackenzie S B. Common Method Biases in Behavioral Research: A Critical Review of the Literature and Recommended Remedies [J]. Journal of Applied Psychology, 2003, 88 (5): 879 –903.

[155] Powell E E, Baker T. In the Beginning: Identity Processes and Organizing in Multi-founder Nascent Ventures [J]. Academy of Management Journal, 2017, 60 (6): 2381 –2414.

[156] Qiu T, Scherwin V W. The Relationship between Dispositional Positive Affect and Team Performance: An Empirical Study [J]. Journal of Business & Management, 2014, 20 (2): 51 –69.

[157] Rajah R, Song Z, Arvey R D. Emotionality and Leadership: Taking Stock of the Past Decade of Research [J]. Leadership Quarterly, 2011, 22 (6): 1107 –1119.

[158] Richter A W, West M A, Van Dick R, et al. Boundary Spanners' Identification, Intergroup Contact, and Effective Intergroup Relations [J]. Academy of Management Journal, 2006, 49 (6): 1252 –1269.

[159] Rothbard N P, Wilk S L. Waking Up on the Right or Wrong Side of the Bed: Start-of-Workday Mood, Work Events, Employee Affect, and Performance [J]. Academy of Management Journal, 2011, 54 (5): 959 –980.

[160] Ruef M, Aldrich N E, Carter F. The Structure of Founding Teams: Homophily, Strong Ties, and Isolation among US Entrepreneurs [J]. American Sociological Review, 2003 (1): 195 –222.

[161] Schenkel M T, Garrison G. Exploring the Roles of Social Capital and Team-efficacy in Virtual Entrepreneurial Team Performance [J]. Management Research News, 2009, 32 (32): 525 –538.

[162] Schjoedt L, Kraus S. Entrepreneurial Teams: Definition and Per-

formance Factors [J]. Management Research News, 2013, 32 (6): 513 –524.

[163] Senge M, Peter T. Sharing knowledge [J]. Leadership Excellence, 1999, 15 (6): 11 –12.

[164] Seo M G, Barrett L F, Bartunek J M. The Role of Affective Experience in Work Motivation [J]. Academy of Management Review, 2004, 29 (3): 423 –439.

[165] Shapiro D L, Sheppard B H, Cheraskin L. Business on a Handshake [J]. Negotiation Journal, 1992, 8 (4): 365 –377.

[166] Shepherd D A, Covin G J, Kuratko D F. Project Failure from Corporate Entrepreneurship: Managing the Grief Process [J]. Journal of Business Venturing, 2009, 24 (6): 588 –600.

[167] Shepherd D A, Haynie J M, Patzelt H. Project Failures Arising from Corporate Entrepreneurship: Impact of Multiple Project Failures on Employees'Accumulated Emotions, Learning, and Motivation [J]. Journal of Product Innovation Management, 2013, 30 (5): 880 –895.

[168] Shin Y, Kim M, Lee S H. Positive Group Affective Tone and Team Creative Performance and Change-Oriented Organizational Citizenship Behavior: A Moderated Mediation Model [J]. Journal of Creative Behavior, 2016 (1): 1 –17.

[169] Shin Y. Positive Group Affect and Team Creativity: Mediation of Team Reflexivity and Promotion Focus [J]. Small Group Research, 2014, 45 (3): 337 –364.

[170] Simons T L, Peterson R S. Task Conflict and Relationship Conflict in Top Management Teams: the Pivotal Role of Intragroup Trust [J]. Journal of Applied Psychology, 2000, 85 (1): 102 –111.

[171] Somech K, Desivilya J, Lidogoster X. Team Conflict Management and Team Effectiveness: the Effects of Task Interdependence and Team Identification [J]. Journal of Organizational Behavior, 2009, 30 (3): 359 –378.

[172] Srivastava A, Bartol K M, Locke E A. Empowering Leadership in Management Teams: Effects on Knowledge Sharing, Efficacy, and Performance [J]. Academy of Management Journal, 2006, 49 (6): 1239 –1251.

[173] Staw B M, Sandelands L E, Dutton J E. Threat Rigidity Effects in Organizational Behavior: A Multilevel Analysis [J]. Administrative science quarterly, 1981 (4): 501－524.

[174] Sy T, Côté S, Saavedra R. The Contagious Leader: Impact of The Leader's Mood on The Mood of Group Members, Group Affective Tone, and Group Processes [J]. Journal of Applied Psychology, 2005, 90 (2): 295.

[175] Tang C Y, Shang J, Naumann S E, et al. How Team Identification and Expertise Identification Affect R&D Employees'Creativity [J]. Creativity & Innovation Management, 2014, 23 (3): 276－289.

[176] Tanghe J, Wisse B, Flier H V D. The Formation of Group Affect and Team Effectiveness: The Moderating Role of Identification [J]. British Journal of Management, 2010, 21 (2): 340－358.

[177] Tanis M, Postmes T. A Social Identity Approach to Trust: Interpersonal Perception, Group Membership and Trusting Behaviour [J]. European Journal of Social Psychology, 2005, 35 (3): 413－424.

[178] Thoresen C J, Kaplan S A, Barsky A P, et al. The Affective Underpinnings of Job Perceptions and Attitudes: a Meta-analytic Review and Integration [J]. Psychological Bulletin, 2003, 129 (6): 914－945.

[179] Dean Tjosvold. Power in Cooperative and Competitive Organizational Contexts [J]. Journal of Social Psychology, 2010, 130 (2): 249－258.

[180] Tjosvold D. Cooperative and Competitive Goal Approach to Conflict: Accomplishments and Challenges [J]. Applied Psychology, 1998, 47 (3): 285－313.

[181] Tjosvold D. Managing Anger for Teamwork in Hong Kong: Goal Interdependence and Open-mindedness [J]. Asian Journal of Social Psychology, 2002, 5 (2): 107－123.

[182] Tjosvold D, et al. Conflict Values and Team Relationships: Conflict's Contribution to Team Effectiveness and Citizenship in China [J]. Journal of Organizational Behavior, 2003, 24 (1): 69－88.

[183] Tjosvold D. The Conflict-positive Organization: It depends upon us [J]. Journal of Organizational Behavior, 2008, 29 (1): 19－28.

[184] Tjosvold D, Yu, Hui. Team Learning from Mistakes: The Contri-

bution of Cooperative Goals and Problem-Solving [J]. Journal of Management Studies, 2004, 41 (7): 1223 – 1245.

[185] Totterdell P. Catching Moods and Hitting Runs: Mood Linkage and Subjective Performance in Professional Sport Teams [J]. Journal of Applied Psychology, 2000, 85 (6): 848 – 859.

[186] Tsai W C, Chen C C, Liu H L. Test of a Model Linking Employee Positive Moods and Task Performance [J]. Journal of Applied Psychology, 2007, 92 (6): 1570 – 1583.

[187] Tsai W C, Chi N W, Grandey A A, et al. Positive Group Affective Tone and Team Creativity: Negative Group Affective Tone and Team Trust as Boundary Conditions [J]. Journal of Organizational Behavior, 2012, 33 (5): 638 – 656.

[188] Tsai Y H, Ma H C, Lin C P, et al. Group Social Capital in Virtual Teaming Contexts: A Moderating Role of Positive Affective Tone in Knowledge Sharing [J]. Technological Forecasting & Social Change, 2014, 86 (1): 13 – 20.

[189] Tsui A S. Consequences of Differentiated Leadership in Groups [J]. Academy of Management Journal, 2010, 53 (1): 90 – 106.

[190] Turnley R W, et al. The Impact of Psychological Contract Fulfillment on the Performance of In-Role and Organizational Citizenship Behaviors [J]. Journal of Management, 2003, 29 (2): 187 – 206.

[191] Vegt G S V D, Bunderson J S. Learning and Performance in Multidisciplinary Teams: The Importance of Collective Team Identification [J]. Academy of Management Journal, 2005, 48 (3): 532 – 547.

[192] Van Katwyk P T, Fox S, Spector P E, et al. Using the Job-Related Affective Well-Being Scale (JAWS) to investigate affective responses to work stressors [J]. Journal of Occupational Health Psychology, 2000, 5 (2): 219 – 230.

[193] Van K D, De Dreu C K, Homan A C. Work Group Diversity and Group Performance: an Integrative Model and Research Agenda [J]. Journal of Applied Psychology, 2004, 89 (6): 1008 – 1022.

[194] Vicente G R, Nuria G. Does Positive Team Mood Mediate the Rela-

tionship between Team Climate and Team Performance?[J]. Psicothema, 2012, 24 (1): 94 – 99.

[195] Vyakarnam S, Handelberg J. Four Themes of the Impact of Management Teams on Organizational Performance [J]. International Small Business Journal, 2005, 23 (3): 236 – 256.

[196] Walter F, Bruch H. The Positive Group affect Spiral: a Dynamic Model of the Emergence of Positive Affective Similarity in Work Groups [J]. Journal of Organizational Behavior, 2008, 29 (2): 239 – 261.

[197] Watson A, Clark K, Tellegen D. Development and Validation of Brief Measures of Positive and Negative Affect: the Panas Scales [J]. Journal of Personality and Social Psychology, 1988, 54 (6): 1063 – 1070.

[198] Weiss H M, Cropanzano R. Affective Events Theory: A theoretical Discussion of the Structure, Causes and Consequences of Affective Experiences at Work [J]. Research in Organizational Behavior, 1996, 18 (3): 1 – 74.

[199] Whitener E M, Brodt S E, Korsgaard M A, et al. Managers as Initiators of Trust: An Exchange Relationship Framework for Understanding Managerial Trustworthy Behavior [J]. Academy of Management Review, 1998, 23 (3): 513 – 530.

[200] Wijnhoven F. Knowledge Logistic in Business Contests: Analyzing and Diagnosing Knowledge Sharing by Logistic Concepts [J]. Knowledge & Process Management, 1998, 5 (3): 143 – 157.

[201] Williams M. In Whom We Trust: Group Membership as an Affective Context for Trust Development [J]. Academy of Management Review, 2001, 26 (3): 377 – 396.

[202] Williams K Y, Iii C A O. Demography and Diversity in Organizations: A Review of 40 Years of Research [J]. Research in Organizational Behavior, 1998, 20 (3): 77 – 140.

[203] Wu C H, Wang Z. How Transformational Leadership Shapes Team Proactivity: The Mediating Role of Positive Affective Tone and The Moderating Role of Team Task Variety [J]. Group Dynamics Theory Research & Practice, 2015, 19 (2): 1 – 15.

[204] Wu J B, Hom P W, Tetrick L E, et al. The Norm of Reciprocity:

Scale Development and Validation in the Chinese Context [J]. Management & Organization Review, 2006, 2 (3): 377 -402.

[205] Zahra S A, Ireland R D, Hitt M A. International Expansion by New Venture Firms: International Diversity, Mode of Market Entry, Technological Learning, and Performance [J]. Academy of Management Journal, 2000, 43 (5): 925 -950.

[206] Zellmer-Bruhn M, Gibson C. Multinational Organization Context: Implications for Team Learning and Performance [J]. Academy of Management Journal, 2006, 49 (3): 501 -518.

[207] Zhou W, Rosini W, Elizabeth. Entrepreneurial Team Diversity and Performance: Toward an Integrated Model [J]. Entrepreneurship Research Journal, 2014, 5 (1): 31 -60.

[208] Zhou W, Vredenburgh D, Rogoff E G. Informational Diversity and Entrepreneurial Team Performance: Moderating Effect of Shared Leadership [J]. International Entrepreneurship & Management Journal, 2013, 11 (1): 39 -55.

[209] Zhu Y Q. Solving Knowledge Sharing Disparity: The Role of Team Identification, Organizational Identification, and in-group Bias [J]. International Journal of Information Management, 2016, 36 (6): 1174 -1183.

[210] Zolin R, Hinds P J, Fruchter R, et al. Interpersonal Trust in Cross-functional, Geographically Distributed Work: A Longitudinal Study [J]. Information & Organization, 2004, 14 (1): 1 -26.

后　记

在团队创业越来越普遍的当前创业背景下，关注创业团队与创业绩效的关系有着重要意义。众多研究均表明，创业团队可能是创业成功的强大助推器，但同时创业团队也可能成为最终创业失败的导火索。创业团队的组建并非就可以决定创业的成功。即使是最初如"梦之队"的理想团队也可能随着创业进程的推进出现各种各样的团队问题，导致"合久必分"，最终致使创业的彻底失败。由此来看，创业团队从组建到过程发展均需要进行有效的治理，以真正发挥创业团队多种资源组合的优势，促进创业绩效的提升，真正发挥"人多力量大"的合伙创业初衷。

基于创业绩效提升的团队内部治理中，创业团队信任关系治理是重中之重。缺乏信任可能会成为一种压力源（Colquitt et al.，2011）。团队成员间的信任对于团队的成功是非常关键的（Yakovleva et al.，2010）。不同类型创业团队成员信任具有的阶段性差异效应特征表明了，创业团队信任关系治理需要基于动态观，并且可以细分不同类型的信任水平以更细致地把握团队的信任关系状态。为此，创业团队信任关系发展研究中，有必要进一步细分不同类型创业团队成员信任的差异性驱动因素，并且关注创业背景条件（如新创企业发展阶段）的边界影响作用，一方面可以促进创业团队成员信任发展与影响因素的理论研究的深入，另一方面也可以更有针对性地指导创业团队的信任关系治理实践。

虽然信任研究受到很多的关注，但是仍然有一些问题没有得到很好的解决，如任务背景（task context）在信任发展中的作用如何仍不明确（Colquitt et al.，2011）。奈茨等（Knights et al.，2001）指出，管理的一个长期存在的认识就是把信任与控制看作是对立的两种不同方式，表现为高信任带来有限的正式控制，反之亦然。然而，实证研究发现信任与正式控制之间的关系并不是一致的。已有研究探讨信任与契约究竟是替代还是补充关系，但很少研究两者间的动态交互作用机制，其中的一些问题并没有得到很好的解决，包括信任与契约（正式控制的一种方式）相互替代或补充的方式和原因，信任与契约的不同组合如何影响关系发展及相关的结果。如不同的关系与控制方式如何影响创业团队成员信任行为的选择等尚不明确。有研究发现，团队信任与团队绩效间并无显著关系（Langfred，2004）。有关团队信任与团队绩效之间的关系研究结论的不一致可能由于信任水平与团队绩效之间的曲线关系，当团队成员信任太弱或者太强的时候绩效会受到损害（Chung & Jackson，2013）。据此，创业团队强的内部网络是否也可能影响团队绩效。特别是创业团队面对着高风险，更需要集中注意于工作任务中，避免浪费不必要的监控行为，因此密集的内部网络意义更大。但是是否可能过于密集的关系，影响理性的认知判断，过高反而未必好。也许在创业团队中团队成员信任可能扮演着重要作用。所以创业团队成员信任与团队绩效之间可否会是倒 U 型关系，而且有无可能不同类型的信任的重要性会随着创业阶段的不同而不同。当创业团队成员信任水平较低时，成员可能会需要更多的监控与自我防御，从而影响了投入创业的努力。由于创业面临的高风险与高不确定性，所以这种过多的精力转移将会降低创业团队绩效。另一方面，过高的团队成员人际信任关系，形成较强的创业团队身份，会降低对来自团队其他成员的信任评估。有研究表明，在一个过强的人际信任网络关系的团队中，团队成员会不愿意去监控彼此的工作，因为这样做的话可能会被解释为不信任的表现（Langfred，2004）。俄等（Oh et al.，2004）发现，在内部友谊密度（the density of internal friendship）与群体有效性（团队绩效评价）之间存在显著的曲线关系。钟等（Chung et al.，2013）研究了任务非常规性在团队内部信任关系强度与团队绩效关系中的调节作用，他们的实证研究结果表明，甚至是对于在非常规任务下工作的团队，强的内部信任网络对于团队绩效产生的积极作用也只是在内部信任关系强度在某一个程度的时候，而之后过高的内部信任关系强度对团队绩效的影响反而产生下降。即指出了内部信任关系强调与团队绩效之间的曲线关系。正如朗弗兰德（Langfred，2004）所说的，高信任的团队成员可能有意识地避免低信任的行为，如监控成员的工作，质疑成员的判断等。创业团队成员是否可能在高信任的情境下是否也会避免类似行为，因为可能是不希望其他创业团队成员误解自己的行动，觉得自己是不信任对方。总之，有关于信任在创建和发展新创企业中的作用的研究还是比较少的（Welter et al.，2006）。上述相关问题都是未来可以进一步研究的有趣主题。

　　除了创业团队信任关系需要重点治理之外，团队成员情绪的直接影响作用以及可能的弥漫性情绪氛围的感染作用，使得团队成员情绪问题成为创业团队内部治理的又一重要内容。此外，创业团队过程管理，包括创业团队冲突以及团队协作过程等仍然是创业团队为了提升创业绩效需要关注的传统主题。通过对创业团队上述涌现状态和过程状态的有效治理，才可能促进团队真正协作，共同努力为创业活动投入更多的精力与资源，促进创业成功。

　　当然，创业团队内部治理不仅仅限于上述问题。随着创业研究与实践的不断推进，有一些新的主题开始得到关注。这也成为基于创业绩效提升的创业团队内部治理的新视角。如创业身份影响与管理就是一个特别值得未来创业研究者与创业实践者关注的重要内容。

　　创业者的创业行为驱动可能不仅仅限于经济目标，而是可能受到各种动机、愿望的激发（Hmieleski & Baron，2009；Sapienza et al.，2003）。最近发展的一些关于创业行为驱动力的研究关注了创业者身份的作用，如探讨创业者对于"我是谁"以及"我想要成为谁"的理解是如何影响他们的行为的（Powell & Baker，2014）。基于身份观视角探讨创业者身份对于创业团队互动及信任关系发展的影响也将是一个有益的新尝试。创业者身份研究源于社会身份理论（social identity theory）。社会身份理论关注的是个体自我概念中源于他对自己的某一社会群体成员身份及该成员身份的价值和社会重要性理解的那一部分（Tajfel & Turner，1979）。此外，创业者身份也发展于身份理论（identity theory）。身份理论探讨的是个体如何基于其所扮演的角色来建构自己的身份，以及他们如何在不同环境背景中投入角色选择行为以引导自己的行动（Stryker，1980）。创业者身份（founder identity），即创业者对于"我是谁"以及"我想要成为谁"的意义理解（Powell & Baker，2017）。创业者身份的意义理解来源于其工作以及其所创建企业的特征和战略（Powell & Baker，2014；Fauchart & Gruber，2011）。创业者身份对其行为有着重要的影响作用（Gardon，Wincent，Singh & Drnovsek，2009）。不过，虽然越来越多的新创企业由两个或者更多的创业者共同组建（Aldrich & Ruef，2006）。但是有关创业者身份的研究还主要是关注单一创业者创建企业的情况（Powell & Baker，2014）。这使得对于多个创业者的身份过程可能如何影响他们的共同努力的理解还不是很明晰。实际上，有关团队的研究发现表明，共享的集体身份（shared collective identity）有助于人们更有效地共同工作（van der Vegt & Bunderson，2005）。

身份原型（identity prototype）作为形成不同群体成员间有意义区分的一系列特征与态度的认知展现（Hogg & Terry，2001），规定了特定身份的行为标准、价值观、信念、情感以及态度等。这些身份原型可能成为群体的集体身份的一部分。可以说，"我是谁"以及"我想成为谁"可能会影响"我们是谁"和"我们想成为谁"。另外，集体身份又将通过个体成员的日常表现得以展现（Bartel & Wiesenfeld，2013）。有关社会心理学的大量研究表明，个体是根据与身份原型的匹配度知觉来将自己与他人加以分类。身份原型提供了一个评价个体是否适合成员身份的一般评价标准（Bartel & Wiesenfeld，2013）。正是在上述的身份原型比较基础上进行的分类导致了"内群体"与"外群体"的区分。而内外群体的划分导致认知与互动模式的差异。内群体成员不再强调彼此的差异，而是更重视自己与外群体成员间的差异。这种"内外有别"的态度极易导致互动和关系发展的差异化路径。另外，多个创业者有分歧的身份可能是导致冲突的一个重要原因。实际上，身份驱动的角色选择行为对于理解不同创业者的创业行为差异有着重要意义。社会身份可能影响创业者的角色创造行为，表现为不同的创业者的身份定位可能导致了不同的创业具体行为表现。如弗奥查德和格鲁伯（Fauchart & Gruber，2011）指出，创业身份类型的不同将导致创业者创建不同类型的企业，使其表现出不同的创业选择。

总之，有关创业者身份过程如何影响创业者投入共同努力的创业活动中的程度是一个重要而现实的问题。早期的创业者身份研究主要探讨的是单一的创业者，即创业者个体，包括单个创业者在建构或者维持自己特定身份过程中面临的挑战（Hoang & Gimeno，2010）、创业者身份对于企业的影响效应（Farmer et al.，2011）等。但是多个创业者组成的创业团队在创业过程中其身份建构与发展过程对于创业行为与互动模式的不同影响可能导致团队互动与信任关系发展的机制如何还需要进一步地研究。相信未来对这一问题的探讨必将推进对创业团队内部治理的相关研究与实践。

最后，感谢韦慧民的硕士毕业生鲁振伟（国网技术学院），在读硕士生农梅兰、何杨曦照、周楷健、张艳冰积极参与了本专著部分章节的撰写工作。另外，本专著获得国家自然科学基金项目"社交网站使用及其对领导—成员交换关系的双刃剑效应研究：基于边界管理与身份建构视角"

（71862004）以及国家自然科学基金项目"基于 APIM 的创业团队成员互依信任动态演化及其影响因素研究"（71162026）的部分资助，在此表示感谢。

作　者

2018 年 9 月 1 日